增 訂
第七版

法律人的第一本書

The First Book
of Lawer

楊智傑
錢世傑

著

五南圖書出版公司 印行

楊智傑序

　　很多人只聽到我寫的《千萬別來念法律》的書名，就以為我叫別人不要來念法律。其實那只是書名，書的內容主要是批評國家考試對法學教育的扭曲，以及對法律學術發展的影響，根本不是要阻止大家來念法律。事實上，我寫作那本書的初衷，是想讓那些要來念法律的人，先了解法律教育是什麼樣子，讓他們先認清未來的人生之後，再踏上那條不歸路。

　　我並不否定法學教育，而且我也不認為法學教育一定要學士後才能念。我覺得大家都該念點法律，有點法律常識。而且法律本來就不難懂，只是那些法律系教授虛張聲勢，把法律搞得高深莫測，用詰屈聱牙的法律用語讓非法律人望之生畏，不敢進入法律人用法律術語堆砌的法律學禁區。

　　身為法律界的一分子，我覺得法律人有義務要用淺白的文字，將一些法律知識，介紹給不懂法律的人或初學法律的人，而不是利用法律知識去賣弄、去賺錢。因而，當錢世傑兄邀請我和他一起寫作這本《法律人的第一本書》時，我考慮不久即答應，並馬上著手開始進行。

　　哪些是《法律人的第一本書》應該有的基本知識呢？幾經調整後，我最後選了「法學緒論」和「司法訴訟制度」作為本書我負責第一部分的兩大主軸。

　　為什麼是法學緒論？我自己在念大一時，並沒有上過法學緒論，很多學長姐跟我說，法學緒論不需要上，等念完大學四年後，自然知道法學是什麼，何必多上這兩個學分呢？學長姐或許說得有理。不過，我常覺得就是因為很多法律系學生沒上過法學緒論，所以對法律的定位、功能有錯誤認知，誤以為法律至高無上，也誤以為法律學只是甲說乙說。因而，我決

定將法學緒論、法學方法論、法理學等等那些法律人應該有的基礎知識，用淺顯的筆法融入在這本書中。

又，為什麼是司法訴訟制度呢？偶有人會問我為何當初選念法律系，我玩世不恭的答案一般是：因為大學聯考分數夠，填了、上了、就去念了。其實，我高中時看劉德華主演的《法內情》、《法外情》電影時，就對劇中戴著白鬃假髮、上臺侃侃而談的律師，充滿了憧憬。我深刻地記得，當時我還轉身跟媽媽和弟弟提到，將來應該念法律系當律師去。因此，可以說港片播下了我選讀法律系的種子。但等到我進入法律系沒多久，就知道我國的訴訟制度、司法制度根本不像香港、美國電影中演的那樣。因而，在這本書中，我也特別想澄清我國訴訟制度、司法制度與美國電影中的精彩橋段有哪些不同之處。

我希望這兩個主軸的安排，能讓一個法律系新生、或一個法律門外漢，正確地了解臺灣法律的歷史、定位、功能、內容、爭議、改革、研究等等法律的有趣面向。讓讀過《千萬別來念法律》一書的法律門外漢，能夠在認識「法律教育」的弊病後，進一步地認識法律學的基本知識；也讓每年5,000個法律系大一新生，都能夠透過本書對法律學有個全盤、清晰的新體會。

最後交代一下寫作經歷且順便致謝。寫這本書的經驗是很特別的。錢世傑邀請我合寫，並和我作了初步的討論、分工。我負責第一部分，他負責第二部分。我們「雙傑」彼此分工，但卻會看對方寫的部分，作意見交換，並仍然尊重對方的文筆。在此要特別感謝世傑兄給我這個機會和對我的大力推薦。另外，我在書出版前一學期，被政大廖元豪教授拉去永和社區大學合開了一門「看電影學法律」，我也趁那個機會，把我寫好的初稿拿來作為上課講義，一邊上一邊調整我的初稿，所以得感謝廖元豪和永和社大的工作團隊與學員。再者，在寫作上我是個很需要編輯提醒糾正的人，

這本書也不例外,在王俐文副總編和林均芃主編的悉心建議下,完成了中期與末期的修正,要謝謝他們。最後,能獲得五南楊榮川老闆的賞識,在此也要特別感謝他,並對他提倡法律基礎知識的熱忱表達敬意。

錢世傑序

　　過去寫的自序，通常都是解釋出書的原因，這本書的自序也不例外。可是因為這本書是有關於初學法律者如何建立一些正確的觀念，所以，我必須先將自己過去學習的經驗交代一下，或許讀者看到以下介紹自己的字裡行間中，就能有著一層不同的體會。

　　學習法律迄今，已經歷經十餘年寒暑的波折，或許用「波折」二字不太適當，但是只要是法律人都應該可以體會，當一個法律人確實是一件不太容易的事情。還記得，90 年代初期，入伍服役報效國家，新兵菜鳥總是被操的命運，因此為了避免讓學長撞見，沒事時總是躲在小隔間中，等待著生命的流逝。或許等待退伍、躲避虐待的時間實在是太無聊了，隨手翻起一本生活法律書，才發現一個不懂法律的人遇到困境時，將會是多麼的無助，擁有法律，才能夠保護自己。或許是有了這一層體認，所以利用當兵的閒暇時間，努力 K 書，一退伍就順利進入輔大夜法就讀，也開啟了三年白天上班、晚上進修的慘絕人寰生活。

　　念了三年，除了讀書，以及一些順利考上國家考試的夢想外，好像什麼都沒有獲得！當時正流行網路（Internet），我不小心也掉進這個吸引人的深淵而難以自拔，當別人努力念書時，我居然在玩電腦、網路聊天，以及製作個人網站（http://www.chinalaw.org），差點忘記了自己背負著國家考試的宿命。畢業後，因為學業荒廢甚久，雖然覺得該去念個碩士，可是實在欠缺考試的基本戰力。或許是自己很幸運吧！某日在學校的公布欄上，發現中原大學財經法律研究所有甄試的機會，簡單來說就是不必考試，但是必須準備個人的簡歷資料，學校成績也要排名前幾名，以及撰寫研究計

畫等非常繁瑣的資料準備。口試的時候，接受五位教授的嚴刑拷打，說真的那些口試問題真難，不過當時我也誠實地向教授們抱歉：個人學術能力尚淺，無法為渠等解惑。或許是傻人有傻福，我也成為那唯一的一位外校錄取生，在此要特別感謝當時的口試委員，他們若不願意忍受我的無知，我也沒辦法寫下現在這篇亂七八糟的自序。

中原的老師真的不錯，尤其是英文更是被鍛鍊成具備「翻譯機」的實力。法律人通常欠缺兩種能力，第一是英文，第二是資訊的能力，為什麼會這樣？因為大部分的法律人為了國家考試，只願意在大學四年間熟讀考試科目，其他的知識，或者說根本就是踏入社會的基本常識，法律人真的十分欠缺。在這一段學習的考驗下，Reading的功夫確實大幅地精進，其中選修了馮震宇老師的課，也讓我對資訊法律有了深入的認識，更因為英文被操練得稍有實力，報考調查局時，靠著英文的成績拉了上來，勉強擠入第36期特考錄取名單。歷經多年的辦案經驗，一邊工作，一邊把未完成的學業勉強在第五年完成（包含休學一年），這時候我還不知道念完研究所對我有何助益。

有時候人生的機運是一連串的巧合，而這個巧合就是所謂的機會。這些巧合或機會並不是像樂透彩憑空掉下來的，很多是長輩提拔後進、照顧後進的結果，要讓這些長輩願意提攜後進，基本上絕對要學會做人處事。法律人往往自視甚高，做人處事這方面必須要多多學習。在此要特別感謝我任職松山站的長官——羅銘彰，他協助我改編畢業的碩士論文，再參加本局內部年度研究競賽，居然得了第一名，而參加的組別居然是「資訊類」。這個結果激勵了我，人有了一點自信，就願意持續向前衝，所以拚命寫文章參加研討會，把自己的論文分成不同的觀念，分享給許多對此領域有興趣的專業人士，當然也得到許多回響。接著又受到目前在中原大學任教的陳櫻琴老師，帶領著我與其他朋友一同寫了些書，想不到一寫就寫

出了興趣，迄今連本書已經邁入第六本了。

　　寫了書以後，就開始我的演講生涯，因為個人學習背景很複雜，所以幾乎什麼都可以講，只要不是要求我講授算命課程，大概都還有一些經驗可供分享。三十幾歲的我，現在終於考上中正法律博士班，有著那種老來得子的愉悅心情，年紀一大把，還得努力唸書。現在的我，忙碌得很愉快，雖然早已經放棄走法律人必經的律師、司法官考試，但是依然充實愉快。有時候常戲稱自己是「三書、一不輸」，也就是出書、寫書、教書，打麻將就是不能輸。有時間的話，最喜歡到公益團體、學校演講，幫助一般民眾、學生建立應有的法律觀念，上上網回答法律問題，教導孤苦無依的民眾如何保障及爭取自身權益，這就是現在的我。

　　以上自序的內容，包括十餘年的法律生涯回顧、感恩的話，其實法律人還是有許多可以走的路，法律人還是有許多對於社會應盡的責任。當你踏入法律的門階時，永遠別忘了你當初所抱持的理想與堅持，永遠不要以為年紀輕輕考上國家考試後，自己就是「萬獸之王」，而無人能比（不要誤會，這段文字不是描述你心中所想的那位政治人物），記得當你擁有越多的權力時，你的肩膀就必須承擔更多的責任。很榮幸能與楊智傑合寫這本書，希望每一位讀者看完本書後，能夠有些許的體會，相信未來法律人將不再是「金錢權力」的代名詞，而將轉變為「公平正義」的化身，在此願與各位讀者共勉之。

目錄

PART *1*

當個思考的法律人

第1章

什麼是法律？

本章重點：• 法律的概念 • 法律與政策 • 法律與道德 • 法律與宗教 • 惡法亦法？

〔 第1節－**法律的概念** 〕

●●● 法和法律

什麼是法律（laws）？法律簡單地說，就是政府機關制定的規則。請注意一點，法律和法（law）不一樣。差別在哪？差在「s」。

有複數的 laws，指的是法律規定，尤其指的是現實存在的法律規定，其包括立法院制定的法律，或者行政機關頒布的行政命令。

沒有複數的law，可以翻譯成「法」或「法則」。翻譯成「法」時，指的是一些跳脫法律規定以外的基本法律原則。例如natural law，自然法，就是與生俱有的法，不需要實際法律規定；而constitutional law，則是「憲法法」，包括憲法上的一些原則，不限於憲法文本的規定。

而翻譯成「法則」時，則比較像是一些自然現象運作的道理。例如政治學上有一個著名的「杜瓦傑法則」（Duverger's law），就是在指選舉制度影響政黨體系的一個自然法則。另外，經濟學上所謂的「需求法則」（demand law），也是一種社會運作的規律。而最著名的「人都會死」，也是一種自然法則。這種自然法則自己就會發生，不需要我們透過國家權力去執行。但是 laws 法律則不同，卻需要我們國家用權力來執法。

●●● 具體個案與抽象法律

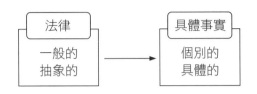

　　法律就是抽象的、針對一般的情況寫的規則。它通常不是針對一個個案做的規定，而是要適用在所有符合該法律的情況下。所以法律通常是很抽象的，因此也需要被人解釋。關於解釋法律的方法，留待後面「解釋法律」時再做介紹。

　　雖然法律原則上應該是抽象的，而不能針對個案，可是有些法律也可能是針對個案。例如，預算是不是法律呢？這個問題因為「停建核四」在法律界引起一陣討論。由於核四預算早就通過了，可是民進黨政府基於本身反核的立場，決定停建核四，其理由認為預算不是法律，預算只是一個授權給行政機關運用的額度，所以不需要遵守。

　　到底預算是不是法律？後來這個爭執吵到大法官那邊去，大法官作出了釋字第 520 號解釋，該號解釋認為，預算是一種「措施性法律」，但是未必有強制效力。

　　也有人認為，由於法律不能針對個案，所以個案性法律是無效的。例如，有人說立法院為了 2004 年總統大選三一九槍擊案而立法成立特別的調查委員會，是針對個案立法，是違憲的。可是，個案立法真的是違憲的嗎？哪種法律才算是個案立法？

◇ 措施性法律

　　大法官在釋字第 391 號解釋中，說「預算」是一種「措施性法律」，與一般性法律的性質不同。措施性法律乃是針對特別事件，所制定的法律。

例如，「二二八事件處理及補償條例」、「九二一震災重建暫行條例」等，就是措施性法律。不過，「措施性法律」與「個案法律」並不同。

◇ 個案法律

　　措施性法律與「個案法」或「個案法律」不同之處，在於措施性法律雖然是處理特殊事件，但仍然是適用於很多人，而個案法律則是針對具體個案，針對特定人，只用一次的法律。

　　釋字第 520 號解釋中，大法官在解釋理由書最後，說行政院停建核四的決策是有瑕疵的，至於後續如何解決這個問題，大法官提供了 4 個方法，其中一個方法是：「立法院通過興建電廠之相關法案，此種法律內容縱然包括對具體個案而制定之條款，亦屬特殊類型法律之一種，即所謂個別性法律，並非憲法所不許。」所以，大法官認為在法律中針對具體個案而制定條款，並非憲法所不許。

　　個案立法乃現代國家不可避免的法律，但仍然必須有所限制，一在於人權的保障，即不得制定不利於特定人民的個別性法律；二在於平等原則的維護，即不得在無正當理由的情形下，制定明顯有利於特定人民的個別性立法。所以簡單地說，我們大法官並不禁止個別性法律。

〔 第2節－**法律與政策** 〕

●●● 反分裂法是法律嗎？

　　什麼是政策？什麼又是法律？我們可以拿最近一個很熱門的議題作為例子。中國大陸在 2005 年 3 月通過了「反分裂法」，之所以會通過這個法律，主要是想要對臺灣越來越臺獨的傾向有所回應。不過有許多學者認為這個法律很奇怪，基本上不像是一個法律，而像是一個政策的表態。裡面

的內容，多半是大陸過去對臺灣既定政策的重複說明，包括一個中國原則、兩岸分治事實、不放棄武力犯臺、兩岸應促進經貿往來等等。有人說這樣的法律根本無從執行，假設哪一天臺灣真的宣布獨立，大陸真的必須依照這個法律，來武力犯臺嗎？若大陸真要武力犯臺，還需要有法律規定嗎？這個就是政策與法律無法區分清楚的一個好例子。

　　法律與政策的關係到底是什麼？法律其實可以分為很多種。大部分的法律是程序性、技術性的規則（rule），例如民事訴訟法、行政訴訟法等，就是規定上法院打官司要遵守的程序，我們稱為「程序法」；而實質的法律，例如刑法、民法，這些才是實質內容的法律，我們稱為「實體法」。這些「實體法」，可能比較多跟政策有關，而「程序法」多半都是技術性的規定，與政策無關。例如，走馬路要靠左邊還是靠右邊，這純粹只是程序性、技術性的規定，並沒有什麼實際的價值內涵。為什麼紅燈停、綠燈行，這也是技術性的規定。

　　實體法裡面，很多內容都跟政策判斷有關。例如，規定兩岸人民往來的法律，就是跟兩岸政策有關，因為我們有這樣的政策，所以落實到法律規定裡也有相應的法條。另外，又例如在政策上我們想保護美國人的著作權，我們在法律上就會落實修法去加強著作權的保護。又例如，死刑該不該廢除，這其實就是一個政策問題。

●●● 死刑該不該廢？

　　到底死刑該不該廢除，長久以來一直是各大辯論比賽喜歡的主題。不過辯論了這麼久，臺灣還是不肯廢除死刑。歐洲許多國家已經明文規定禁止死刑，而國際人權公約也禁止死刑。不過美國這個民主大國，卻也仍然不肯廢除死刑。美國在其憲法中雖然規定禁止「殘忍不道德」的刑罰，但是實際上美國最高法院還是認為死刑並不構成該條所謂的「殘忍不道德」

的刑罰。那臺灣呢？我們該不該跟隨國際人權潮流廢除死刑呢？

　　贊成死刑的人認為，這些犯人會被判死刑一定是犯了罪大惡極的事，這種人社會已經無法讓他存在，讓他繼續活下去關在監牢裡也是浪費國家的錢養他。雖然這些人可能會事後改過向善，但是對一般人來講，這些死刑犯就算改過向善，還是該為其所做的事情付出代價。

　　反對死刑的人主要是認為偶爾會有冤獄發生，如果死刑不廢除，冤獄的人就永遠無法平反。另一個理由則是認為死刑剝奪人的生命，這樣違反人的尊嚴。

　　基本上，在臺灣雖然常常有人辯論是否該廢除死刑，不過立法院從來都沒有考慮過要廢除死刑，這是因為臺灣多數人的主流價值觀還是認為死刑有存在的必要。這也是另一種政策影響法律制定的例子。

◇ 江國慶命案

　　民國 85 年 9 月 12 日，空軍作戰司令部福利站員工的 5 歲幼女被人發現陳屍在福利站廁所後方的水溝內，空軍總部立刻組成「專案小組」進行調查。軍事檢察官和法醫於交誼廳的櫃檯上發現一把疑似沾有血跡作案用的兇刀。10 月 1 日，調查局對福利站的員工和支援士兵實施測謊檢測，結果只有江國慶一人未通過。10 月 2 日晚間，江國慶被送到禁閉室，由專案人員進行連續 37 小時的疲勞訊問和刑求逼供，迫使他自承犯案，並於 10 月 4 日寫下自白書。10 月 22 日，江國慶被軍法起訴，但他在 11 月 5 日初審時翻供，聲稱是遭到刑求才承認犯案。12 月 26 日，3 位軍法官以強姦殺人罪判處江國慶死刑。

　　民國 86 年 3 月 27 日，國防部覆審，以證據不足及江國慶遭刑求為由，撤銷判決發回更審，但空軍作戰司令部仍交由前次相同的 3 位軍法官審理，並於 6 月 17 日判處死刑。8 月 13 日，江國慶被執行槍決，得

年21歲。當時服役的另一名士兵許榮洲，退伍後連續2次姦殺女童，民國100年，重新調查證據後發現，原來許榮洲才是當年的兇手，而江國慶是冤死的。

　　此案為臺灣自二二八事件及白色恐怖時期之後，首宗確認的冤獄錯殺案。臺灣出現了這則確認的冤獄錯殺案，你是否還支持死刑？

●●● 法律與政治

　　從前面的例子，我們得知，經過立法院制定的法律，往往就是政治的產物。亦即，哪一個政黨在立法院人數多，就可以通過它們想要的法律。從這個角度看，法律是政治的。

　　另外，一般學法律的人，則會從另一個角度來看，認為法律也是政治的。他們認為，每個法官都有自己的政治立場、意識形態（ideology），因此，由於法條寫得很抽象，法官在判決解釋法律時，就會將自己的政治立場、意識形態，偷渡進判決中，這就是另一種政治影響法律的方式。美國的「法唯實主義」（legal realist）和「批判法學」（critical legal study）者，就是持這種看法。

　　例如，像真調會案例中，藍、綠陣營，一方認為違憲，一方認為合憲，而大法官或多或少都會有自己偏好的政黨，所以在解釋真調會到底有沒有違憲時，就可能會受到政治立場的影響。

　　不過，我們說政治影響法律，也可能是政治人物透過特殊管道對法官施壓，讓法官不敢作出公正的裁判。不過這種問題在現代民主國家比較少見。但是，在前面所講的大法官解釋真調會是否違憲的例子中，由於大法官處理的是高度政治爭議的問題，不管判決結果如何，都會有一方不滿意。所以，大法官可能也會擔心政治部門的報復，而不敢任意地將自己的政治

立場完全地放到憲法解釋中，其多少會因為政治壓力而有所妥協。

〔 第3節-**法律與道德** 〕

●●● 法律與社會規範

類別	制裁	互動、影響
社會規範	社會壓力	社會規範久了就被制定為法律
道德	良心壓力	常常部分人的道德被制定為法律，壓迫其他人，但有時候法律也會反過來修正不正確的道德觀念
法律	國家公權力	

　　社會規範（norms）和法律不同。法律是國家制定的，如果不遵守法律，國家會用司法機關來執行制裁。可是社會規範是社會自己發展出來的，不是國家制定的，如果有人違反社會規範，社會上自然會形成壓力，去制裁那些違反者。

　　例如，「與人相約不可遲到」，這就是一個社會規範。不過這個社會規範並沒有被制定成法律。如果與人相約真的遲到了，也沒有什麼制裁，頂多就是下次別人不想約你了，因為你太愛遲到了，你遲到一分鐘，浪費全部人的十分鐘。這會形成一種社會壓力，讓你多少會去遵守這個社會規範。當然，遵守的比率會低於遵守法律的比率。又例如，和別人打撞球小賭一下球檯錢，這也不是法律所規定。事實上法律禁止賭博，不過小賭沒關係。可是若小賭時，輸的一方賴帳，此時，大概只有打一架、或者此後不再和那人小賭，以這種壓力，來執行這種社會規範，法律幫不了忙。

　　社會規範某程度跟習俗有關係，不過也不全然一樣。習俗就是社會中約定成俗、習以為常的習慣，但是違反這些習慣未必不行，其可能尚未形

成一種社會規範。當然，很多習俗就是社會規範的來源。

　　在國家還沒有出現以前，我們只有社會規範，等到國家出現以後，才有人制定法律，然後用強制手段執行法律。不過即使進入民主國家，社會上的運作也不是全部都靠法律，還是有很多領域是沒有法律規定，仍然靠的是傳統的社會規範。不過，由於現在大家越來越強調法治，我們制定的法律也越來越細，殘留的社會規範越來越少。

　　甚至，有些社會規範是不好的，我們就會透過法律，來扭轉那些不好的社會規範。例如，傳統中國認為女生沒有繼承權，可是在當今男女平等的社會中，女生也應該要有繼承權。在法律上我們雖然透過民法的制定讓女生擁有繼承權，但由於社會規範一時難以調整，這個法律在落實上有很大的落差。

●●● 法律與道德的區別

　　法律和道德（morals）該如何區別？法律基本上是用國家權力來執行的規則。但道德卻不是，道德不訴諸國家權力，而訴諸個人良心。若你長久以來被灌輸某項道德，而你違反該道德，你就會受到良心的譴責。不過，有的時候我們自己沒有道德，卻會受到其他有道德的人的譴責。甚至，很多人把道德制定成法律，用法律來灌輸他們的道德觀念到其他人身上。

　　以前的人常說「法律是最低程度的道德」，亦即道德的要求是很高的，而法律要求很低。符合法律的規定，只滿足了最低的道德標準，不代表你是一個道德操守高的人。這樣的說法大致上沒錯。不過其實應該這麼說：法律要管的東西，很多與道德無關，而道德要管的東西，很多沒有用法律來約束、制裁。不過在比例上，道德的規範比法律規範來得多。可以參考以下這個圖。

（昔日）

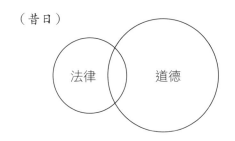

　　但在今天，上面那個原則依然沒變，法律要管的東西，很多不是道德要管的，而道德要管的東西，很多也沒有用法律來約束、制裁。不過，由於我們越來越強調法治社會、強調法律的重要性，所以我們制定出越來越多的法律，導致在今天這個社會中，法律要管的東西已經比道德想管的東西還多了。有的時候違反法律，不代表違反道德，只不過因為現代社會的法律管得實在太多。例如，開車超速，這與道德無關，卻會違法。

（今日）

　　以下我們舉幾個法律與道德交疊的領域，看看一般人的道德情感，如何影響法律的規定。

●●● 性交易是否違法？

　　在臺灣性交易到底是不是違法的？這個一般人實在搞不清楚。其實，在刑法中，我們並沒有直接處罰性交易，我們的刑法只處罰「開妓院的老闆」或「皮條客」而已，至於「妓女」和「嫖客」我們是不處罰的。不過，若嫖客嫖的對象未滿 16 歲，則要處七年以下有期徒刑。

　　在社會秩序維護法中，2011 年以前，只處罰「妓女」和「皮條客」，至於「嫖客」仍然不受處罰。而且，對妓女和皮條客的處罰其實還是很輕，被抓到只要關 3 天或罰鍰 3 萬，一年不被抓到超過 3 次就好。若一年被抓到超過 3 次，則要抓去再教育半年到一年。這就是所謂的「罰娼不罰嫖」政策。

　　不過需注意的是，對未成年少女的「援助交際」卻是違法的。在兒童及少年性剝削防制條例中，與未成年人（未滿 18 歲）性交易要處罰一年以下有期徒刑。

法條	妓女	皮條客或妓院老闆	嫖客
刑法	不處罰	五年或七年以下有期徒刑	不處罰 例外：性行為對象 16 歲以下，要處七年以下有期徒刑
社會秩序維護法	抓到一次關 3 天或罰鍰 3 萬 一年超過 3 次再教育半年至一年	抓到一次關 3 天或罰鍰 3 萬 一年超過 3 次再教育半年至一年	不處罰
兒童及少年性剝削防制條例	不處罰或送監管	處罰	處罰，性行為對象 16 歲以上未滿 18 歲，一年以下有期徒刑

　　2009 年 11 月，大法官在釋字第 666 號解釋中宣告社會秩序維護法「罰娼不罰嫖」的政策違反了平等權。大法官認為，同樣是性交易，為何只處罰娼妓，而不處罰嫖客，如果性交易本身是違反社會善良風俗，或者違反其他重大公共利益而需要禁止，應該連嫖客也一起處罰。所以大法官以該法違反了平等權保障為由，宣告該法在兩年後失效。

　　臺灣之所以「罰娼不罰嫖」，也許表面上是想要禁止性交易，但實質上是想讓性交易繼續存在。當然，隨著時代的進步，很多人都鼓吹應該讓

性交易全面合法，納入登記管理，不要成為地下黑道控制的產業。也許正因為此，聲請釋憲的宜蘭地院法官本來是希望能夠透過釋憲，讓性交易全面合法化。但大法官的解釋文卻只是說，「罰娼不罰嫖」違反了平等權，可以「娼嫖兩者都罰」。

　　2011 年的 11 月 6 日，原來的社會秩序維護法因兩年將要到期而面臨失效。立法院為此在 11 月 4 日通過了修法，全面禁止性交易，包括娼妓與嫖客都一律處罰，但可允許各縣市自己以「自治條例」規劃性交易專區，並對專區內的性交易業者進行登記管理。但截止今日為止，沒有任何一個縣市願意在轄區內設立性交易專區。

●●● 同性戀

　　同性戀婚姻到底該不該合法化？我們這個社會允許同性戀婚姻的存在嗎？

　　研讀憲法科目時，若講授有關美國的案例時，就會知道美國關於同性戀的問題在憲法上引起很多討論，包括法律禁止同性戀「性交」，這樣的法律有沒有違反平等權或隱私權。

　　那麼臺灣呢？基本上臺灣人民或許會對同性戀有點歧視，但是倒還不至於「敵視」同性戀，而在法律上，我們也沒有立法處罰同性戀，這就是道德和法律的差別。道德上或許有少數人覺得同性戀是一種犯罪，可是在法律上它卻不是一種犯罪。

　　在過去，臺灣民法沒有允許讓同性戀結婚，這並非臺灣敵視同性戀，只不過因為沒有人去推動同性戀結婚的法律，所以我們也一直沒有修法。從 2012 年起，開始有團體推動多元成家方案，希望讓同性戀可以結婚。

　　2015 年底，台北市政府與祈家威聲請大法官解釋，主張現行民法只准許一男一女結婚，限制同性戀者的婚姻自由，且違反平等權。大法官於 2017 年 3 月舉行言詞辯論並網路直播，於 5 月 24 日作出釋字第 748 號解釋，宣

告禁止同性戀結婚違憲，是亞洲第一個宣告禁止同性婚姻違憲的解釋。

但是，2018 年年底的全國公民投票中，人民以過半多數，表達人民的主流觀點：1.民法中的婚姻仍應限於一男一女；2.同性戀結婚應該另外以專法制定。因而，2019 年 5 月立法院制定了司法院釋字第七四八號解釋施行法，讓同性戀可以根據該特別法進行結婚登記。

●●● 墮胎權

再舉另一個例子，臺灣人對墮胎這件事似乎覺得很正常。男女朋友「做愛」時若沒戴保險套可能就會去藥房買事後丸，甚至等過了幾個禮拜後會去找密醫墮胎等，據說臺灣一年有 50 萬件墮胎。在美國，婦女到底有沒有墮胎的權利，引發了很大的爭執，也一直是美國憲法法院最頭痛的問題。可是在臺灣這根本就沒人關心，大家覺得本來就可以墮胎，墮胎沒什麼錯。這是因為在臺灣，大家在道德上不認為墮胎有錯。在法律上，我們雖然有墮胎罪，不過實際上因為大家都覺得沒什麼，所以也從來沒有嚴格執法。而且，我們有一個「優生保健法」，其列舉了很多可以墮胎的理由，其中最後一項「因懷孕或生產將影響其心理健康或家庭生活者」，這個條件看起來非常寬鬆，意思就是你現在不想生小孩，生小孩會影響你的生活，你就可以去墮胎。可是在美國雖然法律上允許墮胎，但是對美國的基督徒來說，在道德上還是無法容許墮胎，剛好跟我國相反。

●●● 小結

從以上這些例子可以看出來，有人或許會基於道德理由，認為墮胎、同性戀、性交易等，都是違反道德的，可是在臺灣的法律上，上述這些行為都是合法的。之所以會這樣，可能的原因在於雖然有少數人覺得這些行為不道德，但大多數人卻認為無所謂。當然，這可能也跟我們臺灣沒有堅強的基督教傳統有關。

〔 第4節–**法律與宗教** 〕

●●● 法律與宗教

道德很大的來源之一，就是宗教。

在歐洲、美國，宗教與法律的衝突非常激烈，這跟歐美的歷史文化有關。長久以來歐美都有堅強的一神信仰，只相信自己的神，不相信其他人的神。而由於堅強的信仰，故許多宗教信仰的內容，都會規定在法律裡。當某些異教徒違反了法律所體現的宗教信仰時，他們就會利用法律去壓迫這些異教信仰者。不過隨著現在社會進步、文化越來越多元，歐美國家已經漸漸不那麼排擠其他宗教了，在法律上也慢慢不再敵視其他異教徒文化。但是許多殘留的宗教觀念還是根深蒂固地留在歐美國家人民的心中，所以法律與宗教的衝突仍然常常發生。

至於在回教世界中，以宗教理由來對抗其他異教徒的情況還是很嚴重，在回教徒國家中大部分的法律規定，可能還是受到宗教的影響。

但是在臺灣，卻沒有發生這類大的衝突。由於中華文化傳統上一直是多神論，相信各種神明，彼此不打壓對方的神明。臺灣繼承中華文化，也繼承了這樣的觀念，所以在臺灣，我們比較不會去壓迫什麼宗教，我們心胸很寬大地接受各種宗教。臺灣的社會其實是很包容多元的，各種宗教、民間習俗都有，我們政府也不會特別去打壓什麼宗教或民間習俗。不過政府雖然不打壓，但是政府也不會因為你信仰某個宗教，就讓你免除遵守法律的義務。

政府對宗教的態度 ┌ 不特別打壓特定宗教（宗教自由）
　　　　　　　　 └ 不特別優惠特定宗教（政教分離）

　　例如最有名的宋七力分身照片詐財事件，宋七力宣稱自己有神力、能夠分身，然後拍了很多分身照，不過後來被爆料說這些照片都是合成的，顯然其講的話都是說謊，因而被信徒控告宋七力利用宗教斂財。另外，臺灣也有很多小宗教會利用宗教斂色。如果是利用宗教來斂財斂色，在臺灣執法機關還是會不假辭色地將其繩之以法。所以，雖然我們這個社會沒什麼宗教衝突，大家彼此都很包容，但是有一個基本前提就是：不可以因為宗教理由而不遵守法律。法律的歸法律，宗教的歸宗教。

　　雖然說一般社會不能容許以宗教之名進行詐財、斂色，不過這似乎是對小的新興宗教的態度。至於對傳統大的宗教，包括佛教、道教、基督教等，我們就不認為其是在詐財。有趣的是，宋七力這個小宗教，我們一般社會大眾並不同情，認為其應該構成詐欺罪。可是後來法院判決卻認為其不構成刑法上的詐欺罪，法院認為詐欺罪必須在主觀上是想要「騙人」，可是宋七力似乎對於自己有神力這件事深信不疑，而法官也無法確認到底是真是假，所以雖然照片在客觀上是假的，但是宋七力在主觀上可能自己真的認為是在發揮神力、不是想騙人，所以法院判定其不構成詐欺的法律要件。

　　所以在臺灣雖然我們強調法律和宗教分離，但是在實際運作上，我們的法律似乎還是給某些宗教一點點特權。

●●● **釋字第 490 號解釋**

　　一方面，法律要保障宗教自由，另一方面，法律卻要確定政教分離，不可優惠特定宗教。但這兩者往往會發生衝突。例如，有些人會主張宗教自由，而拒絕服從法律義務。若我們說為了保護他們的宗教自由，而免除他們遵守法律的義務，這樣也算是優惠這個宗教，而可能違反了政教分離原則。在臺灣就發生過這樣的案例，幾個有基督教信仰的人，拒絕服兵役，

而被判刑，因而聲請大法官解釋，希望大法官在宗教義務與法律義務之間找出平衡點。而大法官卻認為，當兵是國民的基本義務，有宗教信仰的人並不能基於宗教自由而拒絕服兵役（釋字第490號解釋）。

　　不過有趣的是，雖然大法官在那號解釋中說國家不應該優待有宗教信仰的人，可是後來國防部卻決定讓有宗教信仰的人可以優先服社會替代役。你認為這樣合理嗎？

◇ 釋字第 490 號解釋文

　　人民有依法律服兵役之義務，為憲法第 20 條所明定。惟人民如何履行兵役義務，憲法本身並無明文規定，有關人民服兵役之重要事項，應由立法者斟酌國家安全、社會發展之需要，以法律定之。憲法第 13 條規定：「人民有信仰宗教之自由。」係指人民有信仰與不信仰任何宗教之自由，以及參與或不參與宗教活動之自由；國家不得對特定之宗教加以獎勵或禁制，或對人民特定信仰畀予優待或不利益。立法者鑒於男女生理上之差異及因此種差異所生之社會生活功能角色之不同，於兵役法第 1 條規定：中華民國男子依法皆有服兵役之義務，係為實踐國家目的及憲法上人民之基本義務而為之規定，原屬立法政策之考量，非為助長、促進或限制宗教而設，且無助長、促進或限制宗教之效果。復次，服兵役之義務，並無違反人性尊嚴亦未動搖憲法價值體系之基礎，且為大多數國家之法律所明定，更為保護人民，防衛國家之安全所必須，與憲法第 7 條平等原則及第 13 條宗教信仰自由之保障，並無牴觸。又兵役法施行法第 59 條第 2 項規定：同條第 1 項判處徒刑人員，經依法赦免、減刑、緩刑、假釋後，其禁役者，如實際執行徒刑時間不滿四年時，免除禁役。故免除禁役者，倘仍在適役年齡，其服兵役之義務，並不因此而免除，兵役法施行法第 59 條第 2 項因而規定，由各該管轄司法機關通知

其所屬縣（市）政府處理。若另有違反兵役法之規定而符合處罰之要件者，仍應依妨害兵役治罪條例之規定處斷，並不構成一行為重複處罰問題，亦與憲法第 13 條宗教信仰自由之保障及第 23 條比例原則之規定，不相牴觸。

〔 第5節－惡法亦法？ 〕

常常有人在講「惡法亦法」或「惡法非法」，到底哪一個才是對的？又是什麼意思呢？

所謂「惡法亦法」，是說就算一個法律規定得很不合理、很不公平、很不正義，但是既然它是立法院通過制定出來的法律，就還是得遵守。而所謂的「惡法非法」，則是說既然一個法律規定得不合理、不正義，人民就沒有義務要去遵守。

對照法理學上的討論，這就是所謂「自然法」（natural law）與「實證法」（positive law）之爭。自然法學派認為，除了立法院制定的法律外，還有一個自然存在的、普世的正義法律，如果立法院制定的法律違背了這個自然正義原則，那麼這個法律就該無效，這就是所謂惡法非法的想法。

而實證法學者則認為，雖然一個法律是不好的，但既然它是立法院通過、總統公布的法律，我們就該去遵守。如果覺得它不好，我們頂多想辦法去修改那個法律，人民可以要求自己的民意代表幫忙修改那個法律。但人民不能什麼都不做就完全漠視那個法律的存在，這也就是惡法亦法的想法。

觀念	惡法亦法	惡法非法
法律學派	實證法學派	自然法學派

　　舉例來說，最有名的例子就是《紐倫堡大審》這部片所探討的問題。二次世界大戰時，納粹殺了很多猶太人，許多在德國政府、軍隊上班的人，都因為怕被處罰，而聽從希特勒的命令去殺害猶太人。可是等到德國戰敗後，其他國家開始要審判這些前納粹政府的官員時，就出現了一個問題：這些官員其實只是遵照希特勒的指令辦事，只是遵照當時有效的法律。為何遵守當時有效的法律，事後還會被審判呢？紐倫堡大審最後的結局就是，法院判決這些前納粹政府的官員仍然要受到處罰。法院認為，雖然當時他們遵守的是有效的法律，不過這些法律卻是不好的、不人性的、殘忍的。這些官員應該秉持惡法非法的精神，拒絕執行這些法律，也就是應該遵從更上位的自然法，拒絕執行這些世俗的法律。但是這些官員居然乖乖聽從希特勒制定的法律，所以仍然違反了自然法。

　　當然像希特勒屠殺猶太人的例子在今天已經很難看見了。那現在還有所謂的惡法存在而我們不該去遵守的嗎？最近臺灣因為政黨抗爭、朝野對立，泛藍和泛綠往往會產生嚴重的衝突，兩方會說對方制定出來的法律或命令是惡法，說不需要執行，可以行使「抵抗權」，這似乎採取的是自然法的觀點。不過其實不然。在我國的體制下，有一個憲法存在，這個憲法中規定了國家政府運作的基本原則和人權保障，而泛藍和泛綠之所以會說對方的法是惡法，其實往往是說對方「違反憲法」，而不是說違反「自然法」。至於到底有沒有違反憲法，在我國則是交給司法院裡面 15 個大法官共同決定。倘若大法官認為該法並沒有惡劣到違反憲法，我們大家還是得遵守。所以從這個角度來看，這有點像是自然法和實證法的折衷，而決定一個法律到底是好還是壞，則是交給 15 個大法官去判斷。

惡法非法	以前	現在
違反的對象	自然法	憲法（通常得大法官說了才算數）

■■ 進 階 閱 讀

1. 大法官釋字第 391 號解釋。（預算的性質）
2. 大法官釋字第 490 號解釋。（宗教自由與守法義務的衝突）
3. 大法官釋字第 520 號解釋。（核四停建爭議）
4. 大法官釋字第 585 號解釋。（三一九槍擊案真調會爭議）
5. 大法官釋字第 666 號解釋。（罰娼不罰嫖）
6. 大法官釋字第 748 號解釋。（同性婚姻）
7. 電影《魔鬼代言人》。（法律與宗教的衝突）

第2章
法律金字塔

本章重點：•法源 •成文法源 •不成文法源

〔 第1節－**法源** 〕

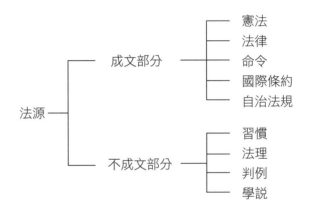

法源 ─── 成文部分 ─── 憲法／法律／命令／國際條約／自治法規
法源 ─── 不成文部分 ─── 習慣／法理／判例／學說

　　法律來源可以分為成文和不成文兩大類。成文的法源，就是權威機關制定出來的正式規則，包括憲法、法律、命令、國際條約和自治法規。而不成文的法源，則包括習慣、法理、判例、學說等。以下一一介紹。

〔 第2節－**成文法源** 〕

●●● **法律金字塔——法律的真實位階？**

　　在成文的法律來源之中，主要包括憲法、法律和命令。奧國的純粹法學者凱爾森（Hans Kelsen, 1881-1973）提出一個法律金字塔的概念。命令之所以有效，是因為其得到法律的授權依據，而法律之所以有效，則是經

過憲法的制定程序。這樣一層一層往上，看起來就像是金字塔。憲法最高、法律次之、命令最低。法律不得牴觸憲法，命令不得牴觸法律和憲法。

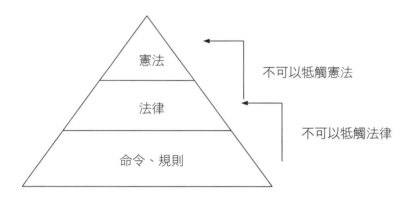

●●● 憲法

　　一般認為憲法是一國的根本大法，優於其他法律。所有的法律、命令與憲法牴觸均無效。不過，這個看法是一般成文憲法的看法。世界上也有少數國家是採用不成文憲法的。最有名的國家就是英國，英國採用的是不成文憲法。實際上他們根本沒有憲法，只有一堆法律，只是其中有某些重要的法律所規範的內容，相當於其他國家憲法所規範的內容，故我們稱英國為不成文憲法（unwritten constitution）。

　　在英國，由於是採不成文憲法，所以沒有憲法優於法律的說法。因為所謂的憲法，其實也就是那些比較重要的法律。

　　所謂憲法優於法律，必須有輔助機制，這樣的輔助機制，就是司法違憲審查機制（judicial review）。像我國就是由司法院大法官來負責司法違憲審查，審查法律有無牴觸憲法。如果沒有違憲審查機制，光說憲法高於法律，其實只是空談，憲法只是一個紙糊柵欄。因為立法院制定出來的法律，若沒人可以認定是否違憲，就是有效的。關於違憲審查的介紹，請看第 4 章〈法律無效〉。

●●● 法律和命令

所謂的法律，是指立法機關三讀通過、總統公布的法律。符合這套程序的，才能算是一般所謂的法律。

所謂的命令，則是行政機關頒布的規則。由於立法機關無法把所有細部的規則都制定為法律，所以需要行政機關透過行政命令補充。一般行政命令分為兩種，一種是法規命令，一種是行政規則。兩者都是行政機關自行頒布的命令，不過法規命令是有得到法律的授權，而行政規則是行政機關基於職權自己頒布的規則。

以前我們臺灣的行政命令很浮濫，行政機關都會隨意發布很多命令。但是現在我們強調法治國家，所以很多命令我們都改為用法律來制定，甚至要求大部分的命令都必須得到立法院的授權才可以訂定。關於此，請看第3章。

最重要的是，憲法大於法律，而法律又大於命令。

●●● 緊急命令是法律還是命令？

緊急命令是什麼呢？根據我國憲法，緊急命令是在國家發生緊急危難時，因為沒有法律可以運用，總統為了解決該緊急危難，只好跳過立法院，自己先頒發一個「緊急命令」來應急，而事後再讓立法院追認。

緊急命令到底是法律還是命令呢？其實，若根據憲法規定總統發布後還需要立法院追認的條件來看，其定位上應該是與法律平行的。

我們或許也可以參考一下憲法的歷史。原本憲法本文第 43 條規定：

「（總統發布緊急命令權）國家遇有天然災害、癘疫，或國家財政經濟上有重大變故，須為急速處分時，總統於立法院休會期間，得經行政院會議之決議，依緊急命令法，發布緊急命令，為必要之處置，但須於發布命令後一個月內提交立法院追認。如立法院不同意時，該緊急命令立即失效。」原本的條件限於「立法院休會期間」，因為發生國家緊急狀況，立法院卻因為休會無法馬上立法因應，所以才賦予總統緊急命令權，讓總統先制定緊急命令後，再馬上召開立法院，一個月內追認。為什麼是一個月呢？別忘了憲法制定當時我們還是大陸時期，當時大陸地廣交通不便，所以要從各地把立法委員召集回來得花點時間。

　　後來修憲後，我們卻把原本的規定改為：「總統為避免國家或人民遭遇緊急危難或應付財政經濟上重大變故，得經行政院會議之決議發布緊急命令，為必要之處置，不受憲法第四十三條之限制。但須於發布命令後十日內提交立法院追認，如立法院不同意時，該緊急命令立即失效。」刪除了「立法院休會期間」的要件。因為臺灣很小，所以同時也把追認的期間縮短了，因為立法院召集開會只要 10 天就夠了。

◇ 分析

　　若從以前緊急命令制定原本的限制為「立法院休會期間」，且事後要「立法院追認」，就可以知道緊急命令的性質應該屬於一種法律，而非一種行政命令。總統只是在立法院休會時，代替立法院制定一個暫時因應的法律，等到立法院回來後就馬上把權力還給立法院。

　　但後來修憲居然把「立法院休會期間」這個要件拿掉，實在不太恰當。這個要件之所以被拿掉，其實是因為以前動員戡亂時期制定的「動員戡亂臨時條款」凍結憲法本文，蔣介石的獨裁政權就把這個立法院休會期間的要件拿掉，讓他有很大的緊急命令權。而解嚴後回歸憲法運作後，居然修

憲延續這個不好的規定。

可是臺灣這麼小，臺灣如果發生什麼緊急情況，要立法院馬上開會其實很快，根本不用等 10 天才讓立法院追認，要求立法院制定緊急因應的法律也未必比總統來得慢，所以現在實在沒必要繼續保留緊急命令。緊急命令有個壞處就是總統可以用這個權力來擴權、甚至轉為獨裁，歷史上有太多的例子都是這樣。例如德國希特勒之所以能獨裁，即是因為用緊急命令解散國會，讓國會無法監督希特勒。

●●● 國際條約

國際法到底是不是法律呢？這個問題一定令人困擾。既然國際法稱為法，應該是法律。可是其實國際法大部分就是一堆國家與國家之間的契約，也就是所謂的國際條約。國際條約的問題在於，當有國家違背了國際條約時，欠缺有效的制裁機制，看起來就沒什麼法律效果。例如，如果臺灣違背世界貿易組織（WTO）的承諾，不開放臺灣的進口市場，那麼有什麼制裁嗎？其實是有的，如果臺灣真的違背 WTO 的承諾，制裁就是其他國家也會不開放自己的市場作為報復。

所以，國際法也不能完全說沒有仲裁者、制裁機制，在現在越來越多國際條約、國際組織的情況下，只要各個會員國都願意遵守條約，而其他會員國也配合制裁，那麼國際法還是有某程度的約束力。不過，假設今天世界強權美國公然違背國際公約，請問有哪個國家可以有效制裁美國嗎？大概沒有。但是若其他國家違反國際公約，可能美國這個世界警察就會出來制止、報復、制裁這個國家。所以，目前來講，由於有美國這個世界警察，其他小國還是滿遵守國際法的。

不過，由於臺灣受到中國大陸打壓，根本就不能參加國際組織，簽署的國際條約也很少。其實在很多時候，由於臺灣不是一些國際條約的締約

國，所以根本不需要遵守國際條約，但臺灣為了展現其誠意，所以也願意遵守。這種自願遵守的方式，或許是放棄了自己的談判籌碼。外國人知道反正臺灣不加入也會遵守，那就沒必要讓臺灣加入。

目前對臺灣經貿影響最大的國際條約，大概就是WTO的眾多條約。其要求臺灣開放市場，並在許多國內法律上要符合WTO的規定。

◇ 法律與外國法誰高？

憲法第 171 條與第 172 條規定：法律或命令，與憲法牴觸者，無效。這就說明了憲法的最高性，但若憲法與外國法也就是所謂國際條約或是國際法有所牴觸時，二者之效力孰輕孰重呢？

我國憲法及法律雖未對國際法作任何規定或解釋，但於憲法第 141 條中規定：「中華民國之外交，應本獨立自主之精神，平等互惠之原則，敦睦邦交，尊重條約及聯合國憲章。」這條規定似乎間接承認了國際法之效力優先適用國內法。但我國因為被中國打壓，沒辦法加入任何國際組織或國際條約，所以較少這類問題。

政府簽訂了國際條約，就馬上生效嗎？根據釋字第 329 號解釋：「憲法所稱之條約係指中華民國與其他國家或國際組織所締結之國際書面協定，包括用條約或公約之名稱，或用協定等名稱而其內容直接涉及國家重要事項或人民之權利義務且具有法律上效力者而言。其中名稱為條約或公約或用協定等名稱而附有批准條款者，當然應送立法院審議，其餘國際書面協定，除經法律授權或是先經立法院同意簽訂，或其內容與國內法律相同者外，亦應送立法院審議。」根據這個解釋，原則上所有條約，都必須經過立法院同意，才會在國內生效。

但在其他國家，憲法與國際法的爭議便是家常便飯了，例如在荷蘭、西德或法國，當他們的國內法律與國際法或國際條約相牴觸時，便以國際

法為準，國際法的效力大於國內法甚至是法律位階最高的憲法，而優先適用。但在英國則相反，當英國的國內法律與國際法或國際條約相牴觸時，英國卻是以國內法優先適用，其效力遠遠高於國際法。

我們國家雖然沒有參與國際組織或國際條約，但國際法和外國法卻用另一種方式，進入臺灣。由於我們有大法官在解釋憲法，大法官在解釋憲法時常常把外國的憲法原則解釋進臺灣的憲法裡，所以，國際法雖然在臺灣沒有比較大，但是某些外國法律原則，卻因為大法官解釋，而比臺灣的法律還大。

●●○ 自治法規

國家有國家的法律，但是各個地方政府，為了針對特殊地方的情形，也會制定地方性的法規。在我國，我們稱地方縣市制定的法規，為地方自治法規。可以分為兩種：一種是地方縣市議會通過的，稱為自治條例；另一種是地方行政機關自行通過的，稱為自治規則。

$$
自治法規 \begin{cases} 自治條例：地方縣市議會制定 \\ 自治規則：地方政府機關自行頒布 \end{cases}
$$

我們中華民國是單一國制度，也就是說我們的最高主權，就是國家。美國和德國則是聯邦國家，他們的國家是由各個州和邦所組成，所以各州和各邦都會有自己的法律。而聯邦只是在統管某些領域上，會有統一的聯邦法律。

我們中華民國雖然是單一國，但是憲法上也對地方自治有所保護。原本地方自治分為 3 個層級：省、縣（市）、鄉鎮（市）。但由於現在中華民國治權只及於臺灣，所以整個國家和省幾乎重疊，因此我們後來把省凍結，而只保留縣（市）和鄉鎮（市）兩個層次。所以所謂的地方政府，比

較重要的就是縣（市）。而各縣（市）政府為了管理各縣（市），就會制定頒布許多自治法規。

這些自治法規有時候也會與立法院通過的法律有所牴觸。而當發生牴觸時，到底何者優先呢？原則上可以根據憲法或地方制度法來判斷，如果有爭議時，則交給大法官來作最後仲裁。某程度來說，就是因為有地方和中央法律衝突的可能，所以才需要有一個中立的大法官。

〔 第 3 節 – 不成文法源 〕

●●● 習慣

民法第 1 條就說：「民事，法律所未規定者，依習慣；無習慣者，依法理。」可見在欠缺法律規定時，習慣是非常重要的，其高於法理的重要。當然這只有在民法這種重視民間活動的法律才會這樣。

所謂習慣，乃是指社會上或民間眾人約定俗成的一種慣行，具有法律價值，能補充法律制度之不足，久而久之也漸漸被國家承認。例如我國民法對於合會性質，也就是俗稱的標會，其並沒有條文特別加以規定，直至民國 88 年 11 月 21 日修正民法債編條文時，增列合會章節，才得以使參與合會之會員與會首有法律條文明確的保障，在這之前，參與合會之條件或資格，皆是以所謂的習慣去規範。

另外，習慣也會嚴重影響法律的執行，例如臺灣社會還是重男輕女，女生不能分配家產。雖然民法已經重視男女平等，讓女生可以繼承遺產，可是由於臺灣社會的不良習慣，導致在實際運作上，還是會透過其他方式剝奪女生的繼承權。

最後，與習慣相似的，有一種東西，叫作「慣例」。尤其在憲法上，

我們有所謂的憲政慣例。由於憲法並不能把所有的情況都規定清楚，因此有的時候政治人物自己會發展出某些慣例，後人就繼續遵循這些慣例。例如，憲法並未規定行政院長該何時請辭下臺，可是目前發展出一個慣例：在總統改選或立委改選時，行政院長都會請辭下臺。這些慣例照理講在憲法上應該也有一定的價值。但是我們的大法官，並不重視這些憲政慣例，只有大法官承認的憲政慣例，才有價值，如果大法官不承認，就會宣告這種憲政慣例違憲。例如，我們臺灣歷史上的特殊憲政慣例，就是國民大會會自己延長任期，但是大法官在釋字第 499 號中，卻認為這種慣例是不好的，所以宣告其違憲。

●●● 法理

法理（jurisprudence），一般所稱法律的自然道理或原則，即法律一般性之原理或原則，法理的功能在於補助法律與習慣法或判例不足的地方，例如誠實信用原則，公平正義等概念即是。

在英國、美國，由於是判例法國家，透過很多判例，會漸漸發展出某些共通的原則（doctrine），這些原則，或許就可以翻譯為法理。不過一般人不敢這麼翻譯，事實上 doctrine 這個字指的是比較細的一些原則，而法理的感覺比較是大一點的原則。到現在 doctrine 這個字都還沒有比較好的翻譯方法。

法理在法律適用上，也有一定的功用。例如前面說到，民法第 1 條規定：「民事，法律所未規定者，依習慣；無習慣者，依法理。」民法上的法理，可能包括「當事人自治原則」、「誠實信用原則」、「信賴保護原則」等等共通的道理。

我們也可以用行政程序法為例。行政程序法的前面幾條，分別規定了行政法的一些基本原則，包括「明確性原則」（第6條）、「比例性原則」

（第7條）、「誠實信賴原則」（第8條）、「有利不利情形應一律注意」（第9條）、「行使裁量權之限制」（第10條）等等。這些都是行政法最重要的原則。就算行政法規定得不夠具體，法官在判決行政法的案件時，也會運用這些基本法理，來作出判決。

●●● 法院的裁判和判例

　　法院只會作出裁判嗎？除了裁判之外還有什麼東西？

　　一般所謂「裁判」，可以分兩種，一種是「裁定」，一種是「判決」。「裁定」通常是針對法院程序問題所作出的決定，而「判決」則是對實質的爭議作出決定。

$$
\text{裁判} \begin{cases} \text{判決：實質爭議} \\ \text{裁定：訴訟程序爭議} \end{cases}
$$

　　判決就是法官要將抽象的法律、命令，適用在具體的個案上。上級法院的判決，通常會對下級法院有一定的拘束力。下級法院由於怕自己的判決被上級法院推翻，所以會在乎上級法院的判決。所以上級法院的判決也算是一種法源。不過，最高法院還有另一種更有拘束力的東西，叫作「決議」或「判例」。

◇ 美國的判決先例

　　美國的「判決先例」（precedence），是指過去的上級法院或本身法院所作出的「完整的判決」。所以在美國，所謂的「判決先例拘束原則」（stare decisis），是根據過去的判決先例，區別現在的案件事實與過去的案件事實是否相同或相似，若相同則可套用過去的判決先例，但若認為現在案件的某些特點與過去的案件不同，則可以改判。所以，美國的判決先

例拘束原則，很強調「事實的差異」。

◇ 臺灣過去的判例制度

　　判例是最高法院為了指導下級法院的法官解釋法律，最高法院會挑選出某些寫得特別好的判決，把其中對法條的解釋部分抽出來，經過最高法院中民事庭會議、刑事庭會議等的「決議」，報請司法院備查，而成為「判例」。也就是說，判例是一種最高法院對法律的解釋，而下級法院的法官為了避免案件上訴後被最高法院推翻，所以通常都會乖乖遵守最高法院的法律解釋，也就是會遵守其挑選出的判例。

　　我國判例雖然是由審判機關（最高法院或最高行政法院）所作出來的，但已經抽離具體個案事實，而只是純粹的法律見解，甚至還不是完全摘自原來的裁判書，而另由最高法院或最高行政法院法官開會刪改修正後才採為判例。

　　如果細究判例的製作過程，可以發現決定者雖然都是法官，但判例並不是這些法官在審理具體個案時所表示的法律見解，反而比較像是最高法院或最高行政法院的「立法行為」：與個案事實分離、具有向將來普遍適用的一般性效力。

　　補充說明一點，能夠聲請大法官解釋的，原本應該只有法律和命令，但是因為各級法院都會遵守判例，所以當法律本身沒有明顯違反憲法，而是判例本身違反憲法時，也可以聲請大法官解釋。

◇ 2019 年廢除判例制度

　　過去的判例制度，一方面，變成最高法院有權「創造一個抽象的法律」；二方面，由於判例已經與個案事實分離，導致後續法院引用時，偶爾會與原來的案例相差很遠，判例用在新的個案上產生奇怪的結果。因此，2019 年修改法院組織法，刪除判例制度，判例廢除後，代表每個判決都是

先例，重要性一致，未來所有最高法院判決不再有高低位階之分。

　　不過，由於最高法院中法院很多，因而有多個審判庭，為了統一各個審判庭的法律見解，另外新創設了大法庭制度。

●●● 法律學說的影響力

　　法律學說對於適用法條為什麼會有影響力呢？這個問題說來複雜。法律學說只是學者的意見而已，照理講不該有拘束力。可是我們在後面會提到，法律很抽象、需要解釋，此時各個學者就會提出自己的意見，認為這個法律該怎麼解釋。而學者若影響力很大的話，就可能會影響法官的判決。

　　學說其實也是一種「輿論」，不過卻是法律學界的輿論。當一個法律學說在法律圈很有影響力時，法官通常就會按照這個學說來判案，甚至於直接引用學說的內容，例如某書第××頁。因為法官怕若不採用這個學說的話，就會被罵做事不念書、落伍的法官。另外，學說的影響力除了在法官判決之外，也會影響到法律的制定、修改。由於制定法律、修改法律時，行政機關都會請許多學者提出建議，而如果某個學者的學說很有影響力，那麼參與制定、修改法律的學者可能就會受到那個學說的影響，而將那個法律學說的精神放到法律草案裡面去，而立法院在審查時也接受了這個草案，成為法律。這就是法律學說影響力的恐怖之處。

　　例如如果大部分的學者都認為蘇建和三人是被冤枉的，那麼法官可能也會受到法律學者的影響，而無罪釋放蘇建和等三人。當然這個例子可能不妥當，這個例子比較像是輿論影響法院判決。

　　比較恰當的例子就等你們進入法律這行就會了解。例如，我們法律學界傳統以來一直受到德國、日本的影響，很多學者留學德國、日本，帶進他們的理論，所以以前我們的法律修正或法官判決、解釋上就會受到德國理論的影響。近年來由於留學美國的學者越來越多，也引進越來越多的美

國法律理論，很明顯地就可以看到，我們的法律制定、修正、法律解釋、判決等，都漸漸往美國方向移動。

更誇張的是，這樣的學說爭議，還在國家考試上發酵。以前國家考試有所謂的「獨門暗器」，就是考試出題的人，出的題目很獨特，作為學生的我們，答題也必須要小心，必須用那個出題者的學說來回答，才會有分數。若回答到另一個人的學說，則穩死無疑。甚至，有的獨門暗器獨特到你連題目都看不懂，遑論作答。

不過，由於筆者《千萬別來念法律》一書的推波助瀾，使得「獨門暗器」的爭議性被拿到檯面上討論，現在考試院出題，已經避免出這種獨門暗器題。

◇ 甲說乙說隨便說

　　話說以前有一對苦難兄弟，有一天他們倆兄弟突發奇想玩熱氣球，於是他們就飛上天啦！可是上了天以後才發現，他們不知道怎麼降落，氣球就一直飛，飛到一個大草原。苦難兄弟在氣球上看到下面有一個人正在騎馬奔馳，就在氣球上大喊：「下面的人呀，我們現在在哪？」那人於是回答：「上面的人呀，你們在熱氣球上！」接著就騎馬跑掉了。苦難弟就問苦難哥了：「哥～，那個人是誰呀？」苦難哥語重心長地回答：「那個人一定是個律師，說的話都對，但是一點屁用也沒有！」

　　氣球又繼續飛啦，這時候他們又看到有個人在草原上騎馬。這次苦難兄弟學聰明了，他們大喊：「下面的人呀，我們要怎麼降落？」那人聽到了也回答：「上面的人呀，你們把繩索割斷就能降落了！」接著又馬蹄噠噠的跑掉了。苦難弟又問：「哥～，那個人是誰呀？」苦難哥再一次語重心長地回答：「那個人一定是個法官，雖然他能解決問題，但是絕對不管你死活！」

氣球仍然繼續飛，飛到後來沒瓦斯了，氣球就慢慢的降落，眼看就要摔到一個懸崖裡，哥哥眼明手快，從氣球裡面跳了出來，可是弟弟卻跟熱氣球一起掉到懸崖下了，這時候旁邊正好也有一個人騎著馬過來，哥哥就向他求救了。這人不疾不徐地回答：「這個懸崖不深，我可以教你弟弟怎麼爬上來。」

有三個辦法：

A、左手右腳，右手左腳的爬

B、左手左腳，右手右腳的爬

C、左手右手，左腳右腳的爬

正當這個人還在跟苦難哥分析三種爬法的時候，弟弟已經用 A 辦法爬了上來，這個人一看就很生氣的跑過去，一腳把苦難弟踹下懸崖，還大喊：「B 的辦法才是多數人用的辦法，你給我重來！」

苦難弟只好心不甘情不願地用 B 的方法爬上來，那個人才心滿意足地離開。苦難弟又問啦：「哥～，那個人是誰呀？」苦難哥第三次語重心長地回答：「那個人一定是法律系的教授，雖然每種方法都能用，但是你不用他的方法你就該死！」

從這個笑話可以看出，由於法律解釋方法有很多種，每個老師對同樣的法律文字都會解釋出不同的答案出來。

◇ 反省──繼受法學

在臺灣，由於我們的法律圈很謙卑、很自卑，認為國外的月亮比較圓，所以都會參考德國、美國的法律學說。制定法律、修改法律、解釋法律、判決等等，都嚴重受到外國理論、制度的影響。而學者們在研究法律時，似乎也只會抱著外國法律的大腿，不顧臺灣的實際狀況或實際問題。有一

位老師曾說：「嘗見所謂研究者，將其留學國一國之資料，半生不熟翻譯一通，然後持之以為最高標準來衡量一切，這樣比較還不如沒有。」我在《千萬別來念法律》一書中也稱這樣的研究風氣為翻譯型、報導型的研究。另外，大陸學者宋功德也寫了一本《法學的坦白》，他的剖析也很有趣。

　　宋功德認為，一般來說，留學外國的學者，因為對該國的法律比較清楚，就比較會主張引進該國法律，因為這樣他才有文章可以寫，或者才能替自己開闢法學研究領域。而在本國念書對本土法律文化比較清楚的法律學者，就比較不會建議引進外國法律，因為其對外國法律不熟悉，對本國法律文化比較熟悉，寫文章提倡本國法律文化，自己才有出路。

　　不過，他筆鋒一轉又說，其實也有另一種現象，那就是對外國法律實踐比較了解的人，反而不主張引進外國法律，而對本國法律文化比較了解的人，可能會主張引進外國法律。最後，對本國和外國都不了解的人，卻也可能高喊外國第一。原因何在呢？因為對外國法律實踐了解的人，知道外國法有外國當地的社會背景、政治因素等問題，不能貿然引進到本國。而對本國法律文化了解的人，因為知道若不徹底改變法律制度，本國的法律文化的問題將無法解決。至於那些什麼都不懂的人，為了出名、趕流行，就隨便跟別人喊說要引進外國制度，是牆頭草的人。簡單的一個例子，道盡了不同層次的法律學者不同的學術良知。

　　接著，作者更進一步地，將法律學人分為三類，以代表三種不同學術良知的法律學研究態度。一是「用腳生產的法律學人」，二是「用腦生產的法律學人」，三則是「用手生產的法律學人」。第三種「用手生產的法律學人」最容易解釋，就是用「剪刀加漿糊」生產文章的學者，也就是所謂的「翻譯型」和「整理型」的法學研究者，占了大多數。第二種「用腦生產的法律學人」，雖然會努力想出一些創新的東西，例如到其他學門借用新理論來說明法律議題，但是，這種研究的缺點在於，其不肯花大量時

間作實證性的研究，只是待在圖書館裡作天馬行空的幻想，其成果雖然華麗，但可能根本就是錯的。第一種「用腳生產的法律學人」，不用說，當然是最嚴謹的研究者，其立志讀萬卷書，才敢發一言，也立志要看遍實際法律運作，才敢說到底有什麼問題，該怎麼解決。作者特別強調這種「用腳生產」的學者，會作許多實證性的研究，另外，對於任何說法，也會追根究柢，勢必找到其根源，而不會隨意引用。作者最後分析說，由於法律界沒辦法提供足夠的誘因給這種「用腳生產」的學者，使得「用手生產」的學者大為充斥，這是市場機制不足所使然。

> 宋功德對於法律人的分類：
> 1. 用腳生產的法律學人
> 2. 用腦生產的法律學人
> 3. 用手生產的法律學人

〔 第4節－小結 〕

　　總結來說，臺灣現在的法律來源，最重要的就是成文的法律和行政命令。以前行政命令很浮濫，現在則受到較多的管制，而大多用法律來制定。但是我們的法律的修改，又會嚴重受到外國的影響。而這通常都是因為法律學者認為先進國家的法律都是好的，就一直鼓吹引進的關係。我國法律受到德國、美國嚴重的影響，所以法律系學生最好也可以對美國、德國的制度有一些基本的了解。甚至，若法律系學生有考慮進研究所，也可以選修德文作為第二外文。

■■進階閱讀

- 楊智傑，《千萬別來念法律》第四章，五南圖書。（關於臺灣國家考試上的獨門學說考題）
- 大法官釋字第 329 號解釋。（關於國際條約）
- 大法官釋字第 543 號解釋。（關於緊急命令的追認）

第3章
製造法律

本章重點： • 修憲 • 立法 • 訂定行政命令

　　只有國家才能製造法律。也惟有國家透過公權力的強制執行，才讓法律有所意義。而在製造法律前，高於法律的，是整個國家賴以存在的憲法。所以，我們先介紹憲法如何制定、修改。再介紹法律如何制定。最後，才來介紹一般行政命令如何訂定。

〔 第1節–**修憲** 〕

● ● ● **憲法制定的整套程序**

　　憲法到底要怎麼修正呢？根據憲法本文，我們的修憲是由國民大會這個「政權機關」負責修憲。

國民大會獨占修憲權

　　可是這個孫中山創造出來的政權機關國民大會的概念，一直讓人覺得怪怪的，與外國三權分立的體系不合，所以臺灣人一直不太喜歡國民大會。在第五次修憲，國民大會延長自己任期被大法官宣告該次修憲違憲後，國民大會進行第六次修憲，將國民大會「虛級化」，改為「任務型國大」，修憲程序更改如下：

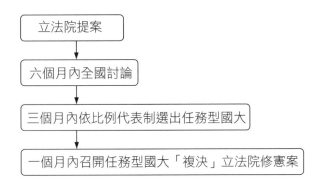

不過，2005 年 6 月又進行第七次修憲，完全廢除了「任務型國大」，往後整個修憲程序，改採為立法院 3/4 出席、3/4 同意通過修憲案後，直接交由人民「公投複決」。將來修憲程序變成：

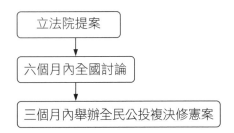

不過將來修憲的門檻高了很多，必須立法院 3/4 的立委通過提案，交給人民複決，而人民公投複決的門檻必須全國有選舉權人一半以上都投贊成票，才能通過修憲案。若按照我國目前有選舉權人 1,800 多萬來看，據說將來想通過修憲案，必須有 900 多萬人投贊成票才有可能。所以，許多學者認為未來都不再可能修憲，因為公投門檻太高了。

●●●● **修憲可能違憲嗎？**

即使按照上述憲法規定的修憲程序來修憲，卻仍然有可能被大法官宣告違憲。我國在第五次修憲時，當時國大代表為了考慮到希望以後不要再

改選國大，想要將國大任期跟立法院任期調整統一，以後國大代表依附於立法院同時選舉。可是當時國大代表任期已經快結束，立法院卻還要兩年之後才會改選，所以，那一屆的國大居然決定修憲延長自己的任期兩年。當時第五次修憲結果一出，社會輿論譁然，認為民意代表怎麼可以延長自己的任期呢？就算要延長也應該從下一屆開始適用，怎麼可以從當屆開始適用在自己身上呢！所以，就有人聲請大法官解釋，希望宣告那次修憲違憲。結果大法官在釋字第 499 號解釋，就宣告那次修憲國大延長自己任期，已經「逾越了修憲的界限」，所以該次修憲無效。

　　不過值得注意的是，全世界大概只有臺灣的大法官膽敢說修憲違憲（另外還有印度），這也算是另一種臺灣奇蹟。雖然世界上有極少數國家（例如德國）會在憲法中寫說某些憲法條文禁止修改，但是它們從來沒有真的宣告過修憲違憲。

　　雖然當時一般人認為國大延任是不好的、是不對的，應該請大法官出來封殺那次修憲。不過若從「事後諸葛」的角度來看，那次修憲被宣告違憲，導致第六次修憲草草發明了任務型國大，而第七次修憲又因為任務型國大沒有任何用處而形同虛設，在 2005 年的第七次修憲廢了任務型國大，改為公民投票。若從這幾年臺灣政治運作的動盪不安來看，那次宣告修憲違憲未必有理。倘若當時真的讓國大延任、依附於立委選舉，將臺灣轉型為「兩院制國會」，或許會比今天的情況來得好一點。

　　將來大法官還敢宣告修憲違憲嗎？我們拭目以待。

〔 第2節–立法 〕

●●● 法律制定的整套程序

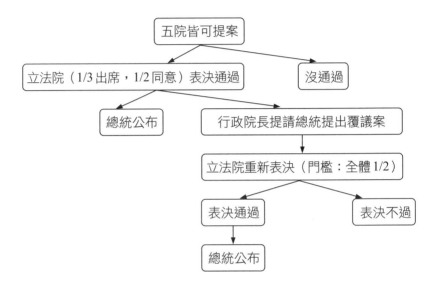

　　法律制定的程序很簡單，首先要有人提出草案，在我國現行制度下，五院（行政院、立法院、司法院、考試院、監察院）都可以提出立法或修法的草案。不過提出草案主要還是行政院和立法院，至於司法院、考試院、監察院，通常只會針對自己業務上的法律提出法律草案。

　　向立法院提出法律草案後，就讓立法院去審查。立法院審查時，以 1/3 立委出席、1/2 同意，即可通過法律（立法院職權行使法第4條、第6條）。通過法律後，如果總統不覆議，就可以直接公布。如果總統要進行覆議，則將該案退回給立法院重新表決，再看表決結果是否通過而定。

●●● 什麼是覆議？

　　什麼是覆議呢？ 我國憲法規定，如果行政院院長認為立法院通過的法

律窒礙難行時，可以請總統出面，對該法律提出覆議，也就是要求立法院再考慮一次、投票一次。此時投票的門檻會提高。原本立法院通過法律的門檻是 1/3 出席、1/2 同意。但是當總統提出覆議時，立法院要想再投票一次通過這個法律的話，就必須有全體立委 1/2 投票維持原本通過的法律。如果沒有達到這個門檻，那麼法律就算沒通過，也就是所謂的「覆議成功」，被行政院院長和總統推翻了。

投票門檻
- 一般情況：1/3 出席、1/2 同意
- 覆議時：全體 1/2 同意

在我們憲法規定下，如果全體立委 1/2 投票維持原本通過的法律，就算是行政院「覆議不成功」，那麼此時行政院就只好聽話，乖乖地執行立法院通過的法律。

在 2000 年到 2008 年時，由於政黨對立情形嚴重，民進黨掌控行政院，卻沒辦法掌控立法院多數，立法院被在野黨（泛藍）掌控。導致行政院想要推動的法律，在立法院裡面沒辦法通過，而立法院通過的法律，行政院也不想執行。執政黨在此段期間一共提出過 4 次覆議，其中 3 次，反對黨憑藉人數的優勢，以全體 1/2 維持原決議，行政院覆議失敗。

●●● 何謂三讀會？

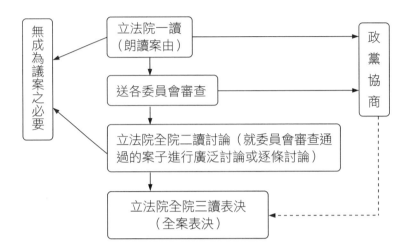

　　立法院制定法律的程序，一般我們稱為三讀。所謂「三讀」，就是要由立法院全體立委出席的院會討論 3 次。不過，「一讀」通常都是法案剛送進立法院，在院會上朗讀這個法案的名字，就算一讀結束，然後送到各委員會去詳細審查。立法院裡面有 8 個常設委員會，每個立委可以參加一個委員會，所以一個委員會通常有 15 個左右的立委。委員會的主席則是輪流擔任。

　　各委員會通常會對法律草案內容進行詳細審查，如果對某一個法條有不同意見，也會提出另一個草案出來。最後，委員會將審查通過的草案，附上審查意見和對照的修正條文，一起送回給院會。此時全體立委就要進行二讀程序，也就是對整個草案進行廣泛的討論、逐條討論或表決。

　　二讀如果通過了就可以進到三讀，三讀時，原則上直接對二讀通過的法律草案，再進行一次全案表決，如果有 1/3 立委出席，出席立委 1/2 通過，這個法律就算通過，而如果沒有達到這個門檻，就算不通過。

　　另外，我們還有「政黨協商」的制度。政黨協商是為了怕法律草案爭

議太大，各政黨立場分歧，如果進行正常的委員會審查、二讀程序，各黨立委一定會相持不下，法案也沒辦法好好討論。所以設計了政黨協商程序，讓政黨主要代表進行協商，跳過委員會審查和二讀程序。如果經政黨協商後，各政黨都各讓一步，同意簽字，那麼就可以直接送到三讀程序，讓全體立委進行表決。通常政黨協商通過的草案在三讀一定會過。

〔 第3節–**訂定行政命令** 〕

●●● **命令訂定的整套程序**

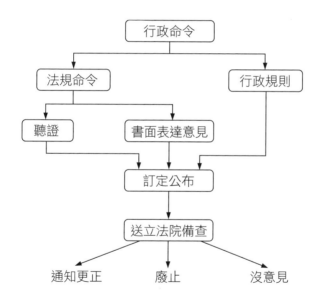

由於法律比較抽象，沒辦法規定得太詳細，所以需要行政機關訂定更詳細的行政命令。一般我們將行政命令分為兩種，一種是具有對外效力的「法規命令」，一種則是只有對內效力的「行政規則」。所謂法規命令具有對外效力，就是其內容會直接影響到人民的權利義務。而行政規則只有對內效力，大致是說其內容只是行政機關內部的作業規則等。

　　行政機關要訂定法規命令，有 3 個程序，第一步就是必須先取得立法院的授權，這個授權可能是法律的概括授權，或是法律的特定授權（明確授權），這算是立法院的事前授權。第二步就是要依照行政程序法的要求，分為聽證會或蒐集書面意見兩種不同程序，來訂定行政命令。最後第三步則是要將訂定好的行政命令送到立法院備查，讓立法院做事後的監督。

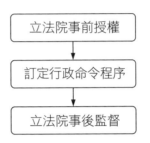

　　至於行政規則，則就不需要立法院的事前授權，行政機關訂定上也不需要依照行政程序法的要求，只要符合最後一個程序，就是訂定公布後送給立法院備查就好。

　　以前我國的行政命令（不管是法規命令還是行政規則），多半都是行政機關自己關起門來訂定，都沒有讓民眾反映意見的機會，人民對於許許多多的命令，也搞不清楚其內容。不過現在根據行政程序法的要求，行政機關在訂定法規命令前，一定要讓民眾有反映意見的機會。

　　這種程序可以分成兩種，一種是比較正式的召開聽證會，讓相關人士都來參與發表意見。另一種則是比較非正式的，只讓人民可以用書面表達意見。不過目前實際的運作上，行政機關似乎並沒有做好宣導工作，所以人民往往還不太清楚法規命令訂定的相關資訊，這是未來有待改進的。

●●● 授權明確性原則

　　近來大法官受到德國學界的影響，很喜歡用一個概念「授權明確性」

原則，而這個概念則是「依法行政原則」的一個下位概念。

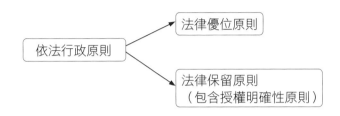

　　這個概念的意思是說，在前面所講三步驟中的第一步：立法院透過法律事前授權時，就必須在法律中有明確的授權，這樣才能約束行政機關，避免讓行政機關恣意地訂定行政命令。如果行政機關訂定的行政命令沒有得到法律的明確授權，則大法官就會宣告這個行政命令因為欠缺明確授權依據而無效。

●●● 反省──大學二一退學是否違反授權明確性原則

　　關於授權明確性原則，曾經發生一件非常有趣的爭議，高等行政法院以大學法未授權為由，說私立大學將學生二一是違反「法律保留原則」，也就是說大學法沒有授權大學，將學生二一的權利，所以這是違法的。不過後來還好大法官透過釋字第 563 號解釋，說大學設計二一制度算是大學自治的一環，而保住了大學二一制度的法律基礎。

　　這事件中所謂的「法律保留原則」，其實指的是其中的次原則──「授權明確性原則」。我國憲法學上的許多原則，都是學者抄襲自德國，並非由我國的憲法就能自然推論出來。目前在大法官的解釋中，最常被運用的原則，就是「授權明確性原則」，如果行政機關的行政命令，沒有法律的明確授權，就會被宣告違憲。所謂明確，必須授權的目的、範圍、內容具體明確。之所以會有這個原則，其實是德國基本法（憲法）第 80 條有明文規定，但是我國憲法根本就沒有這個條文。

　　現代國家職務龐大，分工越來越細，國會根本沒辦法一一立法，所以一定會將法律的細節部分，授權給行政機關訂定，這是時勢所趨，各國皆然。然而，在行政事務分工越來越細、越專業的情形下，要立法院在授權時，符合大法官所要求的「授權明確性原則」，根本是強立法院所難。這也是為何我國的行政命令一再地被大法官宣告違憲的理由。例如釋字第524號解釋，大法官再度運用「授權明確性原則」，認為健保局所規定的健保給付項目，未經法律明確授權，所以宣告其違憲。這個由大法官抄襲自德國的原則，也被2000年通過的行政程序法所吸納，變成明確的法律規定。而據說各行政機關為了因應行政程序法的到來，都在一一檢查自己的行政命令有沒有符合「授權明確性原則」，如果沒有，就趕緊報請行政院對母法擬定授權條款，送到立法院，以避免不知道哪一天會被大法官宣告違憲。

　　然而，我們認為這是一場荒謬的鬧劇！我國憲法本來對於授權行政機關訂定行政命令，就沒有要求一定要符合「授權明確性原則」。立法院也不是笨蛋，為了避免行政機關亂來，立法院設計了另一個監督行政機關的機制，就是要求行政機關在訂定好行政命令後，要送交立法院，而立法院若看不順眼這個行政命令，則可要求行政機關改正或廢止，這都規定在立法院職權行使法中。也就是說，立法者選擇了事後的監督機制，而非事前的監督機制（事前在母法明確授權）。德國基本法則是選擇了事前的監督機制，但是事後卻不能再次監督，而且德國憲法法院也認為因為國會已經有事前監督了，事後再一次監督是違憲的。

　　我國的立法者自己選擇了事後的監督機制，可是大法官卻一味地繼受德國的憲法學說，而沒有仔細思索過我國的相關配套，才會不明就理地自己發明了憲法沒有的「授權明確性原則」。試想，行政機關訂定好一個行政命令後，根據立法院職權行使法，送給立法院看，立法院看了之後覺得沒有問題，就這樣過關了，可是司法機關竟然遮蔽自己的眼睛，而說這個

行政命令「違反了立法院的授權」，這不是很荒謬嗎？

　　或許有人會說，雖然立法院有權力對行政機關訂定好送來的行政命令，要求更正或廢止，但實際上立法院很少運用這個權力，所以還是有必要多加一個「授權明確性原則」，多一層保障多一份安心。但是觀察每年立法院會期快要結束的「法案大清倉」，其實立法委員對這些法案也未必真的一一看過了。其實不管是行政院擬好草案送交立法院，或是立法院授權行政機關訂定好行政命令後再送回立法院，兩者的相似之處，就是立法院掌握最後一個說「不」的機會，立法委員可以透過這張最後的王牌，來替人民把關。如果立法院不要動用這張王牌，就表示立法院同意行政機關送來的法律草案或是訂定好的行政命令，那麼司法機關為何還要說這「違反了立法院的授權」？

　　我國憲法、行政法學者一向認為外國的月亮比較圓，「授權明確性原則」明明與我國憲政運作格格不入，但他們沒有看到這一點，而盲目地鼓吹這個原則。我國的大法官也不加思索，就這麼輕信了學者的話，從釋字第 313 號解釋開始，便開始引進這個原則。整個法律界似乎也沒注意到其中的矛盾，反而宣稱「授權明確性原則」的運用是法治國家的極致表現。殊不知法制健全的美國，就不注重這個原則。美國對於行政命令的訂定，因為有行政程序法嚴格的訂定程序要求，注重民眾參與的精神，所以只要是通過嚴格的訂定程序的行政命令，就是合憲的。美國的聯邦最高法院，對於行政命令的審查，焦點是放在它的訂定程序，確定它有沒有符合行政程序法的要求，如果不符合，就會被宣告違憲。而「授權明確性原則」這個東西在美國根本不受重視。我國甫實施沒多久的行政程序法，對行政命令的訂定程序，學習了美國的嚴格規定，那麼既然以後我國的行政命令訂定程序如此嚴格，是不是也該像美國一般，不必再關心授權有沒有明確。

　　我國的司法機關好像完全沒有注意到這樣的演變，反而變本加厲地高

唱「授權明確性原則」。不但大法官如此，這事件中的高等法院亦然。司法機關用這個錯誤的原則杯葛行政機關，結果不但不會因此比較保障人權，只會浪費國家行政成本、立法成本。今天教育部堅持大學二一制度是對的、是合理的，就算司法機關說它違反「授權明確性原則」，頂多教育部就提一個大學法的修正草案送到立法院，難道立法院會說不嗎？這樣的周折難道真的是司法機關想看到的結局嗎？

　　我國的大學生素質低落，連帶地使業界把大學生當高中生用，把碩士當大學生用，形成臺灣業界特有的崇尚文憑現象，惡性循環下，大學生更不重視大學教育，學校正課不去上，反而寧願花錢到補習班補習，只為了繼續念研究所，而其實也根本也不是想作研究，只是想花錢買文憑。大學二一制度的維持，已經是這個惡象的最後一道堡壘，當然要繼續予以維持，否則大學教育的地位會更不受重視，大學文憑將不再值錢，而碩士則會多得滿街跑。

　　最後，因為高等行政法院濫用授權明確性原則，逼得大法官又出來說話。大法官認為大學法雖然沒有授權二一制度，但是大學有所謂的「學術自由」「大學自治」，即使沒有授權，仍可以訂定二一制度。看吧，繞了一大圈，法律人玩了一場無聊的法律遊戲。不過值得我們深思的是：私立大學的校規，為何需要法律明確授權呢？法律人的邏輯思考是不是很奇怪呢？

■■進階閱讀

- 大法官釋字第 313 號解釋。（引進授權明確性原則）
- 大法官釋字第 563 號解釋。（大學自治不需要立法院授權）
- 大法官釋字第 499 號解釋。（第五次修憲國大延任案違憲）
- 電影《金法尤物 2》。（美國立法過程）

第4章
法律無效

本章重點： • 立法技術 • 法律效力 • 法律與司法判決 • 大法官解釋

英國法實證主義者奧斯丁（Austin, 1790-1859）認為，法律是國家的命令。法律之所以為法律，必須有所謂的國家「強制力」作為後盾。也就是說，光有規範沒用，還必須能夠有效執行。而這就是法律與道德或其他社會規範的不同之處。

英國法實證主義者哈特（H. L. A. Hart）則認為，法律可以分為兩類，第一類是初級規則，第二類是次級規則，次級規則包括「承認規則」、「審判規則」、「執行規則」。初級規則是法律的實質內容，可是法律要具體落實，還需要有次級規則的搭配。

本章以下會介紹關於法律制定、施行的一些技術性事項。包括法條的安排、法律的修法、實施、廢除、施行範圍等。最後則會討論到法律的效力問題，包括判決的效力以及大法官解釋。

〔 第1節－立法技術 〕

●●● 法條結構

學習法學有的時候有點像是學數學一樣，算數學習題時，必須同時運用加減乘除，運用好幾個數學公式，才能順利將數學問題解出。解決法律問題時也是如此，要解決一個法律問題，往往會涉及 7、8 個條文，你必須同時搭配運用 7、8 個條文，才能得出正確解答。

法條千萬條，要怎麼看呢？一般分析法條結構時，會將法條分為構成

要件和法律效果，而後再進一步去作詳細的區分。

法條結構　＝　┃構成要件┃　＋　┃法律效果┃

完全法條：具有構成要件和法律效果的法條

不完全法條：不具有構成要件和法律效果的法條

有人因為法條結構的完整與否，區分為完全法條和不完全法條。所謂的完全法條，就是具有構成要件和法律效果的法條；而不完全法條，就是有所欠缺的法條。

實際上這種分析法條結構的方式沒有什麼特別的意義，甚至還有人把法條結構分成 12 型，有基本型、括弧型、拆配型、定義型、列舉排斥型、例示概括型、註解型、本文但書型、除外型、準用型、擬制型、推定型。基本上作這些區分沒有什麼幫助，最重要的是要把法條和法條之間搭配運用弄熟搞懂。由於法律的適用不是光看一個條文，往往是好幾個條文要搭配一起使用，所以重點就在於將所有法條都熟讀、搞懂，知道哪一條必須配哪一條，而不能只講頭不講尾。

●●● 法案結構

要弄清楚相關的法條到底在哪裡，就必須了解法案的結構。我們整部法律的編排，一般是按照章、節來安排，如果那個法律太多條文，則會區分更多，包括編、章、節、款、目。而各項目下則會有許多條文。但是由於法律分章節的方法，會將一個法律行為涉及的法律，區分在不同的章節條文下。

一般法律的第 1 條一定是立法目的。第 2 條或第 3 條則是名詞定義。接下來各章節的條文則是規定法律的主要內容，包括應該走怎樣的程序、

禁止怎樣的行為、該履行怎樣的義務等等。而到最後面的一章，通常會有罰則，告訴你說違反前述第幾條規定的話，要處以怎樣的處罰。所以，要適用一個法律時，往往必須搭配看第 2 條或第 3 條名詞的定義、第 15 條禁止哪種行為，以及第 50 條違反這種行為時會受到怎樣的處罰。必須搭配好幾個條文，才知道一個法律到底是怎麼規定的。

例如，我們一般都知道消費者保護法為了保護消費者不受騙上當，當消費者進行郵購買賣時，享有 7 天內的無條件解約權。此時，倘若消費者在「網路上」購買商品，是否也享有 7 天內的無條件解約權？就必須先去看消費者保護法第 2 條對郵購買賣的界定是否包括網路買賣？然後再看到消費者保護法第 19 條郵購買賣在何種條件下具有無條件解約權？倘若不構成郵購買賣的規定，此時又該怎麼辦？就可能要回歸民法的相關條文來決定法律關係。所以簡單的一個法律問題，卻需要綜合運用好幾個條文。

●●● 條、項、款、目

至於法條，則是按照條、項、款、目依序而來。每一條下面每一句話就是一項，至於一項下面若有分好幾句的話，則適用款來區分。舉例如下：

◇ **中華民國憲法增修條文**

第三條

第一項　行政院院長由總統任命之。行政院院長辭職或出缺時，在總統未任命行政院院長前，由行政院副院長暫行代理。憲法第五十五條之規定，停止適用。

第二項　行政院依下列規定，對立法院負責，憲法第五十七條之規定，停止適用：

第一款　行政院有向立法院提出施政方針及施政報告之

責。立法委員在開會時，有向行政院院長及行政
院各部會首長質詢之權。

第二款　行政院對於立法院決議之法律案、預算案、條約
案，如認為有窒礙難行時，得經總統之核可，於
該決議案送達行政院十日內，移請立法院覆議。
立法院對於行政院移請覆議案，應於送達十五日
內作成決議。如為休會期間，立法院應於七日內
自行集會，並於開議十五日內作成決議。覆議案
逾期未議決者，原決議失效。覆議時，如經全體
立法委員二分之一以上決議維持原案，行政院院
長應即接受該決議。

〔 第2節－**法律效力** 〕

●●● 法律生效

　　原則上，法律得等總統公布起 3 天後開始生效。有時候則會另定生效
時間，通常我們叫這種另定開始生效時間的條文為「日出條款」。法律也
可能訂有施行期限，也就是訂有停止時間，到期失效，通常我們叫這種停
止時間為「日落條款」。這種到期失效的法律，也可以在到期前一個月前，
送立法院審議延長其效力。

　　另外，法律如果訂有施行期限，那麼期滿之後，法律就算「當然廢止」
而無效。

時間

法律生效　法律修改　法律延期　法律廢止

●●● 法律的修改廢止

　　另外，法律會修改或廢止，修改則依照制定法律程序。廢止則不同，廢止可以分為「當然廢止」和「立法廢止」。當然廢止就是上面所提施行期限已經到了就自動廢止，立法廢止則是必須立法院通過公布。

　　至於法規修正或廢止，也就是法規變更後該如何適用，通常會訂定一個「施行細則」，來講清楚新法、舊法該如何適用。不過原則上我們是採取「從新從優原則」，在程序法部分，我們程序從新，實體法部分，我們原則上從舊，但是若是新法比較有利的話，則從新。

◇ 懲治盜匪條例到底有沒有效？

　　臺灣曾經發生過一個很有爭議的案例，那就是懲治盜匪條例到底還有沒有效？懲治盜匪條例是在戒嚴時期制定的，主要是針對當時國家動盪不安，盜匪猖獗，所以制定這個法律，對於強盜匪徒，加重罪刑。原本刑法對於強盜匪徒已經有相關的規定，不過懲治盜匪條例卻加重其處罰，而且有許多規定甚至是「唯一死刑」。因為現在很多人反對死刑，尤其反對唯一死刑，所以就有人去研究懲治盜匪條例，有人發現以前懲治盜匪條例都訂有施行期限，而立法院總會在施行期限快到期前開會延長其施行期間。有一位律師發現，我們的懲治盜匪條例有一次都過期了，立法院還忘記延長，結果等過期一個多月，立法院才去延長，這樣子過期的法律再去延長，還有效嗎？因而引起很大的辯論。甚至當時某法務部長都已經簽署了 8 個

死刑犯的執行，卻因為懲治盜匪條例的爭議，導致那 8 個死刑犯的執行一直懸而未決。

◇ 最高法院 89 年度台上字第 536 號

　　懲治盜匪條例於 46 年修正時，其立法意旨，係認為本條例有長時期施行之必要，爰刪除第 10 條關於施行期間為一年之規定，將限時法修正為常態之特別法，另將第 11 條修正為第 9 條，規定本條例自公布日施行。此所謂「本條例」係指 46 年 6 月 5 日公布之常態特別法而言，非指 33 年 4 月 8 日公布之限時法。修正後之常態特別法條文既自 46 年 6 月 5 日施行，即與修正前之限時法條文完全區隔，雖名為「修正」，實等同於「制定」，從而修正前之條文是否經合法延長施行期間，並不影響 46 年 6 月 5 日公布之本條例。

◇ 特別法與普通法誰優誰劣？

　　懲治盜匪條例，算是刑法的特別法。什麼是普通法？什麼又是特別法呢？

　　普通法就是比較一般性的法律，一般情況下如果沒有其他特別的法律規定，都要適用普通法。相對地，特別法就是說，如果針對特別情況制定了特別的法律，那麼就要適用特別法。

　　一般認為特別法應該優先於普通法先適用。不過偶爾我們也會看到有人說普通法是基本原則，我們應該重視這些基本原則，反而應該優先於特別法適用。尤其，當特別法沒有修正，普通法卻修正時，那麼普通法是新法，根據「新法優於舊法」，是否該適用普通法而排除特別法呢？

　　一般認為，如果新法為普通法，則必須在新法中明文規定廢止舊特別法或排斥舊特別法的適用時，新普通法才能優於舊特別法。

●●● 法律可否溯及既往？

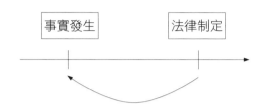

「法律不得溯及既往」的意思，就是後來制定出來的法律，不能適用到以前發生的事。如果後來制定的法律可以溯及既往，會破壞了之前人民的信賴。不過，並不是所有的法律都不准溯及既往，只是對於溯及既往要有所限制。

例如，在日常生活中，夫妻財產制是一個很重要的問題，每每發生離婚問題，分配財產時，就需要用到夫妻財產制的規定。可是以前夫妻財產制的規定比較保守，採「聯合財產制」，重視家庭倫理的觀念，以丈夫為家庭的中心。後來社會漸漸強調男女平等的風氣，所以立法院決定修改夫妻財產制，修改為平等一點，改為現在的「法定財產制」。就發生一個問題，那就是一對夫婦結婚了十幾年，突然修法改變夫妻財產制，到底他們該適用舊的法律，還是適用新的法律呢？也就是前述發生了新法與舊法之間的適用問題。

如果要適用新的法律，就發生溯及既往的問題。此時，立法院也會在施行法中，規定如何解決過渡期間的爭議。到底法律可不可以溯及既往呢？大概可以分為以下幾種情況討論。

1. **刑法不得溯及既往**：刑法因為是對人的負擔，所以禁止溯及既往，但若法律之溯及既往可改善或增進人民之權益，則較無問題。

2. **若無溯及既往規定，也不可溯及既往**：刑法以外的法律，若沒有明文「溯及」，那麼行政機關和司法機關也不可以隨意溯及既往。釋字第54號解

釋：「現行遺產稅法既無明文規定溯及既往，則該法第八條但書，對於繼承開始在該法公布以前之案件，自不適用。」

3. **立法者可制定法律溯及既往**：立法者可以為了改善既有的問題，而制定法律溯及既往。不過，立法機關在制定溯及既往的法律時，仍需要注意信賴保護原則之適用。

4. **真正溯及與不真正溯及**：另外，學者又區分為「真正溯及」與「不真正溯及」。真正溯及是對於業已終結之事實或法律關係，以事後制定之法規重新予以評價。而不真正溯及則是對於已發生而尚未終結的事實或法律關係，制定法規而向將來作規定。

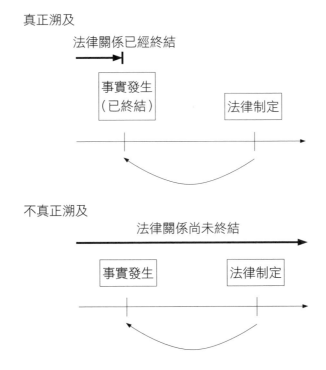

真正溯及的法律原則上禁止，符合下列例外之情形則許可之：

1. 法規適用之利害關係人，對法規未來溯及規範有預見可能性。

2. 該法原先呈現不清楚、漏洞，甚至不公平狀態，未來透過溯及效力，始
   能消除該法規缺失者。
3. 溯及性法律僅造成當事人輕微損害，當事人之信賴保護必須犧牲者。
4. 基於維護大眾利益重大特殊理由，當事人之信賴保護應犧牲者。

　　而不真正溯及的法律，原則上許可，例外才禁止：除非被犧牲之私人
利益大於公益，非真正溯及之法律始可能例外被宣告違憲。

　　根據上述說明，制定法律溯及適用以往的案例，是可以容許的。此外，
這裡討論的是法律的溯及既往，至於法規命令的溯及既往，大法官於釋字
第 525 號解釋中，提到制定命令溯及既往時，必須注意信賴保護原則。所
謂信賴保護原則，就是對於信賴原本法律秩序的人，當新法要溯及適用時，
必須保護他們的既得利益。例如，爭議很大的公教人員退休存款 18% 優惠
利率的問題，倘若真要修法改變，就必須注意「信賴保護原則」的處理。

●●● 施行範圍——中華民國在臺灣

```
┌ 施行地區：中華民國
│
└ 施行對象：中華民國人
```

　　法律會對「施行區域」有所限制。一般臺灣的法律會說，只要在「中
華民國領土」內，都適用本國的法律。原則上我國的法律只能管到我國而
已，管不到外國的行為。這就是施行區域上的限制。

　　以刑法為例，刑法第 3 條就規定：「本法於在中華民國領域內犯罪者，
適用之。在中華民國領域外之中華民國船艦或航空機內犯罪者，以在中華
民國領域內犯罪論。」第 4 條則規定：「犯罪之行為或結果，有一在中華
民國領域內者，為在中華民國領域內犯罪。」亦即，原則上我國的法律只
管得到我國，管不到外國。不過也有一些例外情況，就連外國的都管，例

如刑法第 5 條規定，某些犯罪行為雖然是在外國發生，但是太嚴重了，所以也要處罰。第 6 條則規定，中華民國的公務員若在外國犯了某些罪，既然是我們的公務員，還是得處罰。甚至，一般人在外國犯了殺人罪，不要以為回臺灣躲起來就沒事，根據刑法第 7 條的規定，如果所犯的罪最輕本刑要處三年以上有期徒刑，那麼雖然是在外國犯罪，回臺灣一樣要受處罰。

	適用	備註
一般情況（國內）	中華民國境內 中華民國的船艙、飛機上	行為或結果有一在中華民國內
例外情況（國外）	某些特殊重罪（內亂、外患） 公務員某些重罪	某些特殊重罪（內亂、外患） 公務員某些重罪

●●● 兩岸執法

　　不過最有趣的問題在於，到底我們中華民國的範圍多大？包不包括中國大陸呢？這個問題太敏感了，不過若純粹從法律面來講。憲法第 4 條說中華民國領土包括其固有疆域，而依照最新的修憲程序，一定要經過公民投票，才能變更國土範圍，所以我們的國土範圍仍然包括大陸地區，只是實際上管不到大陸地區。

　　而在兩岸人民關係條例中，也規定了很多條文，來處理兩岸之間法律衝突時的處理方式。例如上面提到刑法的問題，在大陸犯了臺灣的刑法，回到臺灣後還要不要受到處罰呢？根據兩岸人民關係條例第 75 條規定：「在大陸地區或在大陸船艦、航空器內犯罪，雖在大陸地區曾受處罰，仍得依法處斷。但得免其刑之全部或一部之執行。」可參考 89 年台非字第 94 號判例。

◇ 89 年台非字第 94 號判例

　　中華民國憲法第 4 條明文:「中華民國領土,依其固有之疆域,非經國民大會之決議,不得變更之。」而國民大會亦未曾為變更領土之決議。又中華民國憲法增修條文第 11 條復規定:「自由地區與大陸地區間人民權利義務關係及其他事務之處理,得以法律為特別之規定。」且臺灣地區與大陸地區人民關係條例第 2 條第 2 款更指明:「大陸地區:指臺灣地區以外之中華民國領土。」揭示大陸地區仍屬我中華民國之領土;該條例第 75 條復規定:「在大陸地區或在大陸船艦、航空器內犯罪,雖在大陸地區曾受處罰,仍得依法處斷。但得免其刑之全部或一部之執行。」據此,大陸地區現在雖因事實上之障礙為我國主權所不及,但在大陸地區犯罪,仍應受我國法律之處罰,即明示大陸地區猶屬我國領域,並未對其放棄主權。本件被告周○鴻被訴於民國 82 至 85 年間在大陸福州市犯有刑法第 339 條第 1 項之詐欺取財及第 215 條之業務登載不實文書罪嫌,即為在中華民國領域內犯罪,自應適用中華民國法律論處。

●●⊕ 施行對象——法律之前,人人平等?

　　法律之前是否人人平等?當然這個基本立場是對的,法律之前應該要人人平等。甚至,我們常聽到所謂的「王子犯法與庶民同罪」,也是這個道理,基本上現代的法治國家強調的就是法律必須不論貧賤富貴,公平地適用在每個人身上。不過有時候也會有例外。

　　有時候則法律會對適用的「人」有所限制。例如公務員服務法等相關法律,就只適用在公務員身上。甚至請看公務員服務法第 5 條:「公務員應誠實清廉,謹慎勤勉,不得有驕恣貪惰,奢侈放蕩,及冶遊賭博,吸食菸毒等,足以損失名譽之行為。」所以我們一看到報紙上報導公務員喝花

酒的新聞，就會覺得這個公務員很糟。那是因為我們對公務員的期待比較高，規定得比較嚴格。一般人喝花酒只要不涉及性交易，大概都是合法的，可是公務員若喝花酒大概就會丟掉工作。所以，我們常說「王子犯法與庶民同罪」，或許這個觀念是錯的，實際上，「王子犯法」可能要「處罰得更重」才對。

另外，很多人常講一句話：法條千條，不如黃金一條。意思就是，打官司想贏，搬出再多的法條也沒用，還不如拿出黃金一條來賄賂檢察官或法官。這也就是一般的「有錢判生、無錢判死」。以前臺灣司法貪污的情況時有所聞，現在民主化以來，這種情形比較少見了。不過，有錢人的確比較可以獲得司法正義。現在有錢人雖然不能拿錢賄賂檢察官、法官，但是有錢人才請得起律師，而窮人比較請不起律師。在法律越來越多、訴訟程序越來越複雜的今天，若是請不起律師，即使法律規定得再好，可能也是枉然。在法律的抽象適用範圍上，是人人平等的，可是實際運作上，有錢人卻比較有利。

〔 第3節－法律與司法判決 〕

●●● 判決的效力

光有抽象的法律，沒有法院具體的判決，也沒用。就算有法院判決，若沒辦法交由執法機關執行，也沒用。

例如我們雖然有個家暴法，但是實際上不去申請家暴令，法律也保護不到我們。就算申請了家暴令，丈夫突然跑回家揍老婆，警察不在附近，有家暴令也沒用，頂多事後請求警察把丈夫抓去坐牢。

所以常聽到有人說「徒法不足以自行」，就是這個道理。不但要配合警察、法院，還要有一個充分的法治文化才行。也就是大多數人願意遵守法律。

　　例如在刑法上，如果沒有警察，雖然我們刑法中禁止殺人，警察抓不到殺人犯也沒用。而且抓到殺人犯後，能不能順利判刑、能不能送去監獄關，還是有很多問題。

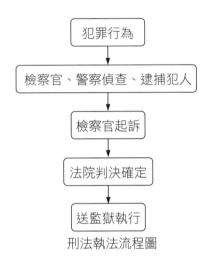

刑法執法流程圖

　　在民法上，必須在法院取得判決，而且判決必須「確定」，確定才可以去申請強制執行，若債務人沒財產可供執行或執行不到，債權人也只能拿到一張「債權憑證」。

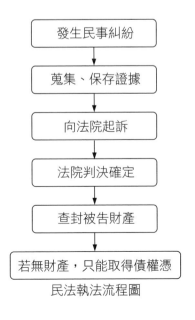

民法執法流程圖

〔 第4節–**大法官解釋** 〕

●●● 大法官

我們在第 1 章第 5 節中提到過「惡法亦法」、「惡法非法」這二個概念，如果採取「惡法亦法」的觀念，那麼即使是不好的法律，我們仍然得要遵守。但如果採取的是「惡法非法」的觀念，那麼如果是不好的法律，就可以不必遵守。也就是說，不好的法律是無效的。

在臺灣，不好的法律原則上我們仍然要遵守，不過我們有一些方法可以試圖改變這個惡法，讓這個惡法無效。比較正式的方式就是想辦法讓立法院修改這個惡法。另一個對人民來說較簡單的方式，就是去找大法官，叫大法官宣告這個惡法「違反憲法而無效」。

我們憲法規定由大法官負責解釋憲法和統一法律解釋。

　　　　　　┌ 解釋憲法（違憲審查）
　　　　　　│
　　　　　　└ 統一法律解釋

●●● 違憲審查的類型

◇ 抽象審查（法規範憲法審查）

2021 年以前，大法官所採取的違憲審查解釋方法，是一種抽象的解釋方法，亦即其只針對「法律是否牴觸憲法？」或「命令是否牴觸法律或憲法？」純粹就法律條文進行解釋，而不涉及個案。

◇ 具體審查（裁判憲法審查）

在某些國家的違憲審查是所謂的「具體審查」，就是其會涉及個案事實的審查，而非只是抽象法條的審查。原本臺灣只採「法條抽象審查」，

在 2019 年通過憲法訴訟法，2022 年以後，將大法官會議改為憲法法庭，除了對法條抽象審查外，新增加了「終局裁判」的違憲審查，亦即可以對具體個案適用法律是否違憲，進行憲法審查。

◇ 集中審查

另外，在臺灣只有「大法官」能夠解釋憲法，宣告法律違憲，其他法官則不行，這是所謂的「集中解釋」。大陸法系國家通常採取「集中解釋」。但是在美國，卻是所謂的「分散解釋」，亦即每個法院都可以解釋憲法，每個法院的法官都可以宣告法律違憲而拒絕適用法律。臺灣只有大法官能直接宣告法律違憲，一般的法官不能宣告法律違憲，但是可以宣告命令違法或違憲而拒絕適用。另外，一般法官若相信法律真的違憲，也可以停止審判聲請大法官解釋，但不能自己直接宣告法律違憲。

	抽象或具體	集中或分散
臺灣大法官	抽象（2021 年以前） 抽象兼具體（2022 年以後）	集中
德國憲法法院	抽象兼具體	集中
美國最高法院	具體	分散

●●● 誰可以聲請大法官憲法解釋（憲法法庭判決）？

所以，在臺灣並非人人都可以聲請大法官解釋。一般人民只有在用盡司法救濟程序（三級三審）後仍然敗訴，且敗訴是因為適用某個法律或命令的結果，此時就可以針對這個法律或命令，聲請大法官解釋，主張這個法律或命令違反憲法無效。2022 年以後，新的憲法訴訟法創設了新的「裁判違憲審查」，人民除了主張判決適用的法律或命令違憲，也可以針對判決本身的理由違憲，聲請憲法法庭判決。此外，在 2022 年以後，不再稱為

「聲請大法官解釋」，而改為叫做「聲請憲法法庭判決」。

除了人民之外，政府機關也可以聲請大法官解釋，包括一般的行政機關因為行使職權時，適用法律發生憲法上的疑義，或者是與其他機關就職權上產生爭執，就可以聲請大法官解釋。還有，為了保護少數立法委員不被多數決壓抑，也規定總額 1/3 的立法委員連署，可以針對其行使職權上的法律問題，聲請大法官解釋。2022 年以後，立委的連署門檻降為 1/4，就其行使職權，認法律位階法規範牴觸憲法者，可以聲請憲法法庭判決。

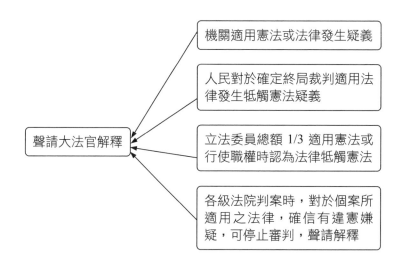

機關適用憲法或法律發生疑義

人民對於確定終局裁判適用法律發生牴觸憲法疑義

立法委員總額 1/3 適用憲法或行使職權時認為法律牴觸憲法

各級法院判案時，對於個案所適用之法律，確信有違憲嫌疑，可停止審判，聲請解釋

聲請大法官解釋

●●● 大法官如何作決定？

最後要說明的是，目前大法官有 15 位，解釋時，通常是由 15 個大法官來投票，表決一個法律是否違憲。因為一個法律是否違憲常常會有爭議，有些大法官認為系爭的法律違憲，有的大法官卻會認為合憲，這時候就需要投票表決。若大法官想宣告法律違憲，必須有 2/3 的大法官出席，出席人數中 2/3 認為違憲才可以通過。這是為了怕大法官太容易宣告法律違憲

所作的設計。至於法律統一解釋,則只要過半出席、出席過半同意即可。

　　當大法官發布憲法解釋時,通常會寫說這是「釋字第幾號」,例如宣告真調會條例違憲的就是「釋字第585號」。而解釋通常會有「解釋文」,和「解釋理由書」,以說明為何會如此解釋。解釋文是多數大法官的共同意見。若少數大法官有不同意見,可以具名撰寫「不同意見」,表達不同的看法。另外,還有所謂的「協同意見」,所謂的協同意見,乃是在結論上與多數意見相同,但中間的推論理由卻不同。

　　所以,一個憲法解釋要通過,必須多數意見和協同意見加起來的大法官超過前面所講2/3出席、2/3同意的門檻,才可以宣告一個法律違憲。

	多數意見	不同意見	協同意見
理由	✔	✕	✕
結果	✔	✕	✔

註:必須多數意見和協同意見加起來超過2/3出席、2/3同意,才可以進行憲法解釋,宣告法律違憲。

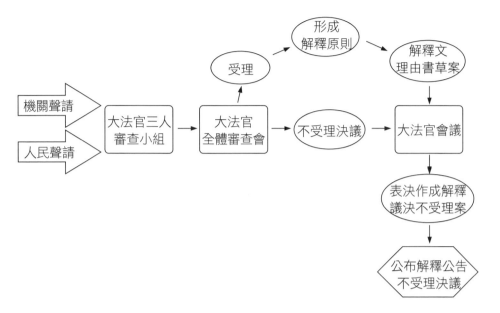

1. 五南版新編六法參照法令判解全書。

　該書輯錄現行法規中與國家、人民最有關係且切合實用者,近七百種,內容豐富。按其性質分為憲法、民法、商事法、民事訴訟法、非訟事件法、刑法、刑事訴訟法、行政法及國際法等九大類,於各頁標示所屬類別及收錄各法起訖條號,方便檢索。突破坊間六法全書只列法條之通例,而於各主要法規中,逐條附註「條文要旨」、「立法理由」、「增訂理由」、「修正理由」、「參照法令」及「判解要旨」,俾讀者於閱讀條文之餘,兼及相關之法令、解釋、判例及裁判,以徹底了解條文真義,並作深入研究之參考,為該書最大特點。

2. 大法官釋字第 525 號解釋。(關於法律是否可以溯及既往及信賴保護)

第5章
六法全書

本章重點：•法系 •法律分類 •六法簡介 •法律分類的困難

臺灣的法律到底源自哪裡？臺灣到底又有哪些法律？本章即將一一簡單介紹。先從臺灣的法系開始。

〔 第1節-**法系** 〕

●●● 中華法系

現在很少人學法律會去關心什麼是「中華法系」了，因為我們大部分的法律都是移植自西方，幾乎已經把中華法律傳統全部廢除。不過我們看電影卻仍然時常看到中國古代的法庭電影，最有名的就是周星馳的《威龍闖天關》或《九品芝麻官》等法庭電影，或者是電視上一演再演的《包青天》電視劇。一般人沒仔細研究的話，往往也搞不清楚中華法系的運作和現代西方法系的運作到底有什麼不同。

所謂的中華法系，大概有幾個特色：

1. 民刑不分。
2. 行政、司法合一。
3. 首長自己問案。
4. 不喜歡律師。
5. 上訴制度。

第一個就是所謂的「民刑不分」。基本上他們沒有什麼「民法」、「刑

法」的區分，例如在清朝時期，就只有一個「大清律例」，管理所有的人民生活。例如，在現代西方法律系統下，人民和人民的財產糾紛，是民法要管理的，可是在清朝，如果人民和人民之間發生財產糾紛，若不和解的話，到時候上了官府，違反法律的那方可能還會受到大刑伺候。這就是所謂的「民刑不分」。

　　另一個特色是沒有行政部門和司法部門區分的觀念。在中國，各地方的官府，既是行政部門，也同時是法院。人民有冤要申，就直接去找地方首長就好，不必另外找法院。而且，我們中華法系採取的是絕對的「首長制」，也就是一個地方首長，就可以掌管那個地方的大小雜事，包括行政的工作以及法院的工作。當然地方首長會有一些人來輔佐他，就是我們在電視裡面會看到的「師爺」。

　　還有，在中華法系裡，問案是一個很重要的部分。我們不像外國有什麼律師、檢察官，我們統統交給地方長官來問案。雖然我們也有「訟師」（就是周星馳在《威龍闖天關》裡的角色），不過基本上問案都是由地方長官來問案。而問案強調的是一定要明察秋毫、一定讓你俯首認罪。

　　基本上中國人不喜歡打官司，發生爭議時傾向找地方的耆老出來主持公道，以和解收場。由於傾向於和解，所以中國人也不喜歡律師太多。我們今天臺灣律師之所以錄取率還是不肯放寬，多少跟這個中國討厭「興訟擾民」的想法有關。這大概是我們中華法系流傳至今唯一的遺產了。

　　另外，在中華法系裡也有明確的上訴制度。如果在縣打輸了，可以上訴到省，最後可以上訴到首都北京。如果被北京的「刑部」發現的確有所冤屈，而地方官卻沒有好好處理，地方官不但可能會丟掉職位，甚至可能會丟掉腦袋。

這些都是傳統中國電影裡面常看到的特色。不過要注意的是，我們今天幾乎已經徹底廢除了中華法系的遺產，完全繼受西方法律文化。

●●● 大陸法系 v.s 英美法系

什麼是大陸法系？什麼是英美法系？

其實大陸法系和英美法系只是一個很粗略的分法。這樣的區分大致上是針對法律是否繼受自羅馬法傳統、是否法典化，以及法官的審判權力而來。

◇ 大陸法系

大陸法系和英美法系有一個重要的區分，就是其傳統民刑法的來源。大陸法系的傳統民刑法是成文化的法典，而之所以其為成文法典，其實源遠流長。有一句名言曾說，羅馬三度征服世界，第一次用武力，第二次用宗教，第三次用民法。遠從羅馬時期的《查士丁尼法典》和《學說編纂》開始，大陸法系的傳統民法就一直受到其影響，乃至後來的《拿破崙民法典》等等，都有軌跡可循。目前世界上許多國家都繼受自大陸法系，主要原因就是因為其有清楚體系的法典，讓其他國家較容易學習。像現在我們民法中的一些概念：財產、占有、抵押權、時效等，都是源自於羅馬法典。目前屬於大陸法系的，主要是歐洲和中南美洲。

而大陸法系也有稱作歐陸法系，主要就是繼受羅馬法傳統，包括法國、德國、奧地利等國均屬之，日本也可以算是大陸法系。其強調國會會制定一個成文的法典，法官在審判時只要去適用法條就好，不用自己去找判決先例，也不可以自己發展出新的判決先例。所以，在大陸法系的國家下，法官的權力較小。

◇ 英美法系

　　而英美法系之所以沒有成文民法典，就是因為其未受到大陸法系民法典體系的影響。其當初是由英國皇室法院透過判決統一英國各地習慣，普遍適用於英國，所以有人稱英美法為「普通法」（common law）。而且，其對於普通法的內容若覺得有不公平之處，法官則可以對之修正，稱為「衡平」（equity）。後來普通法經過一些法官寫的教科書，開始流傳到英國的殖民地，尤其是美國。所以今天所謂的英美法系，就是指英國和它的前殖民地這些國家（包括非洲、亞洲的殖民地）。

　　所以，英美法系系統的特殊之處就是其採取所謂的「不成文法」，亦即他們在很多民事糾紛上，沒有一個成文的法典，通常是讓法官根據以前的判決先例，去找相關的理由，來作判決。所以，當一個新的案子是以前都沒有出現過的時候，法官的權力就很大了，他可以自己透過以前類似的判決先例，作出相同的判決。但是，他也可以說這個新案子與過去舊案子有所不同，所以必須判不同的結果，或出於衡平的理由，所以必須修改以前的判決先例。簡單地說，英美法系的法官有較大的權力。

●●● 現在趨勢

　　不過，這只是一種簡單的區分，若從現在全球化的趨勢來看，其實英美法系和大陸法系的區分已經漸漸不明顯。例如，美國現在也已經制定了很多成文法典，漸漸限縮法院的裁量空間，所以法官的權力不再像以前那麼大。另外，大陸法系也會有自己類似的判例制度，不過他們是透過判例制度來約束下級法院的法官，而不像美國那麼重視判決先例。另外，他們的法官其實仍然有某程度的裁量空間。

　　除此之外，可能還會有另一種區分，就是法院系統內部的分工。大陸法系國家會將民法、刑法、行政案件作區分，交由不同的法院或法庭審理。

英美法系也會有這種區分，不過原則上比較上級的法院可以審理所有的案件。這就是所謂「一元化」」或「二元化」的區別。

	傳統民刑法來源	法典	法官裁量權力	法院系統
大陸法系	羅馬法	成文化	較小	多元或二元
英美法系	英國普通法	不成文	較大	一元

●●● 臺灣屬於什麼法系？

臺灣是屬於大陸法系。我們之所以會屬於大陸法系，是因為中華民國在民國初年要變法圖強時，想要學習外國強國的法律，而要學，當然學習成文法比較快，所以選擇繼受大陸法系的成文法。另外，由於日本變法圖強也是大陸法系諸國，我們當時也借力於日本，所以我們就選擇了大陸法系。

所以，我們基本的民刑法體系架構，都是源自於大陸法系的民法典傳統。我們大多採用成文法系統，而且法官的裁量空間比較小，雖然我們也有所謂的「判例」，但這並非美國的那種「判決先例」，我們的判例是上級法院用來控制下級法院的一種規則，類似內部頒布的行政命令。另外，我們也採取「二元化」的法院系統。

不過要注意的是，除了傳統民法之外，在其他法律上，同樣是大陸法系的國家，可能法律規定的也會不一樣。甚至在民法體系上，偶爾也會有所不同。而且，除了傳統法領域外，現在許多商法、公法，已經都是世界共通的，所以，若以新興法律領域來說，並不能說我們是大陸法系，就以為我們的法律比較像是這些國家的，都是學德國、日本的，這是錯誤的觀念。在臺灣，我們很多法律也開始受到美國的影響，尤其是一些商業法律，

都受到美國的強烈影響。所以，若說實際法律到底是哪個法系？這種問法就是錯誤的。臺灣除了傳統民刑法可能還是嚴重受到德國、日本的影響外，現在其他新興的法律，也開始受到美國大量的影響。

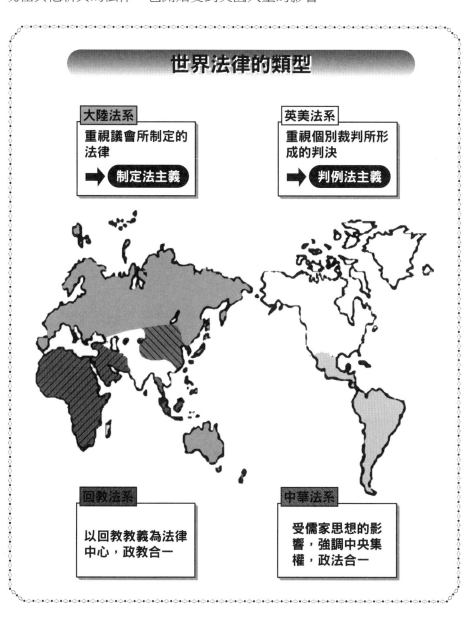

世界法律的類型

大陸法系
重視議會所制定的法律
➡ 制定法主義

英美法系
重視個別裁判所形成的判決
➡ 判例法主義

回教法系
以回教教義為法律中心，政教合一

中華法系
受儒家思想的影響，強調中央集權，政法合一

●●● 法律體系又是什麼？

　　法律體系（scheme）是什麼？和法系（legal system，法律系統）有什麼不同？

　　由於法律要規範的事情很多，這麼多的法條、這麼多的問題，如果沒有人有系統地將之整理出來，一般人要從密密麻麻的法條中找出點頭緒，或者一般人想要讀懂這些法律，可能都不知道從哪一條開始讀起好。

　　而所謂的法律體系，就是某個學者，用自己的架構，幫我們把這麼多的法條、問題，歸納整理、分門別類，然後用比較有系統的方式介紹出來，這個就叫作學者的體系。例如，目前我們的民法分為物權和債權，債務不履行又分成三類等等，這些都是幫助我們思考整部民法架構的體系。

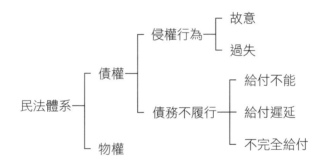

民法體系圖

　　另外，除了法律體系之外，還有學說的體系。由於法律學說紛紛雜雜、甲說乙說滿天飛，某些學者就會用自己的架構，將所有的學說分門別類，或者用獨特的角度貫穿所有的學說、問題，那麼這就是我們一般所說的學說體系。例如，刑法總則短短幾個條文，卻有三階說和二階說的區分，這就是學者自己區分出來的學說體系。

　　由於每個法律學者都可能會有自己的一套體系，所以法律系的學生最

怕的就是，每個老師的體系不一樣，而參加律師考試時，不知道該用哪種體系、哪種老師的說法作答。

〔 第2節–**法律分類** 〕

●●● 六法全書

　　還記得念法律系大一時，學長姐帶我們去買教科書時，都說順便要買一本大的或小的六法全書。那時很好奇，到底什麼是六法全書？六法又是哪六法呢？

　　我們所謂的六法全書，六法到底是哪六法呢？一般認為是憲法、民法、民事訴訟法、刑法、刑事訴訟法和行政法。用這作為大致的區分，只是學習上的功能，實際上運用時，往往 6 個法律分類都必須要用到。

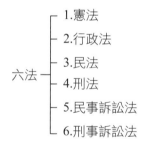

```
          ┌ 1.憲法
          ├ 2.行政法
          ├ 3.民法
六法 ─────┤ 4.刑法
          ├ 5.民事訴訟法
          └ 6.刑事訴訟法
```

●●● 實體法 v.s 程序法

　　什麼是實體法？什麼是程序法？實體法就是規範實體的法律關係。而程序法則通常是指法律訴訟程序或行政程序的法律。

　　什麼又是公法？什麼又是私法？公法通常是指規範國家和政府機關的行為，或者規範國家權力介入管理私人的法律。而私法則是指規範私人與私人之間關係的法律。一般認為民法和一些財經法律都是私法，而行政法

和刑法則是公法。

```
        ┌── 實體法 ──┬── 公法：憲法、行政法、國際法、刑法
        │            └── 私法：民法、商法
        └── 程序法：民事訴訟法、刑事訴訟法、行政訴訟法
```

〔 第3節─**六法簡介** 〕

●●● **憲法簡介**

　　憲法主要是一國的根本大法。所有的國家運作，都必須根據憲法而來。所有的法律、命令，也不可以違背憲法。現代民主國家幾乎都是憲政國家，強調有一個成文憲法，用憲法來規範重要的政府結構，以及保障人權。我們稱這種模式為「憲政主義」（constitutionalism）。

　　一般學者會說憲法包括「政府組織」和「基本人權」。所謂政府組織，就是我們中央政府採取的制度，目前臺灣採取的是五權分立配上半總統制（雙首長制）。但由於是否真的是雙首長制，還有很大的爭議，所以這裡只說是半總統制。而在「基本人權」上，由於我們有概括條款，所以幾乎什麼人權都保護。不過到底保護多少，就得看大法官的認定了。憲法學者最愛說的一句話就是：政府組織是為了保障基本人權而存在。

　　至於基本人權，我國的基本人權保護的範圍很廣，而且除了列舉的基本人權外，還有概括條款，此外，大法官在解釋憲法時，又幫我們引進了很多基本人權。所以，其實現在我們擁有的基本人權，早已超越憲法文本中所規定的那些人權。一般認為，要靠大法官才能保障我們的基本人權，也就是避免立法機關制定法律來侵害我們的基本人權。

　　其實我們憲法裡面除了政府組織和基本人權外，還有很多條文是屬於

「基本國策」。由於我國的憲法學都受到美國、德國影響，美國和德國沒有基本國策這種東西，導致我們的憲法學者也不重視這一塊。

●●● 民商法簡介

　　民商法包含民法和商法。民法是繼受自大陸法系，有一個非常成文化的法典，整個民法典的法條多達 1,000 多條，內容分為民法總則、民法債編、民法物權編、民法親屬編、民法繼承編。由於這套繼受大陸法系的民法，條文很多，往往在解決一個問題時，必須同時搭配 A 條和 B 條，有點像是在算數學習題時，要同時套用甲公式和乙公式，才能把問題解出。所以，大部分的法律系學生花費非常多的時間鑽研民法，在大學裡面總共需要修 20 多個學分。每個學生都以把民法這些複雜條文記熟、搞懂且靈活搭配運用，作為念法律是否成功的指標。而我們民法學界的權威，就是王澤鑑老師，他所寫的天龍八部（民法論文集 8 本），是有心學習民法的學生不得不買的一套書。

　　至於商法，則包括很多。大學法律系主要教授的商法有四科，分別是公司法、票據法、海商法、保險法。除此之外，現在越來越強調財經社會，很多財經法律也是必須學習的，很多法律系的名字改為財經法律系，或是設一個財經法律組。除了這四科大的商法外，現在還包括智慧財產權、證券交易法、銀行法、金融法、經貿法等等有趣的商業法律，學都學不完。要了解這些商業法律的運作，光靠背誦法條可能會有學習上的困難，最好有一點實際操作經驗，才會念得有趣。例如自己若沒有玩過股票，學什麼

公司法、證交法等等的，感覺都很虛、不踏實。沒真正用支票做生意，學票據法也是背了好幾種票據類型後，考完試就忘光光。

民商法 ┬ 民法 ── 民法總則、債編、物權編、親屬編、繼承編
      └ 商法 ┬ 傳統商法：公司法、保險法、票據法、海商法
             └ 新興商法：證交法、金融法、智慧財產權等

●●● 民事訴訟法簡介

民事訴訟法是很重要的科目，條文多達 500 多條，主要學習日本的制度。我們的民事訴訟法最近也有很多修改，例如訴訟集中審理、證據開示等等新制度，許多老律師也開始重新學習新的民事訴訟法。

簡單地說，民事訴訟就是當發生民法、商法的法律糾紛時，所要走的訴訟程序。這種訴訟程序由兩方當事人自己進行，不需要請律師，可以在法院中向法官說明相關的問題，提出相關的證據，然後由法院判決。主要有 3 個審級，第一審敗訴後可以上訴到第二審，第二審敗訴後可以上訴到第三審，不過第三審是所謂的「法律審」，必須是法律上的問題才能上訴，如果對法院所作的事實認定不滿，是不能上訴的。由於第三審是法律審，所以第三審必須由律師代理訴訟。

另外，除了民事訴訟外，還有所謂的「非訟事件」。非訟事件就是一些也需要用到法院的案件，但並沒有太大的爭議，不需要用訴訟程序，所以我們另外規定了非訟事件法。

民事訴訟法 ┬ 訴訟事件
          └ 非訟事件

●●● 刑法簡介

　　一般人所了解的法律，大概就以刑法為主。許多電視上報導的社會新聞，都跟刑法有關，例如強暴、色情、殺人等等，都會受到刑法的制裁，因為刑法中對這些犯罪行為，都有嚴厲處罰，包括死刑和有期徒刑等等，或為防患未然而設立之保安處分制度。

　　由於刑法是大家比較關心的法律，與日常生活息息相關，所以一般人就算不念刑法，大概也知道殺人、放火是違法的。而目前科技日新月異，網際網路犯罪，例如網路簽賭，網路跨海色情應召，ATM轉帳詐欺等，則是新興的犯罪類型，刑法也有修正納入這些新興犯罪。

　　原則上刑法可以分為「總則」和「分則」。「總則」是一些共通的基本規定，「分則」則是各個犯罪行為的條文。一般而言「分則」比較簡單，其就是規定各種犯罪行為與處罰。「總則」卻被法律學者搞得很難，其大部分都是引進德國、日本的刑法理論。簡簡單單的幾個條文，後面的理論卻這般複雜玄妙，讓一般人難以理解。甚至，有個法官在大學法律系兼課，他也只敢教刑法分則，卻不太敢教刑法總則。刑法這麼貼近人民生活的法律，卻被法學者搞得這麼複雜難懂，也是一個弔詭的現象。

```
刑法 ┬ 刑法總則
     └ 刑法分則
```

●●● 刑事訴訟法簡介

　　刑事訴訟法，就是針對刑事案件所進行的訴訟程序。其刑事訴訟程序之進行可分為廣義和狹義，廣義之程序可分為偵查、起訴、審判、執行 4 個階段，狹義程序則是指起訴至審判間之訴訟程序而言。

刑事訴訟 ── 廣義：偵查、起訴、審判、執行
　　　　　└─ 狹義：起訴、審判

　　目前我們的刑事訴訟制度採取所謂的改良式當事人進行主義。原則上，犯罪是由原告或檢察官起訴，然後進入審判程序。刑事訴訟法就是規定了很多偵查程序的限制、訴訟程序的規則等等。本書第 6 章和第 7 章會比較詳細地介紹一些刑事訴訟法的重點。

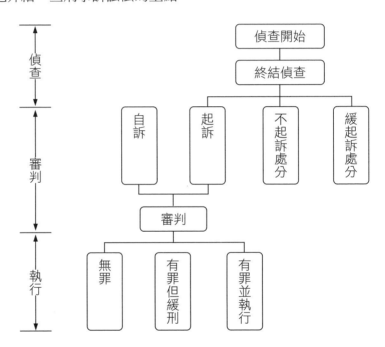

●●● 行政法簡介

　　所謂的行政法，就是行政機關要適用的法律。行政機關這麼多，每一個行政機關都管理不同的行業，而每一個管理行業的法律，也都可以叫作是行政法，一般我們稱為行政法「各論」。例如交通部管交通和電信，所以很多交通法律，就可以算是行政法各論。又例如教育部管各級學校，那

麼每個學校要適用的法律，也可以算是行政法各論。

　　至於行政法「總論」，則包括兩個主要內容，一個是「行政程序法」，其規定行政機關的行為要遵守哪些程序；另一個則是「行政救濟法」，其規定的內容是，當人民對於行政機關的行為有所不滿時，如果透過行政救濟程序，包括訴願、行政訴訟等等，去主張自己的權利。

　　我們以前是威權國家，所以行政法方面很弱，人民以前都很聽話，比較不會去主張什麼自己的權益。現在臺灣民主化之後，我們開始強調要約束行政機關的權力，所以各種規範行政機關的法律漸漸出爐，包括行政程序法、行政訴訟法等等，都是在 2000 年左右制定或大修過。而對各行各業所需適用的法律，也隨著我們越來越強調法治國家，以前可能都是透過行政命令的方式，沒有制定成法律，現在都一一轉為法律的形式。

〔 第4節－**法律分類的困難** 〕

●●○ 法律類別並不明確

　　上述這些分類雖然看似清楚，其實常常發生問題時，卻又不那麼清楚。

　　首先，財經法律是民法還是行政法？例如，智慧財產權到底是民法？還是行政法？智慧財產權中，規定了很多私人與私人之間的法律關係，依傳統的六法分類，這應該是屬於民事法。可是我們的智慧財產權制度由於受到美國的壓力，美國人認為我們臺灣盜版太嚴重，所以強迫我們在著作權法中放入刑事責任，那麼，這樣一來，智慧財產權變成刑法了嗎？甚至，

專利法中規定了很多申請專利、管理專利的條文,這算不算是一種行政法呢?

　　所以,除了傳統的民法、刑法外,很多新的法律是針對某個議題而制定的特別專法,往往會綜合了民法、刑法、行政法的規定。

●●● 民法或刑法?

　　刑法和民法應該是最容易區分的,可是一般不念法律的人似乎還是很容易搞混。有個朋友就跟我說,他欠人錢,要被告,他好怕被關。這就是搞不清楚民法和刑法的差別。民法只會判處賠錢或財產變動而已,刑法才會判決抓去監獄關。欠錢只是民法的問題,就算被告,也不太可能被抓去關。不過現在常有些法律有民、刑法混合的現象,例如著作權法裡面雖然大部分是處理著作權人和使用人之間的私人關係,但有時候卻也有刑事責任的規定。

> 民事責任:賠錢
>
> 刑法責任:坐牢
>
> 民刑混合:1. 一部法律兼有民事責任、刑事責任
> 　　　　　2. 刑事訴訟附帶民事賠償

　　不過,現在倒是常常發生一種現象,就是開車不小心撞傷人或撞死人時,會被告。通常這可以賠錢了事,但是原告為了逼迫被告拿出多一點錢出來,就會用刑法上的傷害罪、或過失殺人罪來提出告訴。因為同一件事涉及民事賠償、刑事責任,所以原告可以用所謂的「刑事訴訟附帶民事賠償」的方式,提出告訴,這種方式的好處是,民事訴訟不用繳裁判費,又會讓被告害怕,可以逼迫被告快點拿出錢來民事和解。這也是另一種奇特的民法、刑法混合現象。

　　刑事訴訟附帶民事訴訟，算是當事人所可以採用「以刑逼和」的方式。
另外，最近刑事訴訟法修正後，檢察官有「緩起訴」的權利。所謂「緩起
訴」就是暫時不起訴被告，不過交換條件是，被告要向被害人道歉或賠錢。
這可以說是另一種檢察官以刑逼和的方式，從某一個角度上來觀察，似乎
司法機關成為討債公司的化身；但從反面的角度觀察，也是讓被害人能獲
得公平正義的一種有效管道。

```
　　　　　　　　┌ 原告：刑事訴訟附帶民事賠償
以刑逼和 ────┤
　　　　　　　　└ 檢察官：緩起訴，要求被告向被害人道歉、賠錢
```

●●● 區別公法、私法的實益

　　區別公法、私法的實益，就在於發生爭議時，到底該採用哪種訴訟程
序。公法的話就採取行政訴訟程序或刑事訴訟程序。而私法的爭議就採取
民事訴訟程序。我們可以先把刑法擺一邊，因為那是走刑事訴訟程序，比
較沒有爭議。但是行政法（公法）和民事法（私法）真的那麼容易區分嗎？
往往一個問題出現時，人民搞不清楚其究竟是公法還是私法，就會不知道
要用民事訴訟程序還是用行政訴訟程序。

```
刑法 ──────→ 刑事訴訟程序
民法、商法 ──→ 民事訴訟程序
公法 ──────→ 訴願、行政訴訟程序
```

●●◦ 公私法到底該如何區分？

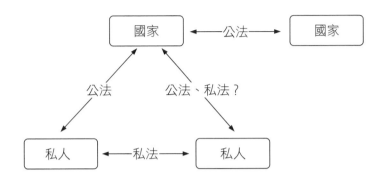

　　大陸法系國家會將法院作區分是基於專業化的考量，讓各個法官負責不同類型的案件，這樣法官才能比較專業。例如最近在普通法院下也成立了勞工、稅務、家事、少年、交通、消費、甚至智慧財產權法庭，都是想要進一步地將法官專業分工。不過這麼多元的系統，會有兩個困難：

1. 對人民而言，有時候會搞不清楚要去哪個法院訴訟。如果只有一個法院，那麼發生爭議時，人民就不會跑錯法院。多元訴訟制度下，有時候甚至連受過專業法律訓練的律師或法官也不確定某一案件究竟屬於公法或私法，更遑論是一般人民。對一般人民而言，這會提高人民選擇法院的訴訟成本。甚至，有時還會發生法院間的權限衝突，包括積極的衝突或是消極的衝突。積極的衝突就是兩邊都在搶一個案子，而消極的衝突則是兩邊互踢皮球，都不受理訴訟，而讓人民投訴無門。為解決審判分工的爭議，現行民事訴訟法第 182-1 條規定：「普通法院就其受理訴訟之權限，如與行政法院確定裁判之見解有異時，應以裁定停止訴訟程序，聲請司法院大法官解釋。但當事人合意願由普通法院為裁判者，由普通法院裁判之。」行政訴訟法第 178 條規定：「行政法院就其受理訴訟之權限，如與普通法院確定裁判之見解有異時，應以裁定停止訴訟程序，並

聲請大法官解釋。」

2. 另一個問題就是有時候同一個法律問題或事實問題可能會涉及到兩個專業法庭，而兩個專業法庭卻會有不同的意見。若是事實問題出現認定不同則較麻煩，例如同一個殺人案件，民事訴訟可能認為該賠錢，刑事訴訟卻可能認為無罪（這跟舉證責任的標準不同有關）。

　　舉例來說，我們有一個法律叫作「政府採購法」，乃是規範政府採買物品、服務所需要遵守的法律。若今天政府跟我們公司採買一批貨品，結果後來在履約時出了問題，請問此時這種爭議到底算是公法爭議還是私法爭議？如果是私法爭議，就要去地方法院，如果是公法爭議，則必須先去訴願，然後才去行政法院。

　　目前臺灣對這個問題的通說認為，政府採購締約階段引發的爭議，算是公法爭議，要走行政法院系統。而締約後履約階段發生的爭議，則算是私法的爭議，要走普通法院系統。但有些爭議卻更複雜。當政府與民間企業簽約請民間企業參與公共建設時，若發生爭議，究竟是公法爭議還是私法爭議呢？例如曾經吵的很熱的高速公路電子收費系統 ETC 的爭議，到底國家有沒有權力將遠通電收的系統強制買回呢？有人會說遠通與政府之間是契約關係，政府沒有那麼大的權力強迫買回系統，但也有人說遠通與政府之間是行政契約的關係，政府為了公益理由可以強制買回。

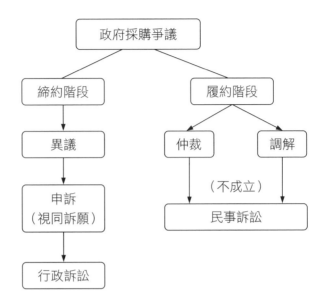

　　令人懷疑的是，為什麼同樣是政府採購的爭議，一個是民事案件，另一個卻是行政訴訟案件呢？這樣的區分有沒有道理可言呢？另外，在臺灣有另一個更有趣的問題是：行政法上講的行政契約到底是什麼？政府採購契約算不算是行政契約呢？我們或許可以來看看大法官的解釋，看大法官對這個問題的意見。

◇ 釋字第 382 號解釋
　　各級學校依有關學籍規則或懲處規定，對學生所為退學或類此之處分行為，足以改變其學生身分並損及其受教育之機會，自屬對人民憲法上受教育之權利有重大影響，此種處分行為應為訴願法及行政訴訟法上之行政處分。受處分之學生於用盡校內申訴途徑，未獲救濟者，自得依法提起訴願及行政訴訟。行政法院 41 年判字第 6 號判例，與上開意旨不符部分，應不予援用，以符憲法保障人民受教育之權利及訴訟權之意旨。

　　這號解釋的背景是，我們行政法上有一個理論叫作「特別權力關係」，

在這個理論下，學生的地位比較特殊，地位比較「低等」，若被學校記過或開除，無法提起救濟。這號解釋就是打破這個理論，讓學生被學校開除時，可以向行政機關提起訴願，進而向行政法院提起行政訴訟。

　　看起來這是幫了學生一把，但是問題在於：私立學校的學生，跟學校之間到底是公法關係還是私法關係？補習班的學生跟補習班發生爭議時，我們通常把它當作私法事件，由普通民事法院管轄。為何私立學校的學生被退學，卻是被當作公法事件來處理呢？大法官表面上雖然給學生一個救濟的管道，但是把學生與私立學校之間的關係定位為一種公法關係，這是不是反而讓問題更為複雜呢？例如，本書前面提到的私立大學二一問題，有人認為二一制度違反法律保留，但是奇怪的是：私立大學的校規，需要法律保留嗎？私立大學不是一個私人機構嗎？也就是說，大法官在釋字第382號解釋表面上給了學生救濟管道，但是不是反而讓問題變得更亂？

■■ 進階閱讀

1. 釋字第 382 號解釋。（將學生與學校之間的關係界定為公法關係）
2. 釋字第 595 號解釋。（勞資糾紛是民事關係還是行政關係？）
3. 周星馳電影《威龍闖天關》。（中華法系）

第6章
司法改革

本章重點： •刑事訴訟制度改革 •司法組織改革

　　一般我們常看到美國法庭電影，兩造律師激烈的爭辯，法庭活動充滿了張力，可是實際上臺灣的訴訟程序卻不是這樣。所以我們沒有好看的法庭電影，甚至連很紅的臺灣本土連續劇《霹靂火》都搞錯臺灣的法律訴訟制度。沒有好看的法庭電影，就表示我們的訴訟制度不好嗎？以下一一分析探討。

〔 第1節–刑事訴訟制度改革 〕

●●● 當事人進行主義和職權主義？

　　一般會說，大陸法系的國家，包括臺灣，訴訟制度採取的是職權主義，而英美法系的國家，訴訟制度採取的是當事人進行主義。到底，什麼又是當事人進行主義和職權主義呢？

　　首先，到底什麼是「主義」？「主義」大約可說是一種說法，一種主張，或是一種原則，甚至是一種哲學。我們臺灣之所以會在法律中用很多主義，是翻譯自日本人用語。日本人把什麼法律原則都要說成是主義，其實不過就是個法律原則，並不是像哲學那樣偉大了不起的東西。所以大家不要看到主義就怕了。現在也有學者認為最好用「原則」，來取代主義的浮濫。

　　那到底什麼是當事人進行主義和職權主義呢？所謂的當事人進行主義，大概是說法庭審判中，主要是由當事人兩造主導、進行、表演，法官通常

比較不介入，法官是站在中立的立場，對兩邊當事人的訴訟進行作仲裁。犯人、證人都是由兩邊去詢問，要提出什麼證據、證人，也都是兩邊自己決定。目前採取當事人進行主義的國家主要是美國。

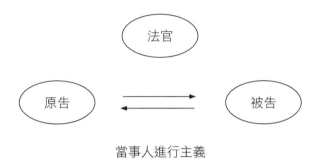

當事人進行主義

而職權進行主義則是說，法官會主導整個法庭遊戲規則的進行，犯人是由法官來審問，要傳什麼證人也是由法官來決定，要調查什麼證據也是由法官來主導。目前採取職權進行主義的國家主要是德國、日本。

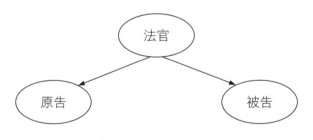

職權進行主義

	主導	採取國家
當事人進行主義	兩造當事人	美國
職權主義	法官	日本、德國

那麼，臺灣到底採取的是當事人進行主義還是職權主義呢？在刑事訴訟程序中，民國 91 年以前，我們應該是採取職權進行主義，亦即審理案件

中要詢問什麼證人、調查什麼證據，都是由法官主導、決定，兩邊當事人只能建議法官去查什麼證據。不過近來我們受到美國法庭電影的影響，認為美國採取的當事人進行主義可能比較公平，因為當事人進行主義中法官不會過度介入調查方向，所以人民比較相信中立的法官。故民國 91 年修正刑事訴訟法後，就調整往當事人進行主義邁進。

●●◎ 「改良式」當事人進行主義？

目前司法院說我們採取的是「改良式的當事人進行主義」，這又是什麼意思呢？

> 改良的地方：1. 雖然改由當事人交叉訊問，但法官還是可以介入。
>
> 2. 法官仍然在問案前就看到厚厚的起訴書。
>
> 3. 沒有陪審團。

以前我國採職權進行主義，有一個弊端，就是檢察官通常只寫了起訴書和附上證據，送給法院之後，就不再去開庭了，統統丟給法官自己去查案。這樣的結果使得法官的壓力很大，而且往往少數檢察官不願意認真查證據。所以現在改為所謂「改良式」當事人進行主義，要求檢察官必須全程到庭參與法庭辯論活動，而法官原則上退出證據調查，除非法官認為很有必要，才可以跳下火坑自己調查，要不然原則上讓檢察官和被告負責證據調查和交互詰問的進行。

1. 新制刑事訴訟程序的進行，有關證據調查將由法官「應依職權」進行之規定，改為原則上由當事人即檢察官、被告（或辯護律師）主導，法官則以仲裁者的角色居中裁判，原則上不再主導調查證據，只例外基於公平正義考量、發現真實必要的情形下，才依職權調查證據。這樣的訴訟

制度，因而保留部分「職權主義」精神。

2. 雖然我們想讓法院調查證據的活動精彩一點，可是我們的法官在問案前還是收到了厚厚的一本起訴書，關於本案的前因後果，相關證人證詞、物證等等，都寫在裡面，法官根本不用問案，不用進行交叉詢問，就已經知道案情了。

3. 我們沒有引進美國的陪審團制度，整個事實認定的工作，仍然由法官自己認定。

●●◉◍ 要不要引進陪審團？

有人說我們之所以是「改良式」當事人進行主義，是因為我們沒有把陪審團也引進，所以不是完整的當事人進行主義。陪審團是什麼？為何我們不引進陪審團呢？

反對引進陪審團的人認為：引進陪審團的成本太高，而且臺灣也沒有這個文化背景。在美國雖然有陪審團，看起來給予當事人比較多的保障，不會讓法官過於恣意，但是實際上能真正使用陪審團的案件卻很少，因為陪審團需要太高的訴訟成本，法院負擔不起。大部分的案件其實都透過「認罪協商」機制消化掉。

贊成引進陪審團的人認為：陪審團負責事實的認定，且比較公正客觀。目前我們臺灣由法官來自己認定事實，且自己調查證據，當事人常常認為法院沒有把事實調查清楚而上訴，上訴的案子越來越多，積案也越來越多。若引進陪審團的精神，讓事實問題由陪審團認定，法官不用處理事實問題，只要負責指揮法庭辯論就好。而事實問題解決後，將來也不用一直上訴。

◇ 電影欣賞——《失控的陪審團》

　　這是一部根據美國知名法律小說家約翰葛里遜的小說改拍的電影，內容是關於美國陪審團制度的誇張故事。

　　首先，這是一場對抗美國槍枝公司的訴訟。原告的丈夫，三年前死於一場槍擊事件，兇手拿著一支「攻擊型」的半自動步槍，殺了 11 人後，飲彈自盡。原告認為，美國的槍枝公司不該生產這種殺傷力強大的槍枝。但槍枝公司（或者說是美國來福槍協會）卻主張美國憲法第 2 條有保護人民自衛的權利。

　　由於涉及的是一個高額賠償的民事訴訟，且若求償成功，將形成判決先例，後續將有更多的訴訟，故來福槍協會的各會員都高度重視這個訴訟，決定花大錢請專家擺平陪審團。

　　請到的專家是金哈克曼，他很會察言觀色，擅長挑選有利於己的陪審團。此外，他的團隊還無所不用其極，在陪審團挑選出來後，努力刺探每個陪審員的不堪秘辛，然後加以施壓，以確保陪審員會投下有利於槍枝公司的決定。

　　半年前才搬到當地的窮光蛋約翰庫薩克，卻千方百計地想成為陪審團員。他成功地躲過金哈克曼的審查，成為正式的陪審員。之後，他一方面向兩方律師索取高價，聲稱他能掌控整個 12 位陪審員的最終決定，價高者得；另一方面，由於金哈克曼不願意出錢，他則在團內一一瓦解金哈克曼對各個陪審員的監控。

　　整部片把陪審團的很多運作程序，都交代得一清二楚。例如，美國公民有義務接受法院徵召，成為陪審員，然後領取微薄車馬費，還不得拒絕。陪審員的挑選需要經過兩方律師都同意。除了 12 位正式陪審員外，有 3 個候補陪審員，以備不時之需。陪審員互選出 1 位主席，主持

內部討論。為避免陪審員受到外界干擾，法官可以下令隔離陪審團，但也可以不隔離。當然，避免不當干擾的方式之一，包括禁止對陪審員錄影，更不要說私下接觸威脅陪審員了。如果陪審團成員受到不當影響，則審判將無效，必須重新挑選陪審員、重新訴訟一次。

經過上面介紹，我們大概了解美國陪審團的運作及其問題。美國陪審團的任務，在於認定被告有罪無罪。至於適用法律及科處刑罰，則是交由法官來指導陪審員。

究竟是陪審團好還是由專業法官來審理好呢？由法官審理的話，難免會有法官濫權的情形出現。但是優點在於法官較專業，也不會感情用事。而陪審團的好處是比較不會獨裁，但是卻可能受到律師影響或操縱，且成本高昂。

我國目前原則上是採法官單獨審理，不過有時候會有合議庭，會有 3 個法官或 5 個法官共同審理。

●●● 國民法官法

長久以來，專門的職業法官負責審判工作，但人民卻對司法審判結果不信任，因而民間一直都有討論引進「陪審團」或「國民參審制」的聲音。司法院在 2018 年討論草擬了「國民參與刑事審判法草案」，與行政院一會提案送入第九屆立委組成的立法院審查。因為爭議過大，沒有通過。2020 年 4 月再次提案送入第十屆立委組成的立法院審查，在二讀會時表決法案名稱改為「國民法官法」，並順利通過三讀。

所謂的「國民法官」，就是由人民參與審判，並能參與最終的判決評議。行國民參與審判之案件，由法官 3 人及國民法官 6 人共同組成國民法官法庭，共同進行審判。目前開放進行國民參與審判的案件，主要為重大

刑事案件：「一、所犯最輕本刑為十年以上有期徒刑之罪。二、故意犯罪因而發生死亡結果者。」

●●● 是不是一定要找律師？

在一般人的觀念裡，以為訴訟一定要找律師代理，其實不必。根據我們的訴訟制度，不管是民事訴訟還是刑事訴訟，都沒有強制律師代理，一般人民可以上法院替自己訴訟。不過，唯一的例外是，若想上訴到最高法院，由於最高法院只審理法律爭議，不處理事實爭議，所以這時一定要聘請懂法律的律師來代理訴訟。

另外，在刑事訴訟法中，倘若被告犯了重罪或是一名智障，而請不起律師時，我們就有公設辯護人，免費替其辯護，以保障被告的權益。此外，民事訴訟法上也有「訴訟救助」制度。但是原則上，一般人並不一定要請律師。

另外，最近我國通過了一個「法律扶助法」，這個法也是想要保護請不起律師的窮人。基本上，要申請法律扶助，必須先通過資格審查（必須是符合社會救助法之低收入戶，或其每月可處分之收入即可處分之資產低於一定標準者）。也就是說必須夠窮，才能請法律扶助基金會的律師替其服務。不過，如果你是刑事被告犯了重罪（最輕本刑為三年以上有期徒刑），或高等法院管轄第一審案件，也可以申請法律扶助，不需要審查是否夠窮。

●●● 可不可以認罪協商？

在美國的電影裡面，我們常看到檢察官和被告談條件，例如若被告認罪的話，檢察官就可以用比較輕的罪來起訴，這就是所謂的「認罪協商」。之所以檢察官肯和被告認罪協商，是因為檢察官覺得犯罪事實很清楚，可

是有時候要上法庭還是得花很多時間來舉證，浪費法庭的訴訟資源，也浪費大家的時間，所以檢察官會提出條件，若被告肯認罪，就可以避免大家上法庭，所以檢察官寧可用比較輕的罪來起訴，而被告通常若有罪的話也願意認罪。

不過有趣的地方在於，此時不需要有任何證據，只要被告認罪，也就是有被告的「自白」，就允許其認罪。這是在美國採取當事人主義原則下一個很重要的方式，當事人可以自己認罪，我們不需要有任何證據。可是若是在職權主義的國家，被告的自白不可以當作是唯一的證據，即使當事人自己認罪，我們還是會要求一定要找到一些證據來證明他的確有做這件事，這樣才可以避免替人頂替認罪的情況發生。但在美國，由於採取認罪協商的模式，不一定需要證據，所以常常發生頂替他人認罪的情況。

美國的認罪協商很發達，90%的案件幾乎都沒有上法庭，都是透過認罪協商結束。這主要是因為美國的訴訟成本非常高，刑事訴訟一定得有陪審團，如果所有的訴訟都進入法庭，那麼法院一定不堪負荷，所以大部分的案件都是認罪協商，只有10%才會用很高的資源、花錢請陪審團來進行訴訟。

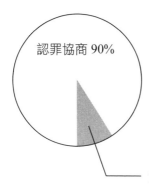

認罪協商 90%

實際訴訟，有陪審團 10%

　　至於我國，我們並不完全接受當事人主義，所以我們認為除了被告的自白外，還需要有些許證據，才能允許讓被告進行認罪協商。在臺灣，我們法律上也已經引進「認罪協商」制度，不過必須是輕罪的罪犯才能允許認罪協商。

協商時點	1. 第一審辯論終結前。 2. 簡易程序判刑前。
不准認罪協商的罪	1. 死刑。 2. 無期徒刑。 3. 最低本刑三年以上有期徒刑。 4. 高等法院管轄第一審案件。
協商結果	1. 被告願受科刑之範圍或願意接受緩刑之宣告。 2. 被告向被害人道歉。 3. 被告支付相當數額之賠償金。 4. 被告向公庫或指定之公益團體、地方自治團體支付一定之金額。 （檢察官就前項第 2 款、第 3 款事項與被告協商，應得被害人之同意）。

●●● 小結——有錢人的正義？

　　近年來臺灣的訴訟制度進行了很多改革，民事訴訟上，改採所謂集中審理制度，而刑事訴訟上，則從職權主義改為當事人進行主義，並引進認罪協商制度等。不過，這樣的改革，是否真的對人民好？需要進一步的反省。如果只因為我們常看美國的法庭電影，覺得做律師就一定要那樣交互詰問，才能問出真相，所以我們要往這個方向改革，那麼這種改革就是不科學的。事實上，現在的改革使得訴訟成本大為增加，而一般人民本來就請不起律師，現在更少律師願意進行刑事訴訟。雖然我們增加了一個法律扶助法，可以幫助窮人訴訟，可是能夠幫助的有限。導致只有有錢人才能夠請大律師進行訴訟，而窮人多半選擇認罪協商，而沒有獲得實質正義，

這樣朝美國方向改革，真的是對的嗎？這些改革，真的有任何科學依據嗎？
還是只是認為美國就是對的？

〔 第 2 節－**司法組織改革** 〕

●●● 三級三審

　　一般常聽到「三級三審」。三級，就是說我們的法院有三層，最高的
是最高法院，再來是高等法院，然後是地方法院。而統管所有法院的行政
工作的，就是司法院。此外，我們另外有一個行政法院系統，不過行政法
院只有兩層，一個是最高行政法院，一個是高等行政法院。

目前體制：

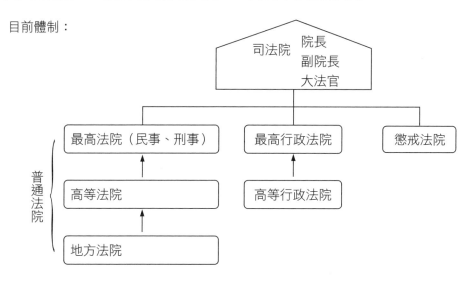

　　至於三審，就是說不管法院有幾層，一個案子，就可以在法院中判決
3 次。通常，如果對地方法院的第一次判決不服，可以上訴到高等法院，再
判決一次，如果再不服，可以再上訴到最高法院。不過，並不是所有的案
子都是按照地方法院、高等法院、最高法院這樣的順序。例如有些案子上
訴的地方仍然是地方法院。

司法院　行政組織系統表

院　長
副院長

大法官

秘　書　長
副秘書長

各種委員會
發言人室
政風處
統計處
會計處
人事處
參事處
公共關係室
資訊處
秘書處
大法官書記處
司法行政廳
少年及家事廳
行政訴訟及懲戒廳
刑事廳
民事廳

智慧財產與商業法院
高雄高等行政法院
臺中高等行政法院
臺北高等行政法院
臺灣高等法院
法官學院
懲戒法院
最高行政法院
最高法院
福建高等法院金門分院

臺灣高等法院花蓮分院
臺灣高等法院高雄分院
臺灣高等法院臺南分院
臺灣高等法院臺中分院

臺灣高雄少年及家事法院
臺灣澎湖地方法院
臺灣基隆地方法院
臺灣宜蘭地方法院
臺灣花蓮地方法院
臺灣臺東地方法院
臺灣屏東地方法院
臺灣橋頭地方法院
臺灣高雄地方法院
臺灣臺南地方法院
臺灣嘉義地方法院
臺灣雲林地方法院
臺灣彰化地方法院
臺灣南投地方法院
臺灣臺中地方法院
臺灣苗栗地方法院
臺灣新竹地方法院
臺灣桃園地方法院
臺灣士林地方法院
臺灣新北地方法院
臺灣臺北地方法院
福建連江地方法院
福建金門地方法院

　　要注意的是，並非所有的案件都能上訴到第三審，也就是上訴到最高法院。最高法院不負責審理「個案事實」，只負責審理法律爭議。所以，如果只是因為個案事情沒調查清楚，那是不能上訴到最高法院的。必須是因為涉及的法律有爭議，當事人認為不服，才可以上訴到最高法院。

　　目前我們臺灣的案件「積案」很多，這是因為很多人在地方法院敗訴了就繼續上訴到高等法院，到高等法院敗訴了又繼續上訴到最高法院，一直上訴，所以案件量一直很多。理想的法院體系，應該是第一審地方法院，就把個案的事實、案情、證據調查清楚，這樣就不必繼續上訴。就算繼續上訴，也只處理法律爭議，而不必重新調查事實。但我們往往是在第一審法院沒有把案情調查清楚，到了第二審又重新調查，浪費法庭時間，也使得案件積案越來越多。為了解決案件積案的問題，開始有人想要進行法院系統的大改革。

●●● 司法院大改革

　　司法改革中，法院組織也是很重要的一塊。目前我們也正面臨交叉路口，考慮到底要不要大幅改變法院系統。而所有的爭辯，可從「司法一元化」和「多元化」談起。

1. **司法一元**：所謂司法一元，就是指類似美國的法院系統，美國的法院只有一種，掌管各類型的案件，包括民事案件、刑事案件、行政案件等，美國的聯邦最高法院也就是所有案件的最終審。

2. **司法多元**：司法多元則是類似我國的制度，我們的法院大致上分為兩個系統，一個是普通法院系統，另一則是行政法院系統。而在普通法院系統下，又有民事庭、刑事庭的區分。此外，在最終審部分，除了最高法院和最高行政法院外，還有公務員懲戒委員會和大法官。所以我們的系統是很多元的。

大陸法系的國家通常都是採多元系統,而英美法系的國家則通常採一元系統。之所以會有這種多元系統,多是出於專業分工的考量。

◇ 1998 年的司法一元化改革方向

憲法第 77 條規定:「司法院為全國最高司法機關,掌管民事、刑事、行政訴訟之審判,及公務員之懲戒。」從字面上來看,司法院應該直接就要掌管審判工作,可是目前司法院大多只是掌管行政工作,而不負責審判工作,真正的審判工作是交給最高法院或最高行政法院等來負責。司法院裡面雖然有大法官,但大法官並沒有真正負責審判工作。大法官只負責解釋憲法和統一解釋法律命令的工作,這並非真正的處理個案的審判工作。如此的規定,似乎跟憲法有所牴觸。所以歷來都一直有爭議,到底司法院要不要掌管審判工作?1998 年間,全國司法改革會議達成共識,決定將司法院調整為真正的審判機關,且朝司法一元化邁進,後來 2001 年時大法官釋字第 530 號解釋又為司改會議的結論背書。

◇ 釋字第 530 號解釋

憲法第 77 條規定:「司法院為最高司法機關,掌理民事、刑事、行政訴訟之審判及公務員之懲戒。」惟依現行司法院組織法規定,司法院設置大法官 17 人,審理解釋憲法及統一解釋法令案件,並組成憲法法庭,審理政黨違憲之解散事項;於司法院之下,設各級法院、行政法院及公務員懲戒委員會。是司法院除審理上開事項之大法官外,其本身僅具最高司法行政機關之地位,致使最高司法審判機關與最高司法行政機關分離。為期符合司法院為最高審判機關之制憲本旨,司法院組織法、法院組織法、行政法院組織法及公務員懲戒委員會組織法,應自本解釋公布之日起二年內檢討修正,以副憲政體制。

當時的司法方向朝向「司法一元化」邁進，也就是說，在第一階段改革上，會將司法院變成真正的審判機關，將最高法院和最高行政法院廢除，都放到司法院裡面來，不過司法院裡面還是會分很多審判庭，例如民事庭還有六庭、刑事庭還有十庭、行政訴訟庭還有五庭等，分別掌管不同的訴訟案件。而到第二階段後，各個庭都減縮為一庭，共有四種不同的庭。最後到第三階段，再把所有的庭都整合，將所有的最終審的審判工作，都交給 15 個大法官來掌管。

但所有的司法改革方向，都是主政者的理想，實際上，這樣的進程需要立法院的修法配合。但是立法院卻遲遲不配合進行修法。所以上述司法一元化的改革無疾而終。

●●● 2016 年司法改革國是會議

蔡英文當選總統後，於 2016 年 11 月召開了司法改革國是會議，提出了許多司法改革的新方向。

1. 大法庭統一見解

其中，關於司法院的組織，與過去司法改革方向不同，不再想要縮編最高法院的法官人數，也沒有想要合併最高法院與最高行政法院。

現行的最高法院的法官人數很多，所以在最高法院裡面又分了許多法庭，例如刑事第一庭、刑事第二庭、刑事第三庭等。而每一庭的判決見解未必相同，所以會出現，同一個最高法院的判決，可能因不同庭審理，出現判決見解不同。為了統一最高法院與最高行政法院各庭不同見解的問題，新的司法方向，乃是在最高法院與最高行政法院下，設置了「大法庭制度」，當最高法院某一庭在審判時，認為某個法律見解在不同庭之間有所歧異，或者該見解具有原則重要性，可主動提案給大法庭統一見解。

2. 大法官負責憲法審判

　　其次，憲法第 77 條規定：「司法院為最高司法機關，掌理民事、刑事、行政訴訟之審判……。」但過去司法院大法官只負責「憲法解釋與法律解釋」，不算是「審判」。新通過的憲法訴訟法，將於 2022 年實施，以後大法官的工作不再稱為解釋，而稱為憲法裁判，某程度也算是大法官直接負責審判工作了。甚至，過去大法官只能進行抽象法規範違憲審查，也就是只能討論抽象的法律、命令的解釋問題；但未來，大法官對於具體的判決，認為判決理由違反憲法精神，也可以進行「裁判違憲審查」。某程度是在原來的三審判決之後，由大法官組成的憲法法庭擔任「第四審」。

●●● 軍事審判系統

　　軍事法是什麼呢？由於臺灣全部的男性都有當兵的義務，在軍隊中有許許多多的規定，如果不小心牴觸軍中的規定，除了會受到長官的處罰外，如果犯行更加嚴重的話，還可能會受到軍事審判、處罰。

　　目前臺灣有制定陸、海、空軍刑法。其規定的比一般的刑法還要嚴格，因為我們認為軍人的紀律應該比正常人還要嚴格，而且軍人由於受過軍事訓練，攻擊性比較強，如果沒有用更嚴格的法律來約束他們的話，那麼可能更加危險。另外，軍隊強調服從，尤其在戰爭期間，更重視絕對遵守長官命令。而士兵在軍中服役受苦受難，很容易因為壓力而作出傻事，或者違逆長官命令，為了怕這種事情發生，我們需要更嚴厲的特別刑法。

　　軍人若觸犯陸、海、空軍刑法，不是到一般的法院接受審判，而是在軍中的軍事法院接受審判。軍事法院的審判，比起一般法院審判，比較不保障被告的權益。以前在軍事審判被定罪後，只能再上訴一次，而且只能在軍事法院上訴，有人就認為這樣子犧牲了被告的權益，他們認為在軍事

法院中被告無法充分地保障自己。所以他們就聲請大法官解釋，而大法官則作出釋字第 436 號解釋認為，如果是在「非戰爭期間」的承平時代，若被告被判決有期徒刑，應該允許其到普通法院去上訴，這樣才能獲得多一點保障。另外，大法官在釋字第 436 號解釋也要求軍事法必須修正，必須符合一般的公平、合理的訴訟程序。

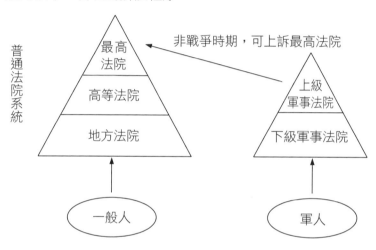

◇ 洪仲丘事件

　　義務役士官洪仲丘，入伍服兵役一年，原本預定於 2013 年 7 月 6 日退伍，卻在 7 月 4 日死亡。他因在 6 月底退伍前，攜帶具備拍照功能之行動電話和 MP3 隨身碟進入軍營，被指控違反軍隊資訊安全保密規定。經士官獎懲評議委員會（士評會），函送桃園縣楊梅市機步 269 旅高山頂營區，實施禁閉室「悔過」處分。7 月 3 日，室外溫度達紅旗警戒，洪仲丘體重 98 公斤、身高體重指數過高，禁閉單位仍執行操練，造成洪仲丘中暑、熱衰竭，引發彌散性血管內凝血而死。洪仲丘的死因，疑似遭到長官欺凌、虐待。國防部在 2013 年 7 月 15 日公布的行政調查報告，指陸軍第六軍團及裝甲 542 旅、機步 269 旅都有違失，除了禁閉程序出

現瑕疵，而且發生嚴重的虐待。

　　此一軍中命案，涉及軍中人權問題，社會各界高度關注，民眾普遍不信任軍事檢察署的調查能力，呼籲由桃園地檢署檢察官來調查，才能查出真相。最後促成軍事審判法於 2013 年 8 月 6 日，火速通過軍事審判法修正案，在第 1 條明定，在承平（非經總統宣戰）時期，軍人犯罪全面回歸一般司法檢調體系，適用一般的刑事訴訟法，形同全面凍結軍事審判法的適用。

■■進階閱讀

1. 釋字第 530 號解釋。（宣告司法院必須是審判機關，要求立法院修法）
2. 釋字第 436 號解釋。（平時期間受軍事審判之人可以上訴到普通法院）
3. 電影《失控的陪審團》。（美國陪審團的運作）

第7章
法庭攻防

本章重點： • 事實才是重點 • 交互詰問 • 法官如何判定事實 • 證據認定

　　一般以為念法律系就是要背法條，其實背那麼多法條不一定有用。實際上成功的律師，可能是會發掘證據、找出真相，且很會在法庭上進行交互詰問的律師。而有的時候一個訴訟案件真正涉及的法條就那一條，也沒什麼大學問。真正的學問在於如何發現證據、找到證人、進行交互詰問、說服法官。

〔 第1節–事實才是重點 〕

●●● 蘇建和三死囚案

　　民國 80 年 3 月 24 日，臺北縣汐止鎮（今新北市汐止區）發生吳銘漢、葉盈蘭夫婦命案。當時找到的證物，只有廚房菜刀、菜刀上的毛髮、血指紋 3 枚及浴室中毛髮數根。同年 8 月 13 日，警方因命案現場找到的薪水袋上面的血指紋，查出為海軍陸戰隊現役軍人王文孝。王文孝於軍中被捕，其表示因積欠電玩賭債而犯下此案，且供稱為他一人所為。但警方不信被害人身中 79 刀僅為一人所為，於是開始訊問是否有共犯。在刑求逼迫下，王文孝供出包括自己弟弟王文忠在內，共有 4 人共謀；再以同樣方法令王文忠供出其他 3 個共謀，於是警方循線逮捕蘇建和、劉秉郎、莊林勳等 3 人。

　　蘇建和等 3 人被捕後，在警方刑求逼供下，簽下了自白書（警訊筆錄）承認犯罪。民國 81 年 2 月，地方法院第一次判決蘇建和等 3 人死刑，高等

法院也支持判決死刑。之後，此案不斷上訴、發回更審，案件來回於最高法院與高等法院，訴訟歷經二十一年，曾被 6 次判決死刑。

　　為什麼有名的蘇建和案會一再上訴發回上訴又發回，而且還經歷過 3 次非常上訴？主要的爭執點就在於證據。蘇建和案的重點在於，王文孝確實有殺人，他也俯首認罪，但是他卻供說蘇建和 3 人幫忙他殺人，可是王文孝後來就被判處死刑執行完畢，死無對證。此外，蘇建和他們自己在警察局的筆錄承認他們也有參與這場殺人計畫。但是後來蘇建和 3 人推翻供詞，說在警察局之所以會認罪是因為警察刑求。因此，唯一能夠指證他們有犯罪的，就在於「共同被告」的自白，也就是那位被槍決的人的供詞。而這就引發了一個很大的爭議：共同被告的自白可否作為有罪判決的唯一證據？

　　蘇建和案非常上訴了 3 次，5 位法務部長拒絕簽下死刑執行令，後來好不容易才被推翻無罪釋放，這 3 個人卻在監獄裡面度過了十四年。直到民國 101 年 8 月，高等法院第三次作出無罪判決，依刑事妥速審判法第 8 條之規定，已不得上訴最高法院，此案終於定讞。

　　由蘇建和的案子讓我們知道，其實一件訴訟中，往往發生爭議的是如何認定事實，以及如何發現證據。至於法律在訴訟中的角色可能就不那麼重要，因為殺人判死刑，這個誰都知道，沒什麼學問，但是要如何發現證據，哪種證據有「證據力」，這才是最難處理的部分。

●●● 上天下海找證據──法網邊緣

　　真實的訴訟案件，往往事實證據的蒐證是最重要的，法律可能並非重點。可是一般學習法律的人似乎搞不清楚，以為把法條背得滾瓜爛熟、或者賣弄相關條文就以為自己很厲害。實際上，真正的訴訟技巧，有時候只是看誰比較能夠找出證據而已。

◇ 電影欣賞——《法網邊緣》

　　《法網邊緣》（A Civil Action）這部片，是講一個環保訴訟的故事，其中作者想突出幾個重點：

1. 美國市場競爭激烈，律師為了搶生意，真的會追著救護車發名片。

2. 美國的侵權案件，律師通常對原告的收費方式，是按訴訟結果收費。如果輸了，律師一毛都不收，如果贏了，律師抽賠償金的三到五成。片中的案子因為是環保訴訟，要證明工廠的污染與住民的健康有關，律師在還沒跟當事人收費前，就必須自己掏腰包投入大量的調查研究費用，也因此，片中約翰屈伏塔飾演的律師，到最後自己的事務所都破產了，還沒勝訴。這樣的收費方式會讓律師有一些不良的誘因，例如律師為了快點勝訴，抽四成，會傾向跟被告和解，因為和解金不管多少，律師都能拿四成，對律師來說，他已經回本了，雖然對當事人來說可能錢還不夠。片中特別彰顯了這個問題，約翰屈伏塔在能否勝訴不確定的情況下，若真要告到底，他就必須花大筆的錢進行環境調查研究，所以中途他一度想與被告和解或聲請仲裁，一方面這樣可以快點結束案件，他也有機會早點拿到錢，不要連累自己事務所的財務狀況。

3. 這部片真正突顯的，乃是訴訟中，重要的不是法律，而是事實，或者說是因果關係。律師為了勝訴，不是花時間研究法律，而是花大量的時間金錢蒐集證據。這點，或許國內掌管律師政策的決策者還是不懂，所以才不肯放寬律師錄取率。

〔 第2節－**交互詰問** 〕

●●● **交互詰問的藝術**

　　在美國法庭電影中，常常可以看到精彩的法庭對辯、交互詰問。尤其，最扣人心弦的，往往是出色的律師，透過激烈的追問，把證人或鑑定人的破綻一一問出，最後逼得證人不得不坦白自己說謊。這樣的程序，我們叫作「交互詰問」。例如，美國電影《軍官與魔鬼》，帥氣的軍官湯姆克魯斯就用激將法，突破證人傑克尼克遜的謊言，讓他說出真相。每回看到電影這種最高潮的戲碼，就會讓人想要當律師，你說是嗎？

　　不過，交互詰問的藝術可沒這麼簡單。事實上，臺灣並沒有幾個律師真懂得交互詰問的藝術。

●●● **交互詰問的運作**

> **法律加油站**
>
> 　　所謂的「證人」，乃是指能證明某些案情的人。而所謂的「鑑定人」，則是具有專業意見，被請來法院諮詢的人。
>
> 　　為什麼「法官」要叫作「推事」？「推事」的來源是來自清朝舊律，其取譯為：根據證據與事理，去「推斷」或「推定」「事實」，故簡稱「推事」。推事這個用法讓人看不懂，終於在民國78年後，改為法官。

　　通常，兩邊的律師都可以提出自己的證人，例如，原告的律師提出證人甲。那麼，就由原告律師先展開詢問，詢問完後，被告的律師會覺得這個證人的證詞不客觀、甚至說謊，就換被告律師來展開詰問。就這樣一來一往，慢慢澄清真相，或者把說謊的證詞拆穿、或者把證詞的可信度降低，

刑事法庭席位圖

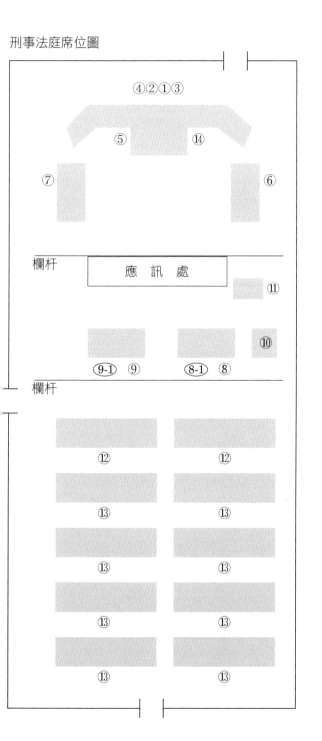

欄杆

應　訊　處

欄杆

説　　　　明

①審判長席
②法官席
③法官席
④書記官席
⑤通譯席
⑥檢察官席
（自訴代理人為律師者）

⑦辯護人席
⑧自訴人及自訴代理人席
⑧-1附帶民事訴訟原告代理人席
⑨被告及輔佐人席
⑨-1附帶民事訴訟被告代理人席
⑩證人、鑑定人、司法警察席

⑪作證發言臺
⑫學習律師、記者席
⑬旁聽席
⑭學習司法官席

甚至挖掘出原本不知道的案情等等。

　　雖然我們的法律也有交互詰問的規定，但由於以前比較重視法官的審案，兩邊當事人比較不需要進行詰問。現在我們改採當事人進行主義後，法官退至第二線，由雙方律師或檢察官進行激烈的攻防，所以可以預期，臺灣的法庭活動也會變得和美國一樣了。

　　不過目前看來，整個交互詰問，卻因為書記官記筆錄太慢，而變成一個很枯燥乏味、甚至折磨的程序。不管是律師、檢察官、法官，大家都盯著螢幕看書記官有沒有記錯筆錄。這跟美國的情形實在差別太大，也難怪我們不會有好看的法律電影。

> 詰問順序
>
> 1. 主詰問：先由聲請傳喚之當事人、代理人或辯護人為主詰問。
> 2. 反詰問：次由他造之當事人、代理人或辯護人為反詰問。
> 3. 覆主詰問：再由聲請傳喚之當事人、代理人或辯護人為覆主詰問。
> 4. 覆反詰問：再次由他造當事人、代理人或辯護人為覆反詰問。
> 5. 聲明異議：認為詰問內容不當或違法時，隨時可以聲明異議。

〔 第3節－法官如何判定事實 〕

●●● 兩造兼聽

　　有個猶太拉比在聽過一個丈夫酸溜溜地抱怨他的妻子之後，向那個丈夫說：「我兒啊，你講的沒錯。」然後又聽過他的妻子同樣嘮嘮叨叨地抱怨過她丈夫之後，他也回答她說：「我的女兒啊，妳講的沒錯。」拉比的一個年輕的學生就問：「但是他們不可能兩個都對啊？」拉比回答：「我

兒啊，你講的沒錯。」

　　從這個笑話可以看出，如果只聽信一方的說詞，一定沒有辦法搞清楚真實，唯有盡量聽取雙方的證詞，並且透過交互對照、甚至律師的交互詰問，才能盡量逼近真實。

●●● 法官還是陪審團？

　　美國採取陪審團制度的一個好處在於，事實認定的工作是由陪審團來負責的，法官指揮訴訟，並導引陪審團相關的條文，讓陪審團在聽完整個訴訟交互詰問後，由陪審員判斷案件的真相。

　　可是我們臺灣卻是由法官來判斷事實。法官一方面自己調查證據，一方面又自己判斷事實。常常當事人會因為不服法官的調查工作，且認為法官認定事實有所偏頗，而一再上訴。通常地方法院判決下來輸了，大部分的人都會上訴到高等法院。而若高等法院也輸了，雖然必須是法律疑問才能上訴到最高法院，不過還是有很多人不甘心會繼續上訴。我們臺灣司法體系「積案問題」嚴重，多少就是因為人民不信任法官所認定的事實。

●●● 舉證之所在、敗訴之所在？

　　舉證責任是什麼意思？為什麼常有人說「舉證之所在，敗訴之所在」？

　　舉證責任的意思就是，在法庭上，你有義務要拿出證據來證明這件事。例如，你告我打你，你必須提出證據，證明我的確真有打你。

　　不過，在法律上的舉證責任還有另一層意思，這個意思一般人比較看不懂。該意思是說，當兩邊都已經舉證了，可是法官在自由心證的情況下，還是沒辦法決定要相信誰，這時發生事實真偽不明時，那麼就要將不利益歸於負舉證責任的一方。例如，如果你要告我打你，你負舉證責任，你提出證據說我真的有打你，你有證人，而我也提出證據說我有不在場證明，

在一輪辯論後，法官還是沒辦法決定要相信誰，但是由於你負舉證責任，所以最後法官會判你敗訴。

舉證責任的意思，並不是一定要讓法官百分之百相信。只要讓法官認為，原告講的比被告講的可信，就算是成功舉證。有學者說，民事大約要舉證到75%可信，而刑事訴訟則要舉證到90%，也就是美國人說的達到「無合理懷疑」的程度，就算是舉證成功。

在法律上我們如何分配舉證責任呢？民事訴訟法規定，有利於自己之事實，就要負舉證責任，但法律另有規定或不公平時，則不在此限。法律雖然如此規定，但在學說上卻是爭吵不休，原則上採用所謂的「法律要件說」，將法律規定分為一些積極要件或消極要件，然後分配舉證責任。不管學說上爭議為何，其實舉證責任的分配原則目前還是很有問題，例如你過失殺了我的狗，我除了要證明你殺了我的狗之外，就你是否有過失這一點，我還得負舉證責任，試問這樣公平嗎？

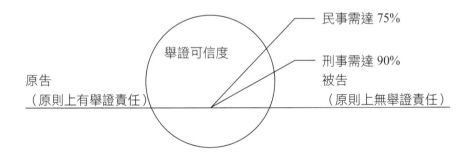

至於刑事訴訟，一般認為檢察官在起訴時所負的舉證責任，只要達到讓法官認為被告可能有罪就夠了。由於我們刑事訴訟採職權進行主義，所以法官自己還是要去調查證據，不能完全將調查證據的責任都推卸給檢察官。不過檢察官也不能都把調查證據的責任推卸給法官。

但是，當事實陷於真偽不明，也就是要將不利益歸屬於誰時，刑事訴

訟法統一將舉證責任歸由檢察官或原告這邊負擔，因為事實陷於真偽不明，或尚有「合理懷疑」時，我們傾向於推定被告無罪，來保護被告。

　　不過，不管實際上學理怎樣討論舉證責任，法官既然負責認定事實，法官最大，法官心裡面怎麼想，外人根本不知道。有時候法官可能純粹看你這人獐頭鼠目，就判你有罪。

〔 第4節－**證據認定** 〕

●●◦ 自由心證

　　呈現於法庭的證據形形色色，對於事實的證明程度強弱不一，究應如何取捨？證據可以分為「直接證據」和「間接證據」。直接證據就是可以直接證明案件發生經過的證據，例如證人或錄影帶等。而間接證據則是只能間接推論事情發生經過的證據，例如凶器、指紋等。至於間接證據有多大的效果？

　　所謂的「自由心證」，就是每個證據到底能夠證明多少事實，法官自己自由判斷，法律不會加以限制。「自由心證」這個名詞乃是相對於「法定證據」。以前，必須有兩個證人，或者有被告自白，才能判犯人有罪。而現在，則是交給法官自己認定證據的證明力。

　　不過還是有些許的限制，亦即，那些證據必須是由直接審判的法官逐一檢視判斷，並自由形成心證，才能作為判決認定的依據。換句話說，所謂法院心證的「自由」形成，仍須以已經呈現在法庭上的證據為前提，而非容許法院漫無邊際的隨意採證。而且，要採認證據的證據力，也必須根據「經驗法則」，不可由法官任意採信。

　　原則上我們採取自由心證原則，但是在某些例外，我們會排除某些證

據的使用，也就是採取證據排除法則。

●●● 該不該採證據排除法則

　　「證據排除法則」的意思是說，如果一個證據在取得過程中有違法，雖然證據的確是真的，但是由於過程不合法，所以我們禁止在法庭中採用這項證據。這就是所謂的「證據排除法則」。甚至，「證據排除法則」之下，還有一個延伸的法則，叫作「毒樹果原則」，亦即如果一開始一個證據是非法取得的，而經由這個非法取得的第一項證據又找到第二項證據，第二項證據雖然是合法取得的，但是第一項證據卻是非法取得，這就好像毒樹的果子也有毒，也應該排除這項證據。

毒樹的果實

根據「違法」取得之證據，得到的線索，再去找到的「合法」取得的證據，稱之為「毒樹的果實」。

毒樹：違法取得的證據

　　為什麼我們要採取證據排除法則呢？明明這項證據就是真的，為何還要排除？而且有的時候這項證據就是唯一可以將被告定罪的證據，如果僅是因為警察在蒐證過程中未守法就排除這項證據，這樣好嗎？

　　為什麼我們不採取一個方式，就是這個證據我們也用，至於那個違法取得證據的警察，我們將之處罰？問題在於，檢察官和法官通常都會同情那個警察，而不願意處罰之。所以證據排除法則就是另一個懲罰警察的方

式：讓警察違法取得的證據無法使用，白忙一遭。但是，用這種方式來處罰、嚇阻警察，對於被告人來講，是否說得過去？也值得我們檢討。

　　目前我國規定，違法取得的證據，並非當然不能用，必須審酌人權保障和公共利益，加以衡量後，才決定要不要採用。亦即，如果一個證據雖然是違法取得的，但是被告犯罪重大，為了公益，我們還是可以採用這個證據。

●●● 證據排除法則──辛普森世紀大審

◇《合理的懷疑──從辛普森案批判美國司法體系》

作者：亞倫・德蕭維奇（Alan M. Dershowitz）　譯者：高忠義、侯荷婷

　　這本書的作者，是美國哈佛法學院的教授，是美國著名的刑事訴訟上訴律師，在辛普森案中，他還扮演了一個有趣的身分，就是擔任辛普森律師團的訴訟顧問，因而，他對許多訴訟過程中的內幕與辛普森方面的訴訟策略，知之甚稔，當然，有許多訴訟策略都是由他建議的。

　　辛普森案後，美國多數白人對於判決結果相當不滿，進而批判美國目前的刑事訴訟體系與相關的制度，諸如陪審團、證據排除法則、當事人進行主義、律師倫理、舉證責任、不自證己罪等刑事訴訟的規定，都有許多的批評之聲。本書的作者，就是以其身為刑事法教授的立場，針對這些質疑與批判之聲，一一為美國這套很保護被告的訴訟制度加以辯護，並提出許多堅強的論據與有趣的觀點。其中，作者一邊替美國的刑事訴訟制度防衛時，他也一邊道出了辛普森案中的許多事實，而這些事實，不僅臺灣人因為無關痛癢所以不清楚，對廣大的美國民眾來說，也因為其大多乃透過媒體、評論的轉述，而對案情有不少誤解，故相當值得一看。

　　除了為刑事訴訟制度辯護外，作者也特別描述出幾個法律體系與社會互動的問題，一個是種族歧視的問題，另一則是媒體報導的問題，作者也提出不少有趣的觀點。簡言之，作者認為，種族歧視還是嚴重地存在於美國社會與法律制度運作中，因此他主張在辛普森案中辯方律師強調警察作偽證的策略（進而主張證據排除法則），也就是所謂的打「種族主義」牌，並不為過，因為這個問題的確需要受到重視。至於媒體報導的問題，他認為與其任由媒體在法庭外替人民篩選資訊、甚至以訛傳訛，誤導人民對審判過程的了解，不如乾脆開放媒體進入法庭內直接轉播，讓人民親眼看看檢方如何失言、證人如何說謊等等。

　　書中他所持的立場與舉出的觀點，正確或贊同與否，可能都要見仁見智，但是至少就以下一些部分，我認為是值得納入思索的。書中，他強調，之所以堅持要採「證據排除法則」，是因為警察作偽證的比率太高，高出許多白人的想像，尤其加上黑白戰爭後，問題更為嚴重。當然，其實許多時候，警察是想要逮捕一個確實有罪的人，而偽造出那些證據，但是，不得不令人懷疑，會不會有無辜的人，也會遭警方偽造證據欲以入罪？因而，他認為，還是要堅持採取證據排除法則。

　　不過，我倒是有個想法：既然學者告訴我們，之所以採取證據排除法則，就是因為別無其他嚇阻警方違法蒐證的有效手段，所以才要以這種犧牲個案正義的方式來嚇阻警方繼續違法，但是作者卻提出堅強的數據告訴我們，在採用證據排除法則的美國，警方違法蒐證的情形還是很猖獗，而且多半都是在違法蒐證後，作偽證說自己並未違法蒐證，那麼，試問：證據排除法則真的是嚇阻警方違法蒐證的最有效的手段嗎？這真的很令我懷疑。不過，答案可能並不是說證據排除法則沒效果，而是作者所指出的：因為檢察官與法官都深知警方違法蒐證並作偽證，而且還包庇其繼續違法，

所以目前違法蒐證的情形才會依然嚴重。但是，如果真是如此，那麼我又有一個質疑：學者說嚇阻警察的方法，之所以不採取直接處罰違法的警察，是因為檢察官和法官都會傾向於同情警方的行為，效果不彰，所以才要採取證據排除法則，但是作者卻告訴我們，採取證據排除法則，仍會有一樣的問題：法官一樣會同情警方甚至包庇警方，結果還是一樣。那麼，既然結果一樣，為何學者認為採用證據排除法則是比較有效的手段呢？

●●● 反省——不自證己罪

在刑事訴訟程序中，被告可以行使緘默權，也就是一般會說的「不自證己罪」（not self discrimination）。之所以會設計這個制度，以前是為了避免被告在「偵查階段」被刑求。例如我們常在美國或香港電影裡面看到的，警察逮捕犯人時一定要說一句話：「你現在可以保持緘默，你可以請律師，你所說的一切，都將成為呈堂證供。」就是告訴犯人，在偵查階段，被告擁有緘默權，可以什麼都不說，而不必擔心警察刑求。

可是目前在「審判階段」，我們也讓被告可行使緘默權，不自證己罪。為什麼連在法官面前，也讓被告可以行使緘默權呢？難道法官也會刑求？

刑事訴訟和民事訴訟的比較

	刑事訴訟	民事訴訟
緘默權	有	無
利益	保護被告	兼顧雙方當事人
責任	死刑、自由刑	金錢賠償

　　刑事訴訟法有許多條文都在保護被告的緘默權。而且還強調，如果被告堅持不說話，也不能因而推論被告有罪。「被告未經自白，又無證據，不得僅因其拒絕陳述或保持緘默，而推斷其罪行」。不過有點矛盾的是，民事訴訟法我們卻不允許當事人「不自證己罪」。不但如此，我們還強迫他得把證據拿出來自證己罪。

　　先看看民事訴訟法中，有哪些「自證己罪」的條文：

1. 就書證部分，當事人有提出義務，法院得命其提出。如果無正當理由不提出，法院得審酌情形認他造關於該文書之主張或依該文書應證之事實為真。
2. 人證部分，有當事人訊問制度，法院認為必要，可依職權訊問當事人，並可命其具結。當事人無正當理由拒絕陳述或具結者，法院得審酌情形，判斷應證事實之真偽。
3. 證明妨害，如果當事人故意將證據滅失、隱匿或致礙難使用，法院得審酌情形認他造關於該證據之主張或依該證據應證事實之真偽。

　　可以看得出來，民事訴訟沒有所謂的「不自證己罪」的保護。被告不能行使刑事訴訟法的「緘默權」，法官可以依職權訊問當事人，當事人必須自己招供。刑事訴訟法中，對自己不利的證據，被告當然不用提出，檢察官和法官要自己來搜索，民事訴訟法中，法官可命當事人自己提出對自己不利的證據，是另一種「自證己罪」。民事訴訟法的用意有二，一是發現真實，一是促進訴訟，為了這兩個公益目的，私人的隱私或所謂的尊嚴，要被犧牲。

　　刑事訴訟法強調「不自證己罪」，被告可以行使緘默權，有其特殊的目的，根據王兆鵬老師整理美國相關論述，共有五說：一是保護無辜被告，二是防止刑求，三是幫助發現真實，四是維持政府與人民的權力均衡，五

是保護隱私。前四說皆有問題，第五說的保護隱私，其實不算理由，應該告訴我們基於什麼目的要保護被告的隱私？且這樣的目的說得過去嗎？

　　但是最重要的是，保護隱私的目的跟其他的目的發生衝突時，就必須作出選擇，看誰必須讓步，而不能光是強調「隱私權」，就忘記憲法第 23 條的規定。

　　以前民事訴訟法規定，不能強迫當事人拿出證據，也沒有當事人訊問制度，或許你會說這是基於人性的考量，不能強迫他自己「自證己罪」。但後來發現因為這樣的規定，導致真實被隱匿，正義無法伸張，所以後來民事訴訟法改了規定，一是為了「發現真實」，一是為了「促進訴訟」，只好犧牲當事人的「隱私權」，這是價值衡量下的取捨結果。

　　美國有實證研究指出，緘默權的行使沒有正面的功能（避免冤獄、保護無辜被告等），只有負面的違反正義。如果讓被告有緘默權只是為了他心裡的感受，不要逼他內心掙扎，這樣會不人道，但是這點理由與公益目的發生衝突，前者真的比較重要嗎？

　　附帶一提，不論民事訴訟法、刑事訴訟法，一些親人或是專家可以拒絕證言，各有其原因。讓親人拒絕證言，強調人性化，不要逼母食子，但是現在都要兒子自證己罪了，母親卻能拒絕證言，是不是又是一個輕重失衡？讓專家拒絕證言，是因為要保障其與客戶之間的信賴關係，但是真的會因為我們剝奪他的拒絕證言權，破壞了信賴關係，這個行業真的就不能運作嗎？

●●● 電影欣賞──《以父之名》

　　不自證己罪一開始的用意，是為了避免警察刑求。這在民主法治國家的今天，仍然是可能發生的事情。以下這部電影，就是以英國歷史上的一個故事，來說明警察刑求的恐怖。不過別忘了我之前提出的質疑：警察可

能刑求，法官卻不會刑求，為什麼我們還要讓被告在法庭上享有緘默權呢？！

◇ 電影——《以父之名》

　　這部片是根據真實故事改編而成。故事發生在英國，肇因於北愛爾蘭人為爭取獨立所製造的炸彈事件。

　　男主角（丹尼爾戴路易斯飾）是北愛爾蘭的貝爾福斯特市人，一個遊手好閒的小偷。一次行竊誤闖英國軍火庫，而引發街頭暴動，而不得不遠走英國，去闖一番天下。到了英國後，他跟一群嬉皮住在一起，每天玩樂做愛，帶來的錢也漸漸花光了。當時北愛爾蘭革命軍在英國各地製造爆炸示威，而引起男主角與同居的英國人的衝突，最後被趕了出來，流落街頭。當晚，他和死黨原本想睡公園，但一個流浪漢自稱公園長椅上刻有他的名字，那是他的床位，要他倆離開。後來，男主角竟撿到一個妓女的鑰匙，便大膽進入行竊，而偷到大筆的錢。同一時間，英國的一家軍人酒吧爆炸了。

　　男主角拿著大筆的錢衣錦還鄉，但好景不常，他被逮捕了。原來，當初跟他起衝突的嬉皮，向警方構陷他，說他可能是炸彈案的主謀。當時，國會為了有效過阻北愛爾蘭的革命活動，通過了一個法，可以無理由拘留嫌疑犯 7 天。警方就根據這個法，利用這充足的 7 天，每天拷打男主角和他的死黨，包括疲勞轟炸，威脅他們的親友的性命，甚至拿槍對著他們逼供。不得已，他們簽了名，而任由警方寫下自白。不只是他們，警方還抓住一些他們的隻字片語，也逮捕了他們兩人的親友，包括男主角的父親、妹妹及姨媽等 10 人。在法庭上，儘管男主角一再辯稱他們的自白都是屈打成招，而且可以找當晚的流浪漢來證明他們的行蹤，但是警方不但宣稱沒有這名流浪漢，且他們絕對沒有刑求，被告等人所

稱的事情全部都是捏造。立場偏頗的法官、陪審團，都因為這件震驚社會的爆炸案，恨透了北愛爾蘭人，所以雖然這個案子只有被告等人的自白，沒有其他證據，還宣稱姨媽手套上檢測出硝化甘油成分，就編織出了所有的犯罪情節，但審判的結果，所有人都罪名成立，都進了大牢。

英國獄中對囚犯的對待還算人道，男主角與父親關在一起，兩人朝夕相處，漸漸化解彼此之間的衝突。真正放炸彈的北愛爾蘭革命領袖也進了大牢，他向警方老實說那件案子是他做的，但警方為了維持自己的清譽，而裝作不知道。革命領袖在獄中興風作浪，波及了男主角的父親，後來病倒了，最後死在獄中。男主角化悲憤為力量，願意跟女律師（艾瑪湯普遜飾）合作，最後終於發掘出警方隱藏真相，羅織罪名的證據，正義終於在十五年冤獄後伸張。

這部片拍得很好，也發人省思。7 天的無理由拘留看似沒什麼，但 7 天對警方來說，他可以慢慢的玩你，玩到你不得不向他下跪求饒，這就是我國憲法為何要限制拘留被告只限於 24 小時的原因了。刑事訴訟法這次修正還要求訊問被告要連續錄音錄影，也是要確保被告的自白不是出於刑求。另外，王兆鵬老師的書中曾經探討一個問題，就是當被告主張他的自白出於刑求時，誰該負舉證責任？老師認為舉證責任應該由警方負擔，因為訊問的過程都在警方的實力範圍支配下，被告明明被刑求，但往往拿不出曾被刑求的證據，警方應該拿出證據證明自己沒有刑求。片中第一次審判時，10 名被告每一個都指控警方刑求，但警方都矢口否認，而檢察官結辯時的論點居然是強調偵辦本案的警方紀錄良好，不可能刑求，最後陪審團相信了警方。如果舉證責任是在警方，那麼警方在本案因為拿不出證據證明被告等人的自白是出於自由，那麼檢方應該敗訴。王老師的主張非常有道理，這部片也加強了他的論點。

　　社會輿論的壓力與審判者本身的立場，對被告來說非常不利，幾乎不用審判，就已經知道了結果，我明明覺得第一個律師辯護技巧很高明，但還是拿這些被復仇心態沖昏頭的法官及陪審團沒辦法。

　　這部片跟我國司法史上的蘇建和三死囚犯很像，幾乎一模一樣，同樣都只有自白，同樣 3 人都宣稱自白出於刑求。我想，如果無法找到當初警方確實有刑求的證據，那麼我們這個案子的結果很難改變。即使警方有人良心不安了，但是為了維護自己的清譽，他們是願意錯到底的。

　　我們仍可反思為何一定要採取證據排除法則？如果採取證據排除法則，是要禁止警方違法蒐證，為何不確實懲罰違法者，而要賠上公眾的利益，讓這些證據不能用，放走確實犯了罪的犯人。主張要採取證據排除法則的支持者認為，之所以不得不如此的理由，是因為法官通常會同情警方，所以不願意對警方起訴。《以父之名》這部片的結局，確實支持這個說法，該案中所有違法的警察，後來都沒有遭法律制裁。

■■進階閱讀

1. 《合理的懷疑：從辛普森案批判美國司法體系》，商周出版。（證據法則）
2. 電影《以父之名》。（警察刑求與緘默權）
3. 電影《法網邊緣》。（找證據的困難）
4. 蔡兆誠，《法律電影院》，五南圖書出版公司。

第**8**章
法律漏洞

本章重點： • 法律科學 • 適用法律 • 法律解釋 • 大法官解釋

　　法律為什麼會有漏洞？出現漏洞該怎麼填補？一般把解釋法律、填補漏洞的方法，稱作法學方法。但是，法學研究難道就只是解釋法律而已嗎？

〔 第1節–**法律科學** 〕

●●● 法律是不是一門科學？

　　常常會有人問：法律是不是一門科學？法律就是法律，跟科學有什麼關係？這個問題想問的是：法律學作為一門學問，它是不是有類似科學的研究方法？

　　基本上，我認為法律學的研究方法，其實是不太科學的。研究法律的人，到現在還是不太能講出到底法律學的研究方法是什麼？可能大部分的研究方法，就是「抄襲」。抄襲外國法律制度、抄襲外國法院判決、抄襲外國學者見解。這樣算是法律學的研究方法嗎？

　　所以，講好聽一點，我們可以說研究法律的方法，就是「比較外國制度法」、「判決研究歸納法」、「學者見解評析法」。但是，當採用這麼多方法後，每一個研究者，最後都會想對法律提出自己的建議，但這個建議到底是用什麼客觀的方式得出來的？可能這些建議都是研究者用自己的「個人主觀好惡」得到的建議。例如，為何我們刑事訴訟法要學美國的制度，有任何客觀數據可以證明美國制度真的比較好嗎？所以，就得到結論的方法而言，法律學者還是沒有採用什麼嚴謹的方法。

●●● 傳統「法學方法」

不過，有的法律人還是自認為法律是一門科學。他們認為「法律解釋」是一種高深的藝術，解釋方法有很多，而他們稱解釋法律的方法，叫作「法學方法」，好像把研究法律的方法，限縮為解釋法律的方法。

傳統的法學方法論，乃是法律解釋的一種方法，也就是對法律文字的解讀。解讀文字的學問也很多，例如文學家也會對文字作解釋，歷史學家也會對歷史文字作解釋，甚至，神學家也會對聖經作解釋。而傳統的法學方法，就是一種對法律文字的解釋。

例如，陳愛娥老師翻譯了一本德國人寫的《法學方法論》，書的內容就是採這種概念。那本書裡面寫的「法學方法」，不是研究法學的方法，而不過只是法官操作法律、運用法律、解釋法律的方法。

法官又不是法律學者，為什麼把法官操作法律的方法稱作「法學方法」呢？！這個德國式的名詞令人誤會了。如果德國人真的認為那是法學方法的話，可以想見德國人的法學研究無法進步，無法採用美國各種有趣的研究方法。因為，在德國人的眼光裡，經濟分析就不是一種研究法學的方法，更不用提實證研究這類社會科學研究法，都不配當作法學方法了。事實上，早期臺灣學者的法律論文研究，幾乎都是採用這種說文解字的方法來對法律「釋義」，這多少就是受到德國式所謂的法學方法概念的影響。

〔 第2節－適用法律 〕

●●● 三段論法

我們開始簡單介紹最基本的適用法律的方法，一般就是所謂的三段論法。

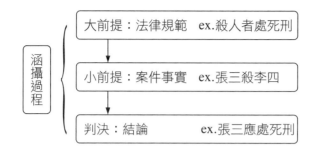

　　一般所謂的三段論法，就是先搞清楚大前提，也就是法律到底規定了什麼。然後再搞清楚小前提，亦即到底發生了什麼。最後才能作出判斷，判斷本案適不適合用那一條法律。

　　雖然這個過程好像很標準，但實際上一個個案到底適不適用該法條，往往是不清楚的。所以實際適用時，有時候可能得先搞清楚事實，再從事實的關係中想想是不是該法條想要規範的。如此一來，是否有點顛倒了這個過程呢？

●●● 法律漏洞和法律解釋

　　法律漏洞和法律解釋有一點不同。法律漏洞可能是法律應該規定而沒有規定到，可能是立法者疏忽、未遇見或情況變更，導致相關事項沒規定到，而產生漏洞。

　　法律解釋則不是漏洞，而只是因為法條太過抽象，內容不明確，到底適不適用在一個個案需要透過解釋。當然，有的時候，小法律漏洞可以透過法律解釋來填補，但是如果真的是大漏洞，法律解釋也沒用。

◇ 法律漏洞

　　什麼是法律漏洞呢？由於法律規定得很抽象，一定沒辦法把所有情況都涵蓋進來，一定會有掛一漏萬的情形。通常法官或律師在討論法律問題時，一開始其實是在「找法」，找出相關的法律和命令。可是有的時候覺

得應該有規定卻找不到，那就是漏洞了。

　　這裡涉及一個「概念法學」和「自由法學」的爭論。概念法學認為，都可以從法典中 A 法條加 B 法條等類似數學運算的公式，找到答案，也就是機械式地適用法律公式去導出答案，而不必參考其他環境社會因素。但是自由法學則認為，法律必定有漏洞，不可能所有事情的解答都能夠在法典中找到答案。或者，就算法典中能找到相關的抽象法條，到底適不適合用在具體的案件中，自由法學認為還必須參酌其他環境因素。

　　我用一個健保財源漏洞的例子來說明好了。在舊的全民健康保險法（民國 100 年以前）第 10 條第 1 項規定「曾有參加本保險紀錄或參加本保險前四個月繼續在臺灣地區設有戶籍者」，得參加全民健保。因而引發了一個問題，就是長期旅居國外的華僑，平常人在國外可以辦理停保或退保不用繳保費，可是到了發現自己有重大疾病需要龐大醫療費用治療時，卻又馬上跑回臺灣，然後援引這一條規定，因為他們以前出國前「曾經參加過健保」，所以現在能馬上回復健保資格，只要繳交這個月的保費，就可以享受健保給付來臺灣的醫院看大病，這就是一個很嚴重的問題，也可以說是一個很大的法律漏洞。

　　畢竟健康保險的功能就是在你健康時繳交保費，等你難得生病時就給你健保給付。但是對這些華僑來說，他們健康時人在國外不繳保費，等到生病才回臺灣繳保費，然後馬上就可以享受給付。我們全民健保制度之所以採取「全民強制納保」，就是希望避免有人健康時不繳保費、生病時才繳保費的「逆選擇」問題。而全民健保法這一條規定，其實就是一個漏洞，讓華僑也有逆選擇的自由。

　　我們會想要禁止這種情況，卻沒有法律可以禁止，就算是一種漏洞。當發生法律漏洞時，該怎麼解決呢？比較直接的方式，就是透過修法，把這個漏洞補起來。當然修法緩不濟急，通常各個法律的行政主管機關也可

能會透過解釋令函，把這個漏洞解釋得小一點。不過某些聰明的律師卻會幫有錢人繼續挖大這個漏洞，他們會質疑這樣的解釋令函是否有得到法律授權？是否真的有效？除了行政機關的解釋令函外，法官在審判時，也可能透過解釋來縮小這個漏洞。但是要法官在判決時縮小漏洞，也必須有人發生訴訟進入法院，某程度來說也可能太慢了。

縮小漏洞的管道	優　缺　點
修法	徹底解決問題，但緩不濟急
行政機關解釋令函	暫時解決問題，但效力可能會受到質疑
法院判決時解釋	個案，必須等到有訴訟出現

　　針對這個健保漏洞，在民國 100 年時，立法院終於通過所謂的二代健保全盤修法。原本行政院提出的修法草案，是希望直接廢除上面那個「曾經參加健保」的條件，剩下「參加本保險前四個月繼續在臺灣地區設有戶籍者」。但在立法院審查後，又略做調整。目前的全民健康保險法第 8 條第 1 項第 1 款改為：「最近二年內曾有參加本保險紀錄且在臺灣地區設有戶籍，或參加本保險前六個月繼續在臺灣地區設有戶籍。」以後外國華僑要回國享受健保，至少必須在臺灣地區設有戶籍六個月，才能再加入健保。這樣就可以稍稍杜絕上面的逆選擇問題。

●●● 適用、準用、類推適用、法官造法

　　直接適用，就是說那個法律，本身就是為了規範該個案事實所事先制定的抽象規範，所以可以直接適用。例如，消費者保護法規定，如果屬於「郵購買賣」或「訪問買賣」，那麼在你拿到買賣的物品後 7 日內，你都可以無條件的退回商品解除契約。這是因為郵購買賣通常你沒辦法看到商

品，只看到郵購目錄，往往拿到東西之後才發現跟原本照片上的差很多。而訪問買賣則是走在路上突然被別人強迫推銷，在未深思熟慮的情況下就買了，往往事後沒多久就會後悔。為此，消費者保護法特別為了保護消費者，讓消費者在 7 日內可以無條件的退貨解除契約。那麼所謂的直接適用，就是你發生的情況，剛好就是法條所規定的情況。

準用，則是法律明文規定，某些情況可以「準用」其他「法律效果」。例如，消保法第 10-1 條規定，「服務」透過郵購或訪問方式締結契約的話，也可以準用郵購買賣或訪問買賣的規定。這就是將「服務」透過準用的方式，去準用「買賣」7 日內無條件解約的權利。

至於「類推適用」，則是法律有漏洞時，沒有明文的規範，可是發生的情況卻很相近，為了填補漏洞，則援引類似的法條作為適用依據。例如上面講到的訪問買賣，指的是未經消費者邀約，廠商自己跑來推銷的情形。可是如果是我自己想買一台電視機，約了廠商到我家來看，我原本只想談論買賣電視機的事情，結果他順便帶了音響的目錄來談，結果我電視和音響都買了。但是事後我發現音響買貴了，此時我可否用「訪問買賣」解除契約？這時候就會有點爭議，因為這個廠商是我自己約來的。不過我買音響這部分，也是之前都沒有心理準備，所以很類似原本訪問買賣想要保護的情況。這時候法官就可以判決類推適用訪問買賣的規定。

至於法官造法，就是當法律沒有明確規定時，法官透過類推適用，甚至創造法律的方式，來解決當前的爭議。民法可以類推適用或法官造法，但是刑法強調罪刑法定原則，就不可以類推適用和法官造法。民法可以用習慣、法理等作為裁判依據，而刑法則不行。行政法方面就處罰方面不可以類推適用。

	法官造法	法理、習慣	類推適用	舉例
民　法	可	可作為裁判依據	可	
刑　法	不可	不可作為裁判依據	不可，因為罪刑法定主義	ex.MP3 到底有無違法？
行政法	可	可	行政罰法和行政秩序罰等規定不可，其他規定可	

〔 第3節－**法律解釋** 〕

●●● **法律為何需要解釋？**

　　文字具有開放性。因為法律條文太抽象，不可能規定得很具體。而當發生具體個案時，到底適不適用該法條，有時候就會有爭議。同樣的文字，在不同脈絡下會被解讀為不同意義。例如，請問番茄到底是水果還是蔬菜？這個問題看起來很無聊，可是這卻會影響到進出口商要遵守的法律和課稅的不同。但原本法律只會寫說如果是水果該怎樣、如果是蔬菜又該怎樣？法律一定不會寫出細節的部分，寫出番茄到底是水果還是蔬菜。

●●● **誰可以解釋法律？**

　　每個法官都可以在個別的判決時，解釋法律。不過，每個法官若解釋出來的法律不一樣，那也不妥。所以必須有人作統一解釋。在法院系統裡，下級法院會聽從上級法院的解釋。最上級的法院就是最高法院。而最高法院也可以透過挑選「判例」的方式，來統一解釋法律。

　　　　　　　　　┌ 最高法院：判例統一法院見解
　　統一解釋 ┤
　　　　　　　　　└ 大法官：憲法解釋統一五院見解

　　不過，那只是在法院系統內統一解釋法律。倘若政府五院之間對法律解釋有不同的看法時，那又該由誰來統一解釋法律呢？根據憲法，我們可由大法官來統一解釋法律。此外，大法官除了可以解釋法律，還可以解釋憲法，以判斷某個法律有沒有違反憲法。不過，別以為只有大法官可以解釋憲法。其實每個人都可以解釋憲法，立法院也可以解釋憲法。只是我們目前制度上，認為大法官的憲法解釋可以拘束全國，所以我們都只好聽大法官的解釋。

●●●◈ 六種解釋方法

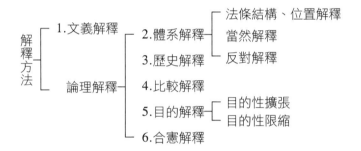

◇ 文義解釋

　　文義解釋是解釋的第一步，也是解釋的界限。解釋要從文字出發，最後解釋的結果也不能離文字太遠。倘若文義解釋可能有很多答案，則就要配合其他解釋方法。至於要選擇哪一種解釋方法，則沒有一定的順序。

　　就以 2004 年總統大選綁公投的爭議為例。當時陳水扁決定行使公投法的防禦性公投的權力，根據公投法第 17 條，「致國家主權有改變之虞」，總統可以發動防禦性公投。當時陳水扁就用這條提出了兩項公投，一項是軍購公投，一項是兩岸和平協商公投。可是泛藍陣營認為陳水扁提出這項公投毫無必要，根本就是濫用權力。因為當時中國大陸根本就沒有什麼特別的舉動，應該不能算是「國家主權有改變之虞」。不過文字上既然寫「之

虞」，就是「有可能」的意思，那麼到底有沒有可能，就是總統可以自行判斷，或許只要主張 400 顆導彈瞄準臺灣或大陸不放棄武力襲臺，就可以認為符合「之虞」的要件。所以即使泛藍陣營一直抗議，也拿陳水扁總統沒辦法。

這就是文義解釋的困境。文義規定得很模糊，到底適不適用，則需要輔以其他判斷基準。這個案例比較特別，在法律上「之虞」，就是交由總統去判斷是否有可能。故意將法律規定得很模糊，而授與行政機關針對具體狀況行使裁量權。

◇ 體系解釋

文義解釋要參考文字的脈絡，也包括整個法條的結構。所以文義解釋推廣，就是體系解釋。亦即要參考整個法案結構，來作出解釋。

在 2004 年總統大選前，通過了公民投票法時，引入了法律、政策層面的公投，也包含了修憲的公投（第 2 條第 2 項第 4 款）。該公投法除了人民提案公投外，還設計了總統的防禦性公投（第 17 條），以及立法院提議交付人民的公投（第 16 條）。修憲的公投，由於違反憲法中修憲程序的規定，被認為是無效的，所以才有第七次修憲公投入憲的聲音。第七次修憲能將修憲程序改為公投，則公投法修憲公投的規定不再適用，直接適用憲法即可。

至於後兩種公投，蘇永欽教授曾經為文反對，其認為公投除了是人民的基本權利外，也是權力分立制衡的一種方式。而在憲法本文中似乎只承認人民主動提案的創制、複決權，應該不包括總統和立法院交付的公投。原因在於，若允許這兩種政府機關交付的公投，即已經打破了憲法原本設計的權力分立制衡方式。若要允許這兩種公投，應該修憲加入才可。例如同採半總統制的法國也允許公投，但該公投的發動明文規定在法國憲法中。

這就是典型的體系解釋。

　　也有人說「當然解釋」和「反對解釋」也是一種體系解釋。簡單地說，「反對解釋」就是一種文字邏輯，學好邏輯，大概就懂得操作反對解釋。例如，法律若規定「18 歲以下禁止吸菸」，反過來說，18 歲以上就可以吸菸。而「當然解釋」，一般則會說「舉輕以明重」或「舉重以明輕」兩句話。應該禁止的，舉輕以明重，例如公園裡面寫著「禁止遛狗」，當然也禁止遛老虎。而不禁止的，舉重以明輕，例如若法律不禁止性交易，那麼色情電話應該也不會禁止。

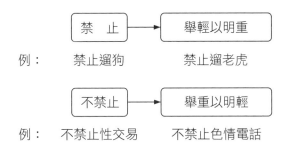

例：　　　禁止遛狗　　　　禁止遛老虎

例：　　不禁止性交易　　不禁止色情電話

◇ 歷史解釋

　　歷史解釋則是要參考立法當時的歷史，或者參考立法者的原本意圖。解釋憲法時的歷史解釋，則是要探討制憲者原本的意思。

　　臺灣到底是不是法國的雙首長制？若根據第四次修憲當時的國民黨和民進黨的想法，的確是想學法國的雙首長制，所以根據法國的憲政慣例，當總統所屬政黨與國會多數黨是不同政黨時，總統要提名國會多數黨領袖擔任總理。以臺灣為例，民進黨的陳水扁選上總統，可是國會多數卻是由泛藍陣營掌控，那麼陳水扁應當提名泛藍陣營的領袖擔任行政院長。不過這只是法國的憲政慣例，並沒有寫在法國憲法中。我們憲法中也沒有。若是根據歷史解釋，或許我們也該學習這個慣例。

　　不過若看整個修憲的歷程，則可能會有不同的看法。第四次修憲當時，

主導的國民黨主席李登輝認為，他之前在提名行政院長時必須跟自己同黨的立法委員買票，得花很多錢，所以他覺得總統提名行政院長需要經過立法院同意這一點非常麻煩。故他當時就強力主導要廢除立法院的同意權。如果根據這個修憲動機來看，那麼當初修憲者的原意，就是要廢除立法院對於行政院長的同意權。亦即，陳水扁當然可以提名自己的人馬，不需要得到立法院的同意。

歷史解釋的困難就在於，歷史是被後人解讀的，而後人對歷史的理解，卻會有不同的想法。

◇ 目的解釋

目的解釋就是要參考立法的目的，來作目的性的解釋。這種解釋，可能會包括目的性的擴張、目的性的限縮等等。

前面提到全民公投的爭議，其實還有後續。泛藍陣營為了反對公投，想到另一個說法。陳水扁總統當時想將防禦性公投和當時的總統大選綁在一起同時投票。泛藍陣營認為陳水扁總統是為了拉抬選情才這麼做。泛藍陣營認為若根據公投法第 17 條第 2 項規定，防禦性公投不適用公投法第 24 條的規定，而公投法第 24 條則是說「全國性公投」可以和「全國性選舉」同時舉辦。泛藍陣營認為既然防禦性公投排除第 24 條的規定，那麼意思就是「不得」與全國性選舉同時舉辦。

泛藍陣營的說法有點似是而非。公投法第 24 條乃是對於公投舉辦的時間有所限制，而防禦性公投就是因為太緊急了，所以排除了第 24 條的規定，不需要受到時間上的限制。若根據一般人的理解，不需要受到時間上的限制，那麼總統想要在何時舉行應該都可以，而不該解讀為「不得與全國性選舉同時舉行」。這就是一種考量到公投法第 24 條的立法目的，所作的目的解釋。

　　針對立法目的，有時候根據其立法目的，而擴張法律的適用範圍，我們稱作擴張解釋；而如果根據立法目的，限縮法律的適用範圍，我們也可以稱作限縮解釋。必須留意的是，有人認為「擴張解釋」和「限縮解釋」，仍然是針對法律文字範圍上的調整，至於「目的性擴張」和「目的性限縮」，則是要補充法律的漏洞，已經超出了法律文字的解釋範圍。

◇ 比較解釋

　　比較解釋則是參考外國法律或判決，而對我國法律作出解釋。由於我國許多法律都是繼受自德國、日本、美國，所以在解釋相關法律時，也可以參考外國的經驗。

◇ 合憲解釋

　　一般我們有所謂的「合憲解釋」，意思是說，如果法律的兩種解釋方法中，A 解釋出來的結果可能違憲，B 解釋出來的結果可能合憲，那我們就選擇 B 的解釋，避免宣告該法律違憲。

〔 第4節－**大法官解釋** 〕

●●●● 憲法解釋

　　「一部憲法，各自表述」，這是我認為大法官解釋的特色。

　　憲法條文特別抽象，比一般的法律條文還要抽象。往往每個學者、大法官所解釋出來的內容，南轅北轍，變成各說各話。尤其留學美國的憲法學者，就把我們的憲法解釋成美國那樣，留學德國的憲法學者，則把憲法解釋成德國那樣。到底我們的憲法有沒有一點點的自主性呢？令人高度懷疑。而憲法到底有沒有明確的內涵而具有規範力，也是一直受到質疑的問題。

　　而且，憲法學者有一個毛病，以為可以從憲法中找到所有問題的答案。但其實憲法學者只是把自己的說法，說是從憲法中解釋出來的，硬將自己的看法塞到憲法中當作憲法的內涵。憲法其實根本不可能回答所有問題。

◇ 電影《絕對機密》，原著小說——《鵜鶘檔案》

　　有兩個美國大法官在同一天被暗殺了，但聯邦調查局卻對誰是兇手毫無頭緒。一個認真的年輕法學院學生茱莉亞羅伯茲，仔細研究了兩名被害大法官的共通政策傾向，也研究了可能會上訴到美國最高法院的案子，最後寫了個「鵜鶘檔案」，提出可能的兇手人選。

　　她將這個檔案透過男友（法學院教授），轉交給某個聯邦調查局的朋友，然後再轉交到政府高層。結果，不出兩天，她男友和聯邦調查局的朋友陸續死亡，而她自己也被人追殺，只好開始變裝逃亡，在躲避追殺的過程中，她主動跟專門報導這個案件的名記者丹佐華盛頓聯繫，兩人一起挖掘更多的證據，且互相協助躲過兇手的追殺。

　　之所以被追殺，證明了「鵜鶘檔案」的內容完全正確。該檔案中，茱莉亞羅伯茲認為，現任美國總統的某個富商朋友，想開發某油田，但因為油田鄰近生態保護區，尤其是瀕臨絕種的鵜鶘的棲息地，而被禁止開發。該案件將於三至五年後進入最高法院受審。為了避免敗訴，該名富商決定提早將立場偏向環保的兩名大法官殺掉，而讓現任總統，也就是他的好友，有機會提名新的兩名立場較保守的大法官。這樣一來，等幾年後該案子進入最高法院，他們勝訴的機率就提高了。

　　這個故事很諷刺。其假設是：每個大法官都會有自己的政策偏好，大法官在解釋憲法時，乃受個人偏好的影響，而非乖乖地遵守憲法解釋方法。這個故事的原初構想，就是基於這個想法：把偏環保的大法官殺掉，讓保守派總統提名兩名保守派大法官，就可以決定未來的憲法解釋

方向。目前臺灣的憲法學者尚不承認這個前提，相對地，美國的法律小說家約翰葛里遜卻透過精彩的故事，將這個問題生動地刻畫出來，這樣還不值得我們好好反省違憲審查這個矛盾的制度嗎？

●●● 反省——大法官的偏見

每每有人提到大法官，就說大法官會幫我們忠實地解釋憲法，來限制野心政客。所以我們要從德高望重的法官、法律學者中，選出佼佼者來，讓他們來幫我們解釋憲法。我們還會說這些大法官不受政黨影響，是超然獨立的。

其實根據美國學界的研究，大法官多半是根據自己的個人立場、喜好，來決定憲法該如何解釋。若是按照學術界的說法，就是大法官有自己的「意識形態」、「政策偏好」，而在作憲法判斷時，都是根據自己的政策偏好來下判斷。至於那些解釋理由、各種絢麗的解釋方法，或者外國的憲法原則，都不過是事後找出來敷衍、欺騙我們一般民眾的。

在美國，大法官提名由於受到總統控制，大法官通常會有明顯的政治立場，所以祂的個人偏好，其實都滿有政治色彩的。在臺灣則是因為學者們都警告政客們別把政治的髒手伸入大法官的提名上，所以平心而論，我們的大法官政治色彩不那麼濃。不過當然還是有少數大法官政治立場滿鮮明的。由於臺灣人很強調司法獨立，所以我們的政治部門在大法官當選後也不太會去影響大法官。

雖然臺灣的大法官政治色彩不鮮明，但是只要是大法官都一樣，都是按照個人的偏好來解釋憲法，這點是放諸四海皆準的。我自己針對臺灣大法官的觀察，則發現另一種美國沒有的特色，就是臺灣大法官留學自不同的國家，喜歡不同的法律制度，所以在解釋臺灣的憲法時，一個不小心，

就把臺灣的憲法解釋成德國的憲法、美國的憲法。這一方面除了是大法官自己喜歡外國的法律外，另一方面則是因為大法官都是由法律人擔任，臺灣的法律人也很喜歡德國的法律、美國的法律，而最能影響大法官的，其實就是這些法律人，所以這也是其中一個因素。

簡單地說，大法官說是根據憲法來解釋憲法，其實都是騙人的，其實祂們是根據祂們自己心目中的理想圖像，或者祂們自己喜歡的政策，來解釋憲法。但是一般人民不太清楚大法官怎麼解釋憲法的，卻好像比較喜歡大法官，理由很簡單，因為大家對祂不了解，大家都是人云亦云，覺得祂很重要，祂很偉大。其實，大家對祂不了解，有點把祂當作「教宗」、「祭司」一樣地崇拜。這些祭司會一手拿著憲法，然後告訴我們憲法的旨意如何如何（類似替我們宣揚神的意旨）。其實祂們跟所有的祭司都一樣。這也就是為什麼我都用「祂」來尊稱大法官的原因了。

■■進 階 閱 讀

1. 陳愛娥譯，《法學方法論》，五南圖書出版公司。（德國人寫的法律解釋方法）
2. 楊仁壽，《法學方法論》。（臺灣人寫的法律解釋方法）
3. 楊智傑，《千萬別來念法律》第七章、第八章，五南圖書出版公司。（討論臺灣的法律學研究方法）
4. 《大法官的偏見》，五南圖書出版公司。（美國大法官介入 2000 年總統大選）
5. 電影《絕對機密》。（暗殺美國大法官）

第9章
臺灣法學

本章重點： •臺灣法學 •法理學 •法律經濟學

〔 第1節–臺灣法學 〕

●●● 臺灣法律學者研究方法

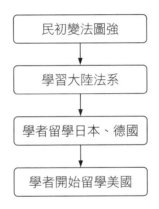

臺灣的法制，是隨著民國 34 年自日本手中光復，從大陸空運來的。而大陸的法制，則是在民初變法圖強的風氣下，參考西歐國家和日本的法律，東貼西湊，整理出來的。因而，這一套完全隔空移植繼受來的法律，與臺灣人民在日本統治下習知的法律，多少有點不同。

而且，當初在參考西歐國家的法律時，由於欠缺精通歐洲國家語言的人才，還必須借助日本顧問的翻譯，翻譯出帶有日本味的用詞，就這樣直接作為中華民國的法律用語，因而使法律從業人員與一般民眾接觸新法時，顯得有點不知所措。

　　這一套不是源自於人民生活習慣所制定出來的法律，在解讀上，必須參考來源國的法律運作，才較能正確地掌握其內涵。

　　在此套用政治大學法律系蘇永欽教授對戰後臺灣法律學者分代的區隔，藉以說明臺灣法學界的發展。戰後第一代（多半已經去世）與第二代的法律學者（目前年約 6、70 歲，各為一方法學權威），在寫作教科書或是論文時，都很強調比較法的介紹，用德、日的法律運作，來解讀臺灣的法條。甚至，第二代的法律學者，連德國新近發展出來的法學理論（或是日本引進德國的新理論後），都認為該適用在臺灣，而不辭辛勞地一再引進到臺灣法學界，成為一篇篇的法學論文。戰後第三代的學者（目前的中壯年學者），雖然有欲使用新方法來研究法學的趨勢，不過仍以寫作引介外國法學理論發展的論文為大宗。

●●● 各種法律學研究方法

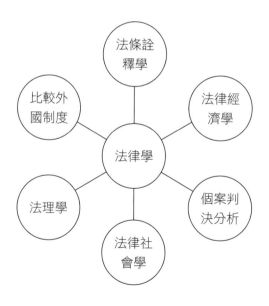

　　近年來，法律學界也開始反省，到底法律學可不可以採用某些研究方法。開始有比較多奇奇怪怪的研究取徑（approach）出現。有的人開始研究法律社會學，探討真實社會中法律的功用，用量化或質化的方式，進行實際的調查。例如，要研究一個刑法規定好不好，必須研究犯罪學或刑事政策，而不是光比較法條文字。所以，法律社會學某程度可以算是一種經驗性的研究，研究實際上法律的效果，而不要被一般宣稱的效果所欺騙。但是目前法律學者作這種研究的很少。例如，臺灣人一直以為民主國家一定要有大法官、要有違憲審查，可是從來沒有學者以社會學的角度來看待大法官的實際功能。大家都把一般宣稱的功能視為理所當然。

　　另外，其他各種各樣的取徑，又可以細分為很多類，包括法律史、法律經濟學、批判法學、女性主義法學等等。例如以法律史為例，以前有些學者會研究中國的法律史，或者西洋法律史，近年來，臺大王泰升老師則開始以臺灣作為主體，研究日據時代以降的臺灣法律史。

〔 第2節－**法理學** 〕

●●● 法哲學、法理學

　　臺灣對於法律基礎理論的研究並不熱中。哲學可以說是對人、事、物存在之意義的探討。而法律哲學（legal philosophy），或法理學（jurisprudence）或法理論（legal theory），就是在抽象、理論層面，來探討法律的各個面向。包括法律的意義、定義、法律與正義、法律的作用、法律與政治等等非常多元，探討的都是關於法律的各種層面的抽象問題。但是法哲學和法理學有那麼一點點不同。哲學比較強調對意義、正義的追尋，所有法哲學多少帶有這樣的目標。而法理學則比較不管正義、意義，純粹抽象地探討現象、作用。

　　由於現在比較重視實際的法條規定，所以法理學在臺灣始終沒辦法成為受重視的科目。反觀大陸，由於大陸的成文法律不發達，所以大陸人只好鑽研理論，他們法理學的研究就作得非常深入，這點是我們要向大陸學習的。例如到今天為止，臺灣還沒有任何學者自己寫過法理學的教科書，但是大陸這類的書卻很多。

●●● 法唯實主義和批判法學

　　法唯實主義（legal realist）和批判法學（critical legal study）是美國的兩個法律研究分支。這兩個分支基本上都認為法官所作的判決、或者法官所作的法律解釋，一點都不客觀，往往都會將自己的意識形態、政治立場或個人的偏好，解釋進法律裡。法官通常是先有了預設的答案，才開始找相關的法條或理由，來支撐自己的答案。

　　法唯實主義認為，我們必須區分「書本上的法律」和「實際上的法律」。書本上的法律雖然很好，但是法律到了法官手上，在具體的解釋、判決時，法官卻可能因為自己當天早上吃的早餐、或當天早上看的報紙，而受到影響。法唯實主義者認為，我們必須仔細研究法官實際的行為。例如，我們可以分析大法官的黨派色彩或個人的價值觀，試圖預測他們的憲法解釋。

　　至於批判法學則認為，所有的法律都是政治。法律本身就是立法機關制定的，所以法律本身就是政治力鬥爭後的產品。而法律制定完後，到了法官判決時，又要經過一次政治力的洗禮。因為法官也有自己的偏好，所以也會在解釋時偷渡自己的政治色彩。而批判法學比法唯實主義更顛覆的地方在於，他們認為傳統法律圈所界定的自由、強制、作為、不作為等等法律概念，都是騙人的，都是法官操作的詞彙、工具。法官可以運用各種法律概念、修辭，大玩法律解釋的遊戲。各種解釋方法，到了法官手上，

是綜合運用，以得出他們最想要的結果。

〔 第3節－**法律經濟學** 〕

　　近年來，有些法律人開始熱中於所謂的法律經濟學，亦即從經濟學的角度，來探討法律制度的效率和成效。不過實際上，臺灣的法律經濟學者，人數還是很少，而且大部分的研究成果有限。也有一些經濟學者想要來幫法律學者作研究，不過也沒辦法深入了解法律問題。

●●● **經濟學者如何研究法律？**

　　臺灣有一些經濟學者，想作法律經濟學的研究。若從研究的成果來看，他們對法律經濟分析上的推廣，已經有初步的貢獻，但是在實案研究上，仍有許多發展的空間。

　　例如，某位經濟學者寫了許多介紹性的文章，將美國法律經濟分析的文獻，用淺顯易懂的方式介紹給臺灣的讀者。因而，我們可以透過閱讀他的書籍，了解法律經濟學上的許多重要觀念，與經典文獻的論點。不過，其把自己定位是一個知識推廣者的角色，而僅從事介紹的工作，但並沒有真正運用經濟分析的方法，對臺灣的具體法律問題，尤其是引起法律圈爭議的法律問題，加入法律圈的辯論。

　　除了法律經濟學普及觀念的推廣，在臺灣法學界中，已經有重要的學者採用經濟分析的方法，研究具體的臺灣法律問題，例如中央研究院的簡資修老師、張永健老師。不過，相對於美國，臺灣法學界採用法律經濟分析方法者，確實比較少。

　　為何臺灣的經濟學者，較難跨入法律的領域，研究臺灣的法律議題？葉俊榮老師認為是因為臺灣的經濟學者，都只看外國的資料，故沒有辦法落實在討論臺灣的具體問題上。

　　政大廖元豪老師曾經提過，法律經濟分析或其他各種學術研究方法在大陸法系無法蓬勃發展的原因，可能還有另一個因素，那就是因為大陸法系的法律太過體系化，總則的東西太多，想要搞懂個別的法律議題必須將憲法、各法的總則一步一步堆疊起來，才能進入到一個個別法律議題的研究，導致一個經濟學者想要來研究法律議題時，在大陸法系下的進入障礙比較大，至少比英美法系的進入障礙大。廖老師提出這個有趣的看法，來說明為何臺灣的法律學界用其他研究方法或研究取向的進展如此不順，某程度也可以解釋為什麼臺灣的經濟學者無法參與臺灣法律學界的辯論，進而引起臺灣法律圈的重視。

　　在美國，經濟系的畢業生，想研究法律經濟分析，通常是大學先取得經濟學士、碩士的學位，再去攻讀法學院，搞懂當地的法律體系、法律知識、法律論述、法律修辭，懂了法律人那一套後，開始用經濟學的研究方法研究法律議題。因此，未來在臺灣，若有更多學生先取得經濟學碩士學位，再來念法學院，他們已經先具備數學、經濟學、統計學等基本研究工具，再來了解法律，應該更能順利踏上法律經濟分析的研究道路。

●●● **如何學習法律經濟學**

　　那法律學者該如何採用法律經濟學呢？最基本的，就是先學好數學、經濟學、統計學，有了基本的研究工具，才有可能進行法律經濟分析。

　　法律經濟學其實是用經濟學的方法，來研究法律問題。所以，必須先具備經濟學的方法，才能真正運用。經濟學方法，最基本的就是「數學」。高中所學的數學是不夠的，還必須學會「經濟數學」、「微積分」，才能夠看懂一些經濟學文獻上的證明公式。再者，經濟學本身，可以分為總體經濟學和個體經濟學，法律經濟學應該比較接近個體經濟學，所用的分析模型大多延伸自個體經濟學，故至少得學會個體經濟學。最後，則是統計學。統計學包括簡單的統計方法，和深入的計量方法。統計學這門學問已經發展得非常恐怖，透過各種數據和公式，用統計軟體加以分析後，得到一些意想不到的結果。學統計學除了要學會基本的統計概念外，還要學習使用統計軟體。

　　目前國內的法律經濟分析，著重於運用經濟學概念，經濟學思考問題的方法，來討論問題，頂多建立理論模型，但沒有數理模型，也沒有用數據加以檢證。此領域仍有很大的發展空間。

　　想要學習法律經濟學的學生，國內已經有幾本不錯的翻譯書介紹基本概念，諸如先覺出版社的《法律與經濟學的對話》，華泰出版社的《法律經濟學》。若看得懂簡體字的，大陸也翻譯了許多法律經濟學的重要文獻。當然，若英文程度不錯，建議直接看原文書。

■■ 進 階 閱 讀

1. 王泰升，《臺灣法律史概論》，元照出版。（臺灣法律史的全面介紹）
2. 熊秉元，《熊秉元散步法律》，時報出版。（經濟學者介紹法律經濟學）
3. 《落空的期待》，商周出版。（分析美國大法官是否真的能夠帶動社會改革，算是法律社會學的運用）

PART 2

當個稱職的法律人

第10章
法律人的特質與未來

本章重點：●當一位理性思考的法律人 ●跨領域的發展趨勢

〔 第1節－**當一位理性思考的法律人** 〕

　　從正面角度加以觀察，法律人應該具備正義的心、邏輯推論的思考能力、服務社會的愛心等。但是這些通常過於理想化，真正能夠堅持法律人應有的信念實在少之又少，往往一畢業後，統統向「錢」看，所有理想都忘記了，輕者成為魔鬼代言人，嚴重者將侵蝕國家的根基。所以本文以不同的角度來介紹法律人的特質，藉由實際社會上法律人發生的狀況進行反思。

●●● 政治領域的常客

　　某次的律師作文考題為「律師性格與國家領導」，題目一出，引起各界一片譁然。為什麼會引起社會的一陣騷動，其實理由很簡單，題目中的國家領導感覺上好像就是指「陳水扁」先生，把題目再進一步地分析、闡釋，真正的題目應該是「陳水扁的性格」。天啊！連律師證照的考題都這麼有政治味，挑明了要求考生表態，這實在太難為考生了，已經為了考試準備許久，白了頭髮，居然最後一關還要接受這樣的凌遲虐待，有點兒「綠色恐怖」的感覺！

　　寫篇褒獎文，肉麻。寫篇火力十足的批判性文章，固然換個「爽」字回家，可是終日擔心會不會因此而落榜。寒窗苦讀多年，放棄多少社團同樂的時光，放棄多少半夜與異性夜遊的機會，寧願戰死考場，光榮地敗在

某位老師的獨門暗器中，可不願意因為掉入這種「馬屁考題」的陷阱中而慘遭落榜。

　　遇到這種題目，小小考生實在是沒有能力加以處理。怪只怪檯面上的政治人物有一大串都是法律人，舉凡阿扁總統、副總統呂秀蓮、前行政院長謝長廷、蘇貞昌，甚至於敵對陣營的馬英九，以及總統蔡英文也都是法律人，「法律治國」是如此地深耕於臺灣。

　　一堆法律人聚在一起治國會是什麼樣的景觀呢？

　　還記得某次颱風過後，桃園地區因為水質混濁無法供水，桃園民眾面臨缺水之苦，當時的陳總統和行政院長謝長廷受不了民眾的交相指責，於是雙方重拾律師戰袍（應尊稱為法袍），在新聞媒體的鎂光燈下，眾目睽睽地進行如同法庭中交互詰問的戲碼，只見總統之尊高聲責難：「如果連供水的事都做不好，會讓人家懷疑院長是做什麼的？」總統說這句話的時候，可能忘記總統這個職位是全國最有實權卻不必負責的人，怎麼會懷疑行政院長的能力，應該懷疑的是總統的能力吧！

　　想不到行政院長也非泛泛之輩，心想怎麼樣我也算是個某大學法律系畢業的高材生，當然也非常了解我國憲政體制，遂回敬一句：「若是我做得不好，表示陳總統選擇錯誤，若是我很懶、老是出問題，代表陳總統識人不明」，「若是陳總統認為我不好，帶給人民災難，就會換掉」。像這種各顯機鋒、相互鬥智的口舌之爭，則是法律人善辯性格的具體表現。

　　青年學子眼見法律人在政治舞臺上有著美麗的光環，也難怪這麼多年來，法律系都是最熱門的選擇科系，現在連許多新成立的大學院校，也紛紛設立法律學系。未來法律系採取人海戰術，恐怕最後連經濟部長、環保署長、原子能委員會、國防部長等專業單位的首長都會是法律人。反正法律人連總統都可以做了，還有什麼不能做的。

●●● 陶醉於自己建立的邏輯思考城堡中

還記得景文高中玻璃娃娃摔死的案例嗎？當具備高深法學素養的法官作出一個自認為符合法律邏輯的判決（高等法院 93 年度上字第 433 號判決），還對於助人者以「助人也要量力而為」告誡一番，這個判決的內容與社會普遍存在的價值觀相矛盾，導致社會輿論強烈批判，認為此一判決建立後，以後誰還敢當好人？誰還敢幫忙弱勢的殘障同胞？判決後，已有許多學校因而拒絕殘障人士進入校園就讀，更有老師要求視障學生家長簽具不會控告老師的切結書。然而，承審法官依據自己的法律邏輯，認為沒有錯誤。或許真的是制定法律的過程有所疏漏，所以法官依法判決並無錯誤，但是法官具有解釋法律的功能，為何不能在思考法律的過程中，更接近民眾的法律感情呢？太多這一類的判決出來，只會讓民眾更不信任司法，只會讓民眾學會如何獨善其身，即使拔一毛得以利天下，也不願為之。

常聽到許多二階論、三階論，以及四階論等刑法學說，傳統的構成要件該當、違法性及有責性之三階論，逐漸被更新的理論所取代，這種學說的更新，正代表法學的蓬勃發展，也正是法律人展現邏輯思維的最佳寫照。但是，不管是無論何種法學理論，無論學術研究者如何尋找一套能自圓其說的學說，都必須要貼近民眾的生活，否則辛苦以法律邏輯蓋好的城堡，卻無法讓民眾安安穩穩地身處其中，恐怕只是浪費時間與金錢的產物，對於民眾並沒有真正的實益。

●●● 恐龍法官

3 歲女童性侵案，讓人民對於司法的不滿完整地爆發出來，各種抗議抵制的粉絲團紛紛出籠，或許該案的判決結果，可以解釋成法律人訓練過程中的必然結果，但與人民法感情落差太大，這也無法遮掩住法律人孤獨居

住在獨特恐龍世界的事實。

　　沒有錯！依照嚴格的法律邏輯素養，無罪推定、罪刑法定主義的基本
原則下，確實會有可能推導出 3 歲女童「同意」的結果，而只好適用刑責
比較不重的法條；其次，司法是獨立的，不應該被恐龍民眾牽著鼻子走，
恣意地調整自己的觀點。不管哪一個觀點是對的，法律人都應該自省，是
否已經偏離大多數人的正常觀點？法官判案的經驗法則，本來應該是一般
平均社會大眾的經驗法則，但會不會變成自己獨特的經驗法則呢？

　　這些都是法官在面對民眾質疑時，所必須建立的反省態度，不能因為
戴著司法獨立的大帽子，而隔絕於眾人之外；不要因為死板的法律基礎訓
練，就誤以為任何基本的原理原則，如罪刑法定主義，都是不可以變動的。

　　只是變動的界線在哪裡？

　　並不是法官個人的正義就是那條界限，而是隨時要聆聽社會的聲音，
透過自我反省的程序，找到真正的那條正義的界限。

●●● 善辯性格

　　看過《魔鬼代言人》（Devil's Advocate）這部片子嗎？片中描述一位
年輕的律師凱文（基努李維飾）是一位戰無不勝的年輕辯護律師。在佛羅
里達的法庭中，不管他的當事人如何罪孽深重，不管案件如何棘手，凱文
就是有一股迷惑陪審團的魅力，讓他們接受他的邏輯，無罪釋放他的當事
人。而凱文善辯的功力也受到魔鬼的青睞，在金錢、權力的誘惑下，一步
步走向難以自拔的罪惡深淵。

　　無論你是否看過這部片，你或許曾質疑法律是為了有錢人、壞人所設
計。但是這種看法並不完全正確，比較實際的說法應該是「**法律不是為了
保護壞人，也不是為了保護好人，而是為了保護懂法律的人**」。所以，律
師替任何一個人爭取其在程序上應該享有的權利，本來就是其善盡職責的

具體表現。

　　律師在訴訟程序上，該怎麼樣保障當事人的權利呢？以目前刑事訴訟制度逐漸改採當事人進行主義之趨勢，律師必須扮演好訴訟攻防的角色，不但要盡全力排除對己方不利的證據，更以各種辯論技巧讓他造處於下風，以達到己方勝訴的結果。正因為訴訟過程中，未必能將所有真正發生過的事實呈現在法庭上，頂多只是能在現有被認可的證據中，重建出片段破碎的事實。以宗教詐欺為例，宋七力、太極門洪石和被法院認定無罪，但是否真的無罪？是否真的沒有詐欺的事實？從判決內容中可以看出一些端倪，承審法官從既有的事實重組中，無法重建出真正犯罪過程的全貌，進而達到一定程度的合理懷疑，簡單來說就是證據不足，所以只好宣判無罪。在此過程中，一位善盡職責的律師，就必須善於蒐集對己方有利的證據，對己方不利的證據也要找出合理的說詞。也就是因為如此，往往導致另一方當事人質疑律師根本就是「魔鬼代言人」。

$$ \boxed{\text{律師}} \ne \boxed{\text{法律人}} $$

　　或許大多數人對於律師的印象不好，所以也就產生對於法律人的負面印象。不過，律師只是法律人選擇職業的一種型態，因此直接將律師與法律人畫上等號並不恰當，讓我們從法律教育的角度來觀察法律人善辯的特質。法律教育隨時都在灌輸辯證的觀念，例如從最簡單的考試制度，就可以發現答題的內容，通常都會希望學生能夠舉出各家見解，然後一一進行批判，最後以自己的邏輯思維進行解答。雖然其他學術領域也必然會有此種論點之攻防，但法律領域卻最為嚴重。即便只是一篇發表在學術論述，也可以充分展現出法律人士善辯的性格，藉由攻擊對手邏輯上的謬誤，突顯自己邏輯思考能力的完整性，這就是法律人必須具備的善辯性格。

●●● 崇法務實還是玩法弄法？

透過法律教育機制出來的法律人，應該至少要培養出「崇法務實」的性格，但是法律教育的對象是甫從高中畢業考上大學的學生，欠缺社會經驗，經過幾年的法學教育，常常受到僵硬的法條拘束，陷入自以為合理的邏輯漩渦中。更糟糕的情況，許多「資深法律人」基於政治利益考量，連合理的邏輯思考能力都直接放棄。

例如總統國務機要費案所牽扯出憲法第 52 條的解釋問題，有論者認為總統觸犯貪污罪嫌，基於憲法第 52 條的規定，是不能加以審理，甚至於連偵查都不行。讓我們來看一下憲法第 52 條的規定：「總統除犯內亂或外患罪外，非經罷免或解職，不受刑事上之訴究。」從條文觀察，除了內亂或外患罪外，總統不受刑事上之訴究。難道總統犯罪是被允許的嗎？其實不然，依據大法官釋字第 388 號解釋，早已認為是「暫時」不予以追究，並經第 627 號解釋，再次獲得確認。因此，陳瑞仁檢察官於起訴書中，釋明等到總統任期屆滿下臺後再行起訴，並沒有任何問題產生。對於還要再次聲請大法官解釋的法律人士，充分展露出玩法弄法的心態，對於法治觀念的推展，恐怕會產生負面的效果。

法律人是現代國家典章制度的基礎工程師，當一個國家遵守法令者多，國家必然長治久安，遵守法令者鮮矣，自然紛亂難以控制。韓非子曾論：「奉法者強則國強，奉法者弱則國弱。」正顯示崇尚法治之重要性。孟子有云：「徒法不能以自行。」也就是說如果空具有法律條文，而不知如何適當運用的話，則再好的法令也無法發揮其效用。法律人知法，若能以專業知識協助社會運行發展，此乃全民之福，反之玩法弄法，則當然易讓民眾對臺灣的司法制度喪失信心。美國自水門事件、柯林頓緋聞案，每次發生涉及總統的爭議，都會發現背後政治操作的痕跡。臺灣也有一樣的狀況，

尹清楓案、國安密帳案、高雄捷運弊案，鑽法律漏洞、精通法律的政客穿梭期間，大玩野蠻的法律遊戲，即使所為完全合法，但是卻完全不符合民眾對於法律正義感情的期待。而相關法令制度的脆弱與不完備卻也是問題的根源，難道以法律人為主要政治主體的臺灣，所建構的社會公平正義理念是如此地不堪一擊？這些都是值得法律人深思的部分。

●●● 除了法律，什麼都不懂

　　法律系學生受限於國家考試，不願意把握有限的學習時間，進行不同領域的學習，所以畢業後全身上下只剩下法律兩個字。也或許是法律人自視甚高，認為法律系屬於熱門科系，只有其他科系搶修法律課程，焉有法律人選修其他科系之道理。所以每年轉系學生，很少看到法律系學生轉讀其他科系，大多是其他科系轉考法律系。這種以法律為尊的觀念，導致法律系學生除了法律以外，幾乎什麼都不懂。

法律人的基本能力

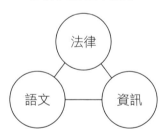

　　許多職場前輩勸年輕人，除了自己原有的專長外，還必須具備第二專長，通常語文能力就成為第二專長的最佳選項。但是在全球化社會逐步成形之際，語文能力已經不能算是專長的一種，而必須與資訊能力並列現代人必須具備之兩大基本能力。例如，企業內部法務之工作，通常都要通過語文檢定測驗，如多益（TOEIC）的語文檢定，才有資格擔任法務的工作，而非僅法律系畢業就可以擔任法務。因為許多科技業的法務工作，都必須

訂定或審核英文契約，往來文件也都是以英文為主。

　　臺灣傳統的法律環境卻非常不重視英文，這是因為在臺灣法學教育的環境中，凡事都以國家考試為重，律師、司法官並不需要考英文、德文或日文，當然優先順序只能往後挪了。另外，我國法制受到德、日大陸法系國家之影響甚深，所以研究法律者往往必須接觸德文及日文，但是從商業競爭的角度來看，除了日文外，德文在臺灣幾乎沒有什麼商業市場，學了德文幾乎只能從事法學研究，在國際化的世界中較為欠缺競爭力。總之，法律系學生除了法律科目外，還要強化自己的語文能力，尤其是英文，才有機會在國際競爭的環境下生存下來。

　　除了語文外，筆者認為資訊已經成為每個人都必須具備的基本能力，從人與人溝通的 e-mail、聊天軟體、視訊會議、生成式 AI，都是職場上必備的工具；繕寫課堂報告、撰寫學術論文，以及律師寫狀紙，很多都是透過 Word 文書軟體加以處理，對外演講、產品介紹也要利用 Powerpoint 簡報軟體進行呈現，找資料透過線上資料庫最為方便，如從國家圖書館網站下載博碩士論文，利用 Google 尋找所要的國外的研究資料，甚至於生成式 AI 可以輔助分析文獻、撰寫內容，不斷向前的資訊的環境都能夠讓法律人迅速完成手邊的工作。過去，懂資訊的人可以稱得上專業人士，現在許多基本的電腦操作都應該要會，這些都只能算是基本能力。

〔 第2節－**跨領域的發展趨勢** 〕

●●● **單一學科的有限競爭性**

　　過去幾年，教育部大幅度開放大學院校的申請設立，導致我國成為全世界大學院校密度相當高的國家，以這種速率發展下去，或許連幼稚園都可以升格為大學了！再加上生育率逐年降低，大學錄取率屢創新高，從過去不到五成的錄取率，快速爬升成百分之百的誇張錄取率，幾乎臺灣人就

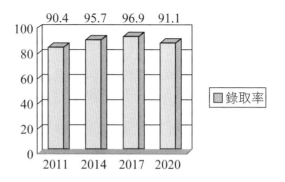

近年大學錄取率節節攀升

是大學生的代名詞。

　　所以，目前臺灣已經成為人人有大學念的就學環境，大學文憑已經不再是職場保證就業的基礎，反而成為就業的最低門檻要求，這也可以說是教育政策錯誤下的必然結果。「碩士大學化，大學專科化」，每一張文憑越來越沒有價值，畢業即失業的結果，讓學生缺乏未來感。法律系一向是大學文科填選志願的首要選項，但是法律系的未來真的那麼讓人期待嗎？以臺灣每年新生人口減少 1 萬人的速率來計算，臺灣人口將逐漸減少，人口嚴重向大陸挺進，再加上政經環境一直無法改變的情況下，臺灣的經貿前景將日趨黯淡，法律人才之需求將逐漸降低，加上國際化引發的人才激烈競爭，法律系畢業學生將嚴重缺乏競爭力。

　　臺灣地區的法律系學生主要修習的是臺灣地區的法律規範，因此市場範圍基本上僅限於臺灣地區，近年來律師名額大幅開放，同樣一鍋飯，分食的人越來越多，可分享的利潤也大幅度減少。剛踏入法律市場的新鮮人，若沒有辦法彰顯你的專業領域，恐怕無法在此激烈競爭的市場中生存。曾經有個擔任國小老師的朋友經過寒窗多年苦讀，終於考上律師執照，高高興興地立刻辦理離職手續，想要在律師市場中闖出一番天地。可是奮鬥了好一陣子，案子有一個沒一個的接，隔年又黯然返回原校任職，好險其返

校任職的時機並非現在，否則以現在教師一職難求的情況下，想要返校任職可能更形困難，說不定又成為「流浪教師」的一員。為何會有如此的結果呢？因為在就讀法律系的過程中，「嚴守本分」地日夜專研法律，卻忘了吸取不同領域的專業知識，因此無法與他人產生市場上的區隔，建立屬於自我的專業形象，當然無法為自己創造競爭力。

●●● 跨領域整合的運用

　　既然已經身為法律人的一員，該如何替自己的未來準備一條康莊大道呢？

　　跨領域的整合成為必備的基本要求。有人認為一個人應有兩項專長，即在主修的科目外，還必須有另外一種專長，一般來講都會強調語言能力，例如英文、日文，甚至於韓文、義大利文，都是可以加強自己職場競爭力的科目。臺灣已經成為國際社會的一環，語言能力已經淪為基本門檻的要求，在外求職一定會詢問你的語文能力。有一次我替朋友詢問竹科的工作機會，在竹科任職的友人提醒我，應徵者必須提出語文能力的證明，如TO-EIC、全民英檢等，否則必須現場參加語文的考試。可是我的朋友語文能力不佳，甚至於可以說是很差，對方只回答該公司不是職業訓練所，來應徵者必須具備極佳的能力，否則敬謝不敏。

　　所以，不要以為法律課程外，再致力於語言能力的培養，職場競爭應該就沒有問題。這已經是錯誤的觀念了，因為語文不再是專業領域的表徵，而是基礎學能的培養。因此，在學期間，若能夠通過語文檢定，對於未來的發展比較有幫助，市面上常見的語文檢定，除了前面提到的 TOEIC 外，還有以公務員為主的全民英檢，留學美國、加拿大的 TOFEL，以及留學英國、澳洲的 IELTS 等。許多法律學系也重視語言能力的培養，例如中正大學法律博士班，對於畢業的要求，就規定必須修過 8 個語言的學分，或者

```
          ┌── 全民英檢：學生、公務員
常         │
見         ├── TOFEL：留學美加
英         │
文         ├── TOEIC：商界人士
檢         │
定         └── IELTS：留學英國
```

是托福 550 以上，才符合畢業的資格。電腦、語言能力都已經是基本能力，沒有這些基本能力，就沒有條件在激烈競爭的職場環境下生存，更不用誇言這是自身的專業能力，除非你是這些領域的頂尖人士，例如拿過數張重要的電腦證照，特殊語言能力非常流暢等。筆者認為要邁向職場的環境，就像椅子一樣，至少須有三隻腳才能踏實穩當，而這三隻腳就是三個專業領域的整合，除了語言及電腦外，你已經有了法律的專業，另外兩個專業領域呢？你準備好了嗎？

●●● 國內跨領域系所的發展

　　國內許多法律科系了解此一發展趨勢，認為傳統法律系所孤芳自賞的態度，培養的學生固然號稱有極強的法律邏輯思考能力，但無法解決市場上變化多端的專業問題，因此近年來也陸續成立多所跨領域的法律系所。例如早期的中原大學即以「財經法律系」為名，創造出第一波的法律教學改革，強調法律系學生應該加強財經領域知能的培養，畢業學分遠遠超過一般的法律系學生。一般的法律系學生約需 140 個學分即可畢業，而該系學生卻必須修約 180 個學分才能畢業，多出來的 40 個學分就是讓學生能夠培養財經領域的能力。筆者有幸能在該校就讀研究所，當時多位名師均在該校任職，如曾在公平會任職的陳櫻琴老師以及擅長網路、專利、技術移轉等領域的馮震宇老師等，都讓筆者在財經領域上能有所涉獵，成為未來步入社會競爭的動能。

後來又陸續有許多學校紛紛成立類似系所，例如竹科附近的交通大學及清華大學分別成立科技法律研究所，非法律學系畢業的大學生，也能夠報考該所，如同學士後法律研究，與美國的制度非常類似。課程安排強調科技方面的法律，如專利、商標、著作、技術移轉等各種新興的議題，並與當地科技廠商合作進行各項研究，舉辦各類型的研討活動，課程內容非常豐富，讓學生能夠將原先所學之專業領域與法律相結合，不再被戲稱為「科技文盲」。

只是非法律系學生唸完法律研究所後，要參加律師、司法官等考試仍有其困難性，畢竟一般法律系學生經過多年的磨練，比起在二至四年研究所的學習過程中，除了要學習法律專業科目外，還要花時間撰寫論文，比較難有時間準備法律類的國家考試，因此大多仍無法跨足傳統法律人占有的工作。但也不要因而妄自菲薄，想在學士後再修習法律的學生，必定是因自覺大學所學之專業領域無法在市場上取得競爭上的優勢，才來尋求第二專長，未必自限於國家考試的狹隘發展領域，透過法律邏輯的教育訓練，必能與過去所學相結合，成為更具有市場競爭價值的基礎。

此種趨勢對於一般純正的法律系學生而言，未來將面對跨領域法律人的挑戰。因此，法律系學生不要只以基本的 140 個學分為滿足，不要學習法律以外的知識，例如選取其他科系當作輔系，或者是自動自發地加修非法律專業課程至 160 或 170 個學分，以補足其他領域知識的不足。

●●● 非法律人的選擇

法律必須以其他領域的知識經驗為基礎，才能夠發揮法律應有的功能。為了吸納不同領域的人才，許多學校開設法律研究所，專門招收非法律系之學生，提供非法律系，且有興趣攻讀法律者的一種選擇。

◇ 有哪些學校可以報考

　　下表所列學校，均有開設專供非法律人唸的研究所及學士後法律系（如輔仁大學、玄奘大學），有些學校只招收法律系以外的學生；有些則有設專班，除了法律系的學生外，還招收非法律的學生。分別表述如下：

區域	系所名稱	是否專招收非法律系學生	網址
北部	政治大學法律科際整合研究所	專招收	http://www.law.nccu.edu.tw/zh_tw/Courses/Master/law_research
北部	清華大學科技法律研究所	有招收	http://www.lst.nthu.edu.tw/
北部	陽明交通大學科技法律研究所	有招收	https://law.nctu.edu.tw/
北部	臺北大學法律學系	有招收	https://www.law.ntpu.edu.tw/
北部	中原大學財經法律學系	有招收	https://fel.cycu.edu.tw/
北部	銘傳大學法律研究所碩士在職專班	專招收	http://web.fld.mcu.edu.tw/
北部	東吳大學法律專業碩士班（碩乙）	專招收	https://web-ch.scu.edu.tw/law/web_page/5380
中部	逢甲大學財經法律研究所	有招收	http://www.econlaw.fcu.edu.tw/wSite/mp? mp=418101
中部	中興大學法律系碩士在職專班	專招收	http://law.nchu.edu.tw/aboutus
中部	雲林科技大學科技法律研究所	有招收	https://www.yuntech.edu.tw/
南部	南臺學校財團法人南臺科技大學財經法律研究所	有招收	https://law.stust.edu.tw/

◇ 報考該準備哪些考試項目？

　　報考非法律人就讀的碩士班，必須具備什麼資格呢？需要準備哪些考試科目呢？

　　以政治大學法律科際整合研究所為例，只要不是法律系畢業的，都可以報考。考試項目則分為下列三種科目：

考試項目	內容	注意事項
筆試 （20%）	社會議題分析（以中文占 70% 及英文占 30%）	中文命題，以中文作答；英文命題，得選擇以中文或英文作答
資料審查 （40%）	1. 考生基本資料表。 2. 自傳及研究計畫（5,000字以內）。 3. 學歷證明文件及成績單。 4. 語言能力證明。 5. 其他有利審查資料：其他足資證明個人專業工作成就與能力等資料。	1. 如果經歷越顯赫，當然錄取的機會就越高。 2. 若能提供職業證照、專業資格證書、專業工作成就證明等，則錄取機會越高。 3. 若曾經有學術發表，更可以彰顯自己實務與學術並重。
口試 （40%）	依筆試及資料審查加權後之成績擇優選取招生名額至多 3 倍人數參加面試。	例如錄取 15 人，口試就會選取 45 人進行口試。

每一個學校考試項目的分數比例都不一樣，例如上述政治大學法律科際整合研究所，口試比重相當高，高達 40%，資料審查也占 40%，筆試只占 20%。這時候就要好好整合個人的書面資料，學歷、資歷要越醒目，成績將會越高。若平時有發表學術論文或有特殊獎項，也應該列舉清楚，讓審查資料的老師能夠印象深刻。口試的臨場表現也很重要，或許資料審查的成績比較差，但到了口試的時候，若表現地不錯，也就有機會扳回一城。至於筆試方面，重點是在於要有「想法」。因為是考社會性議題分析，重點應該就是針對一個議題做發揮，是否能迅速的釐清議題，並對議題產生自己的想法，然後有邏輯性地清楚清晰的呈現出來（註：隨著少子化導致招生不易，考試的方式將越來越簡單，很多都不需要筆試）。

◇ 總共要修多少學分？

這些專供非法律系學生就讀的法律研究所，必須要補修法律的基礎學分，例如民法、刑法、民事訴訴法或刑事訴訟法，總修習學分差不多高達 60 個學分。所以，通常要花三到四年的時間，才可以畢業。

　　有些學校修學分的壓力更大，例如東吳大學法律專業碩士班，必修課程高達 82 個學分，此外，選修課程至少還要修滿 12 個學分，總共高達 94 個學分，根本就與唸大學沒有兩樣，非常辛苦。以下列出各校所需學分之比較表：

學校名稱	所需最低學分	注意事項
清華大學科技法律研究所	86 學分（畢業學分 36 學分）	必修基礎法學 58 學分（先修課程 50 學分不計入畢業學分）
陽明交通大學科技法律研究所科技組	78 學分	先修課程 42 學分，不計入畢業學分 必修課程 36 學分（碩士論文研究及應修 4 學期的專題討論，總共只占 1 學分）
政治大學法律科際整合研究所	50 學分	法律基礎課程 20 學分
東吳大學法律專業碩士班	94 學分（不含論文學分）	必修課程 82 學分 選修課程 12 學分
逢甲大學財經法律研究所法律專業組	68 學分	必修課程 40 學分 選修課程 28 學分
南臺科技大學財經法律研究所	34 學分（不含先修學分）	專業必修 8 學分 財經類專業選修 4 學分 法律類專業實務選修 8 學分 學程專業選修 8 學分 非學程以外之法律類選修 6 學分 先修學分 33 學分

（以上資料以學校公告為主）

◇ 怎麼選擇適合你的學校？

　　由於非法律系人所唸的法律研究所，必須修習的學分數相當高，如果要一邊工作、一邊唸書，將會非常辛苦。如果是這一種工作族的學生，選

擇學校的首要考量因素，就應該是靠近自己住家或工作的地點。如果是靠近中、南部區域的學生，就比較建議選讀逢甲、成功等學校。

　　如果是沒有工作牽絆的學生，當然地域的考量因素就比較不需要考慮。這時候就必須考量下列 3 個重點：1.入學障礙；2.學分總數；3.系所風評。

　　「入學障礙」，是指入學考試的科目，有些學校還是要考類似於法律的科目，對於非法律系的學生較為困難，例如法學緒論；有些則不考與法律相關的科目，例如中原大學。

　　「學分總數」，是指畢業所要求的最低學分，例如南臺科技大學只需要 67 學分，東吳大學則高達 94 學分，兩者相差 27 個學分。從增加修業年限來看，就必須多花了二至三個學期的時間。

　　「系所風評」，是指學校師資、教學環境、課程編排等，可以透過關係，或上網打探一下消息。不過，至少也要詢問系所課程安排的內容，是不是符合自己的需求。例如想要學與生物科技有關的法律知識，結果有些學校卻是著重智慧財產權，並沒有開設生物科技方面的課程，就不符合自己的需求。

●●● 輔系或雙主修──雙學位的價值

　　輔系，只要你的成績達到一定的程度，經由各校自訂的程序，即可選修其他科系。例如考上輔仁大學法律系，在校成績也不錯，而對國際貿易有濃厚的興趣，就可以申請國際貿易系為輔系。但是輔系要加修許多學分，對於學生的壓力也是非常的大，尤其是大學生活多采多姿，願意再多花許多時間念輔系的學生實在不多。即便能忍受各種活動的吸引力，法律系學生的空餘時間仍然非常少，甚至於有些學生從二年級就開始補習準備國家考試、研究所考試，其實滿像「清教徒」的生活。

　　還記得以前唸輔仁大學夜間部法律系的時候，每年都有一次全校學生的集會活動，除了由校方行政人員宣讀重要事項外，還有頒獎等活動，當時只見其他各系的學生活力四射，遇有同學上臺領獎，就高聲歡呼、喊口號，還有自製的海報，替自己的系所加油。可是唯一以嚴肅心態面對整個集會活動的科系，就是我們那一票法律系，每個人似乎自視甚高，臉上帶著不屑的表情，似乎法律應該存在於嚴肅的象牙塔中，怎麼可以有這種「嘻笑怒罵」的行為。所以，法律系的學生較少人會願意再多花時間選修輔系。

　　話雖如此，輔系還是有其價值，若修完相關學分，在畢業證書上就可以加註輔系的名稱，除能使自己學得更多的專業知識，更能藉此提升自己在職場上的競爭力。除了輔系以外，各校通常還會提供「雙主修」、「跨領域學程」等方式，來培養學生第二專長。尤其是雙主修的方式，在畢業證書上將會有兩個學位，對學生的未來將更有優勢。至於跨領域學程，通常是在畢業證書外，另外取得一張學程證書。不過目前因為跨領域學程的設計缺乏明確的目標，且與輔系的同質性過高，加上學程的品質良莠不齊，學生的認同度比較不高，修讀的意願也會降低。

●●● 選擇你所喜歡的課程

　　也許你是一位不太重視課業成績，學期成績不盡理想，導致申請輔系有實質上的困難。但既然如此，可能也不會在乎畢業證書上是否有註記其他輔系。因此，在大學如此自由的空間，只要授課老師沒有特別規定禁止旁聽，你都可以自由地聆聽各系所開設的不同課程。試想看看，你每學期只要有空的時候就去旁聽各種課程，每一個學分費若以 1,800 元來計算，每週聽 5 堂（10 個學分），就可以賺到 1 萬 8,000 元。

$$1,800 \times 10 = 18,000（元）$$

相同的時間，其他同學可能正在玩樂中，可是你在旁聽的過程中，不但學到知識，更賺到無形的金錢，又可減少玩樂的花費，賺到無形的知識與金錢及減少玩樂的花費，兩者加起來就相當可觀了。況且，通常只有學生時代才有時間旁聽，且不必花半毛錢，出了社會想要繼續在職進修，不但時間上不允許，且許多進修課程動輒數萬元，幾乎是大學學分費的十幾倍。例如報考單一證照的補習費用通常都要數萬元不等，若能在校將相關證照要考的科目學好，畢業後也就不必再花時間與高額金錢至補習班補習了。再以金融研訓院（http://www.tabf.org.tw）所開設的金融相關課程為例，所開設的金融相關課程非常精彩，但參加研習班的費用也從數千元至上萬元不等，對於初出社會的新鮮人也算是不小的費用。所以在校時候有空的話，看看別系開了什麼課程，聽聽看，也許你的人生就此轉變。

●●● 證照——提升職場的競爭力

證照——是現在社會中最流行的一種證明自我能力的方式，筆者臺北大學資訊管理研究所的同學，雖然只有專科畢業，但是 Java 的證照卻已經「大滿貫」了。所謂「大滿貫」，就是有關 Java 的證照全部都拿到了，聽說從初級到最高級總共有十幾張，目前在台積電工作，月薪也快 20 萬元，算是頂級的程式設計師。再舉一個我周遭的例子，我的老哥曾在多年前於臺大應用力學研究所畢業後，申請到美國長春藤名校——Princeton University（www.princeton.edu），後來效法比爾蓋茲，也是沒念完書，就直接去考與自己主修科目沒什麼關聯的電腦證照。當時電腦證照還沒有像現在這麼流行，考電腦證照的人數並不多，所以只要有證照就非常吃香，迄今也拿了 Java 的大滿貫以及其他相關的證照，也成為頂級的程式設計師。

為什麼會強調證照的重要性呢？基本上，證照與個人能力不能完全畫上等號，可是一個人的能力很難從外表或談吐看出，目前很多公私立機構

貿易融資與風險管理研習班	2007/4/1	2007/4/1	O	中	3080
目標管理及精效考核研習班	2007/4/1	2007/4/1	U	北	2750
稽核人員研習班	2007/4/1	2007/6/10	U	南	15,939
UCP 600：工商企業應用實務進階班	2007/4/2	2007/4/2	3	北	3500
UCP 600：工商企業應用實務進階班	2007/4/2	2007/4/2	3	中	1500
UCP 600：工商企業應用實務進階班	2007/4/2	2007/4/2	3	南	1500

單日的課程高達1500元以上，一期的課程有些上萬元。

臺灣金融研訓院課程表（以 2007 年資料為例）

在招募人才的時候，直接要求必須具備某些特定的證照，才能符合初步的應徵資格。換言之，在此證照氾濫的年代，證照已經淪為與英語一樣，成為一種基本的條件，沒有這些條件一切免談。對於法律人而言，若未來踏出校門將不走法律一途，證照可能是協助你轉戰其他職場的準備，無論是電腦證照、金融證照、英語能力證照，或其他各式各樣的專業證照，都將提升你在職場競爭的價值。若仍在法律領域謀職，取得某項專業證照將使你在該領域更有自信，無論與人談判或洽談相關案件，都可以讓別人更信任你的專業。例如有位同學畢業後在金控公司擔任法務經理，為了讓法律與金融專業相結合，不但報考輔仁大學的 EMBA 課程，更參加許多專業證照的檢測，不但提升工作上的自信，也讓其他金融背景的同仁更信任之。

附加條件：○○商銀網站填寫履歷＞履歷資料審核＞通知面試＞面試合格通知

　　1.熟悉 NT Server 系統管理、網路基礎觀念、AD 基礎架構
　　2.一年以上工作經驗
　　3.具備 MCSA、MCSE 認證者優先考慮

電腦專長：Powerpoint、Word、Windows 2000、Windows NT、Excel

某公司應徵員工的廣告，對於擁有特殊證照者，優先考慮晉用。

■■ 進 階 閱 讀

1. 李模，《君子一生——紀念李模先生對台灣的關愛與貢獻》，遠見出版。
2. 許多學校、台灣法學基金會等法律團體，也會舉辦許多高品質、不同主題的研討會，可以多參與、多投稿，讓我們的學術風氣更有活力。

第11章
校園學習篇

本章重點： •法律人的宿命 •如何念好法律

〔 第1節-**法律人的宿命** 〕

●●● **真希望每天有 72 小時**

　　記得一開始準備插大報考法律系時，正值當兵第二年的時間，那時候自己在部隊的工作是搬貨，每天從早到晚都要把貨不斷地從一樓搬到三樓，念書的時間只剩下晚上，可是白天這麼辛苦，晚上怎麼看得下書呢？所以總是半夢半醒地把書唸完，隔天工作的時候又沒辦法拿書本念書，只好不斷「回憶」前一天晚上讀書的內容，也就是一般人所謂的「複習」，只是這種複習的方式比較特別，純粹靠自己的「幻想」。經過這一段時光的磨鍊，終於順利考上輔仁大學法律系夜間部。

　　可是考上大學後，並非如其他科系一樣享受「大學玩四年」的生活，每個學期大約 20 餘個學分，壓得我喘不過氣來。白天又擔任老師的工作，念完書開車回到家已經半夜 11 點，還要複習課業兩個小時，可是課業實在複習不完，只好利用睡覺前的一小段時間，強迫自己睡覺的方式不是「數羊」，而是把今天念過的書在腦中閃過一遍，然後進入夢鄉。

　　當時每天的時間都很趕，早上 06：30 起床，06：40 上班，下午 15：30 下班趕去上課，晚上 22：00 課程結束回家，念書 2 小時，凌晨 01：00 左右睡覺，現在回想起來真的覺得是如煉獄般的生活。一天 24 小時真的不

太夠用，如果一天有 72 個小時，那該有多好啊！

　　不過大多數的法律系學生應該都是專心念書，只有少數的在職生是一邊工作、一邊念書，所以時間的調配並不會太困難。但是法律要念的書實在太多了，每個老師都希望所有的法律系學生能拜讀其個人的著作。每個法律人因而被迫閱讀大量的法律書籍，所以，透過補習班來協助快速地整理各家理論見解，成為時勢所趨。但是這種補習現象卻也壓縮許多老師著作的出版量，只好想個辦法發展出更厲害的獨門暗器，讓補習班老師無法預測出題老師的動向，這種為了利益互相廝殺的狀況，最慘的還是無辜的學子。念不完的書，永遠不夠的時間，只有祈求早日考上國家考試，這種每日不斷輪迴的痛苦才能結束。你或許會發現各校常常會有許多討論國家考試的研討會、講座或老師時間，其實這些都類似於心理輔導的課程，透過談話、分享的方式，紓解學生的壓力，以避免學生歷經四到五年的「校園暴力」後，產生心理上的不平衡或精神耗弱。

●●● 為什麼法律人這麼辛苦呢？

　　相信每個法律人都差不多面臨這種惡劣生活的考驗。有意參加考試者，支持自己的力量，是在畢業後順利考上國家考試，就算無法畢業就考上，至少考個三、五年也要拚個公務員、律師、公證人等職位；甚至於幻想未來能夠取代陳水扁、呂秀蓮，或馬英九的地位，成為另一位享有高度成就的法律人，以此來麻痺自己的痛苦。

　　為什麼法律人這麼辛苦呢？讓我們來簡單分析一下：

　　基本上法律人主要學習的法律內容可以分成兩類，其一為記憶類，其二為理解類。前者包括憲法、民（刑）法、民（刑）事訴訟法、商事法等國家考試科目，以及著作權法、商標法等非國家考試科目之條文、判決（例）、解釋等。許多記憶課程常以「想忘都忘不了」的廣告詞，吸引學

生前來上課，但是法律系這麼多要背誦的內容，讓學生「想記都記不得」。

　　其次是理解類，例如法律專有名詞的解釋、條文與條文間的關聯性、法律的架構，並有能力以所學的知識實際分析各種艱難的案例。尤其是每位學者的理論架構都有所差異，而不同的差異就必須深入了解其論理基礎，才能夠逐漸建構出一套屬於自己的創見。在建構自己的見解之前，就必須把別人不同的論點先行吸收，才有資格談論自己的看法，並批評其他不同見解之缺點。各種不同的法律都有一些核心價值存在，即所謂的原理原則，透過這些原理原則貫穿整個法律架構，才能夠深入理解每個條文之妥適性，以及不同學說之問題爭議點所在，建構出屬於自己的理論架構。

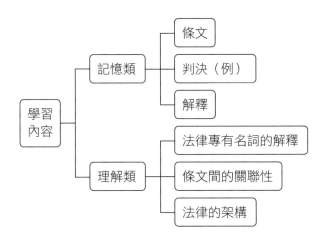

　　例如刑事訴訟法的「證據裁判原則」，此原則是指犯罪事實存在與否，必須要由證據加以判斷。因此，基於此一原則，故有刑事訴訟法第 154 條第 2 項規定：「犯罪事實應依證據認定之，無證據不得認定犯罪事實。」但是什麼才是證據呢？自白可否當作證據？

　　所謂證據，簡單來說就是可以顯示犯罪行為客觀存在之表象之人、物證，例如性侵害案件中，調查人員在受害人陰道採集之精子，經過 DNA 比對顯示 A 曾與受害人 B 發生性行為，而後又由受害人 B 驗傷證明，及附近

監視器，顯示 A 曾強押 B 至旅店，並以強暴之手段達到性侵害之目的，再加上 A、B 雙方對於案件過程之陳述，將整個犯罪流程透過人、物證具體還原。

A 舉證反駁他們兩人過去是一對情侶，B 有被虐之傾向，並提出 B 刷卡單顯示其曾多次赴情趣用品店購買皮鞭、手銬等物，另提出照片證明兩人常進行角色扮演，一個扮演強盜，另一個扮演被害人，以提高雙方性行為的樂趣。後來 B 又提出簡訊證明，雙方早已分手，但 A 不甘心 B 另結新歡，遂以簡訊威脅其要與之復合，否則將對其不利，簡訊發出後 3 日即發生此一性侵害事件。

這些都是證據，當然又牽涉到法官如何認定這些證據的證明力，即所謂「自由心證原則」。

其次，自白可以當作證據嗎？

過去自白具有「證據之王」的雅號，反正只要有了自白，就可以定罪科刑，所以從古至今嚴刑拷打的情況相當嚴重。為了革除此一弊病的存在，所以，第 156 條第 2 項規定就有宣示自白裁判已失去其正當性存在基礎之意義。第 156 條第 2 項規定，自白不得作為有罪判決之唯一證據，仍應調查其他必要之證據，以察其是否與事實相符。

了解各種不同法律的原理原則，有助於法律的學習。各個法律的原理原則都很簡單明確，但是涉及的法條眾多，要能一一加以理解及背誦，必須耗費大量的時間與精力，這也是法律人辛苦的地方。

●●● 書怎麼看得完？

光看前頁的架構圖，似乎無法顯現出法律人所要學習內容的繁雜性，我們就以主要法令的條文數量來觀察，光是以下五種法令，總共就約有 3,048 條（實際數字會因條文修正、刪除而有所誤差）。

民　　法	1225 條
刑　　法	363 條
民事訴訟法	640 條
刑事訴訟法	512 條
＋　行政訴訟法	308 條
	3,048 條

　　或許你會問：每一條條文都要背嗎？如果參加國家考試，每個法律的章節都會考嗎？

　　基本上，法學教育應該著重於訓練學生具備邏輯性的分析及思考能力，所以背誦的能力不應該是重點所在，買一本六法全書來翻就可以了。可是在國內以考試為導向的教育政策下，若是某校考上律師、司法官、研究所的人數及比例降低，系的教授就會開始緊張，擬定教學改進計畫，深怕被他校比過去。這種以考上國家考試人數作為論斷教學成果的指標，已經讓有些學校放棄學術至上的遠大理想，成為名副其實的「學店」。

　　許多學校為了增加考上國家考試的比率，居然公開以各種輔助手段提升錄取率，當自己學校的錄取率達到前幾名時，特地張燈結綵大肆慶祝一番，似乎已經淪為法律「學店」或「補習班」化身。在此種法律教育體制之下，怎麼能夠期望學生畢業後能為社會盡一己之力？因此，要能達成原始的教育目的，只有依賴教授的良心，以及學生是否能真正地認識自己，讓自己免於成為考試的機器。

　　雖然背誦法條不是重點所在，但是法律條文若能背誦清楚，確實有助於自己的學習成效，因為在背誦過程中，能夠真正了解條文的結構，也能夠熟悉法條的位置與關連性，當然也能夠藉此強化考試的競爭力。至於每個章節都會考嗎？這個問題應該這樣子思考：誰能保證哪一個章節不會考？

既然無法保證有某一章節不會考，當然每個條文都要仔細閱讀，了解其內涵，千萬不要漏掉，以免考出來的時候，無不鬱鬱終日悔不當初。

　　但是，學校老師不可能把每一科目的法條從頭到尾教完，許多章節的學習根本是靠學生自己。例如以公司法為例，總共分成九章，共約 450 條條文，一個學期大約 18 堂不到的課程，18 ÷ 9 = 2，每一章節只能分到兩堂課，甚至只有一堂課；其中「股份有限公司」就幾乎占了一半的條文，要在這麼短的時間全部教完，實在有其困難性，況且每個條文幾乎都有其爭議點，相關的重要判決更是解釋不完，或許有人宣稱可以全部教授完畢，但學習的品質可以預見應該慘不忍睹。既然如此，沒有教授的指導，純靠學生的自我學習，看著生硬的法律條文，真的是一種虐待。

●●● 分組招生有名無實

　　許多學校的法律系通常都會分成法學組、司法組、法制組，或財經法律組，這種分類意義並不大，法學組並不是在畢業後就要從事法學研究工作，司法組也不是要從事司法實務工作，法制組也不是以建制國家法制為教學目的。這些組別在課程上的安排可能會有一些差異性，但是比例並不高，學生的出路也都一樣，還是以參加國家考試為主。據了解，當初分組的目的，只是為了要增加招生名額所做的規劃，所以各組幾乎沒有自己的特色。這種分組的方式其實與分成甲、乙、丙班並無不同，不過倒可以考慮取一些可愛的名稱，例如企鵝班、大象班，或者是一時風行的 Hello Kitty 班，應該會改善不少學生上課的心情。

　　至於是否只要分成甲、乙、丙班，避免因為名詞帶來學生的誤解與困擾，等到升上三年級的時候，再進行分組，值得作為未來改進的參考。一方面學生在修習二年的法律後，比較知道自己的興趣所在，選組也才能選出真的符合自己性向的組別，況且對於校內老師也有比較進一步的了解，

才有能力選擇最適合自己的組別，而不會淪為目前有名無實的分組現象。

●●◦ 別成為法律系半成品

　　法律系與醫學系非常類似，都是一種職業教育，但是法律系學生教出來卻不會用，也無法用，有戲稱我們的法學教育豈不是成了製造半成品，然後送給考試院、司法院，經由兩年的職前訓練，加工製造後而成為成品？這都是要思考的問題。許多學校目前增設實務課程，譬如臺北大學開設有「司法訴狀與實務」、「民事訴訟實務」、「法律個案研究」等課程，對於增進學生實際問題的處理能力較有幫助。

　　此外，學校應該可以安排學生赴特定機構實習，每個學校畢業學生中，一定有許多學生已經在法律實務界工作，可以與這些畢業學生聯繫，增加學生實習或打工的機會。學校也可以安排一些赴法院參觀實習的課程，與各法院合作進行法律服務，例如學生可以在法院扮演志工的角色，對於不知道如何填寫訴狀、不清楚哪裡可以找到訴訟所需表格的民眾，協助完成初步的訴訟程序。這一類課程可以要求學生在寒暑假參加志工行列至少 8 小時，當然也可以到消費者文教基金會、法律扶助基金會、司法改革基金會等民間單位實習，體驗實際運作方式。例如臺大開設的服務課程，就曾要求學生赴司改會服務，司改會要求學生前往法庭觀察法官開庭的狀況，當法官評鑑的觀察義工。

　　真理大學財經法律學系也有開設法律服務的課程，學生與老師共同前往鄰近社區，提供法律方面的服務，為了避免學生因法律知識欠缺誤導當事人，所以學生只能寫筆記、填資料，解答則由老師負責。總之，建構全方位的教學內容，是各校未來必須努力的方向。

●●● 可怕的獨門暗器

　　本書中必須針對獨門暗器這個名詞下個定義，所謂「獨門暗器」是指某位老師有特殊的用字遣詞或是特有專用術語，甚至於特殊的學理觀念。獨門暗器的施展方式通常有一定的模式，有些是發表在學術刊物上的文章，有些是上課無意間透露的內容，有些則是自己的著作。被獨門暗器攻擊的場合通常發生在國家考試，下場都很慘，有些教授認為理念不合就以零分計算，所以過去許多特定科目都非常難拿分，例如民事訴訟法就是最顯著的例子。筆者當初也被攻擊得滿身是傷，自己覺得在民事訴訟法上還蠻用心，但是每次考試，都發現考試卷上盡是各種從未見過的獨門暗器，考出來的分數大多在 35～45 分之間，不知道是學習不夠用心，還是獨門暗器過於犀利，早知道就拜其門下，了解飛刀攻擊方向，才不會考試時難以預防。

　　為了增加獨門暗器的效果，其製造方式與攻擊模式就必須在考前隱藏起來，避免敵方陣營的學生知悉，但是這些敵方陣營的學生也非省油的燈，往往會以「無間道」的方式，混入教授講授的大學部課堂中吸取精華。但是，有許多關鍵技術都只在碩、博士班不經意地透露，因為人數較少，這時候要混入其中比較困難，否則上課被發現是臥底人員，會引起教授的不悅。不過萬變不離其宗，大多數的獨門暗器都有脈絡可循，只要詳細分析過去撰寫的文章，或許就有機會可以了解該名教授獨門暗器的表現方式，以建構必要的防禦工事。

〔 第 2 節－如何念好法律 〕

　　在這裡所要討論的內容，與學術性質的研究並不相同，單純針對新進的法律人，該如何把法律念好，降低剛念法律就喪失信心而準備放棄的機率。

●●● 找一本可以輕鬆閱讀的法律書

　　學校老師教書，大都見樹不見林，一整個學期都上自己的學說，法條才教幾條，有時候單一法條就可以講授三、四堂課。學生聽得很神奇，感覺非常佩服老師的專業素養，可是整個學期上完以後，發現居然無法建立該門法律的基本概念，例如刑法總則若一直強調三階論、四階論等基本架構式的理論，但是緩刑、假釋、刑的種類，甚至於未遂犯都沒提到，空有一個過於理論性的架構，結果無法看到刑法的整個外觀，上完後同學對整部法律的實際運作還是沒什麼概念，對於初學法律的學生並不恰當。

　　在此建議學生在上特定課程時，可以購買一些「法律通俗書」，例如上民事訴訟法時，可以先買一本吳光陸所著的《民事官司怎麼打》（書泉出版社），以一般民眾的角度，先了解打官司的概念，以實際解決問題的需求，再來進一步了解理論性的架構，對於老師講解具體的法條爭議，會比較容易進入狀況。另外，例如錢世傑所著的《圖解民法：國家考試的第一本書》、《圖解刑法：國家考試的第一本書》（十力文化），適合學習民法、刑法時先行閱讀。

《圖解著作權法》封面

　　如果是非國家考試的科目，這一類科目通常都有助於未來職場上的應用，就更需要去念一些輕鬆易懂的法律書籍，例如修著作權法的課程時，可以購買曾勝珍、黃鋒榮的《圖解著作權法》（五南圖書）。透過比較輕鬆的文字，對這些法規實際上的運作、全盤的圖像，有個大概的了解，再來聽課，這樣會更能吸收，也才能見樹又見林（現在智慧財產法也是選考科目之一）。

●●◦ 全面性理解重於片段式記憶

　　法律系的必修學分是以國家考試科目為主，在國家考試掛帥的教學體制下，短短四至五年的法學教育，學到的法律知識實在有限。有學者戲稱我國法治教育實際上僅能稱之為「半成品教育」，什麼意思呢？就是教育出來的學生僅能算是懂得如何學法律、分析法律之方式，但是要實際解決生活、工作上所面臨的法律問題，仍有所不足。

　　以司法官考試而言，在學校所學之內容充其量只是讓你能考上司法官，但不代表有資格擔任司法官，必須再將學生送至司法院接受長期的職前訓練，才能讓半成品的學生成為實際的成品。以金融機構的法務工作而言，訂定契約幾乎是家常便飯，但是剛畢業的學生頂多熟讀民法條文，從未實際模擬寫過契約書，如何有能力草擬出一份思慮周詳的契約呢？尤其是必須簽訂英文的契約，對於英文普遍不佳的法律系學生而言，更是吃足了苦頭。

　　法律在某個角度來觀察，應該屬於職業化教育，以活用、實用的教育為內涵。但是在此現實環境下，恐怕無法達到職業化教育的目的。因此，法律系學生必須建立正確的觀念，至少應透徹了解法律的架構與理論基礎，畢竟法律條款千百種，但只要能夠建構自身紮實的法律基礎，屆時無論遇到涉及各種多樣法律條文的問題，都能輕易地迎刃而解。切莫為了短暫的利益，例如為了通過期中、期末考試，將腦袋視為電腦「隨機記憶體」，僅記錄可能考試的法律知識，且只能暫存於腦袋中，考完試後，就好比重新開機一樣，所有的法律知識都消失得無影無蹤。這種短暫性、片段式的記憶學習法，對於法律的學習毫無幫助。因此，必須全面性地理解法律概念，面對一個法律問題時，除了法條上文義的解釋外，更應該全面性地探究其法條背後存在的意涵，如何適用法律才能彰顯法律存在的真正價值。

●●● 教科書一本主義

　　法律人要念的書實在很多，以民法來說，基本的教科書就分成民法總則、債編總則（分則）、物權、親屬、繼承，刑法也分成刑法總則及分則，再加上民（刑）事訴訟法、商事法（公司、保險、票據、海商）、行政法（行政程序法、行政執行法、 訴願法、行政訴訟法）等，加起來真的有堆積如山的感覺。某些特定學校的老師可能會以「獨門暗器」傷害學生，為了避免遭到攻擊，必須購買這些老師的教科書放在供桌上以求得心靈上的慰藉。以刑法而言，各門各派的理論風格迥異，二階論、三階論，甚至於四階論，如同參加武林盛會般地熱鬧非凡，當然要完整地蒐集所有教授出版的教科書，恐怕學生的錢包一定會大失血，窮學生恐怕還得直接學習「破產法」，了解如何聲請破產之宣告。因此，法律系學生必須學會如何取捨。

　　另外，法律修正的速度更加迅速，已經不再像是民國 80 年代前，法律幾乎不動如山，現在的法律幾乎年年修正，例如刑法自 100 年至今年就已經修正了 19 次，所以教科書必須不斷修正，一版一版的出，導致學生在大學四年間幾乎每年都要買新的版本更新，以避免跟不上法律及老師思想變動的潮流。

　　基本上，法律系學習理論中素有「教科書一本主義」，簡單來說就是不管上過多少課，看過多少本書，上過不同老師的課，教科書只要使用一本。但是這原則的基本原意應該是「精讀主義」，精讀一本經典教科書，遠勝於走馬看花地瀏覽 3、4 本教科書。例如行政法比較著名者，就以吳庚老師的《行政法之理論與實用》獨領風騷，只要該書修正的部分就有機會出現於國家考試。該書的體系完整、論證清楚，所以是學習行政法非常值得參考的書籍，可以本書為行政法的基本精讀用書。

　　基於成本及時間上的考量，只要選擇一本有口碑又看得懂的書籍，好

好地拜讀一番，熟悉書中的每一個細節，然後再去圖書館參考其他書籍，即可迅速地了解每一本書論點上的差異性，再把差異性詳實註記在自己專研的那本書中，以後每次複習時，就可以迅速分析出不同學者的論點。畢竟每一本書的內容其實都大同小異，看完某位教授的書，再重新閱讀其他教授的書，不但耗時又無法熟讀，實在是一種很沒有效率的讀書方法。

這種讀書方法再配合補習班整理的資料，發現自己遺漏或學者新增的學說論述，就可以有效率地去除掉重複的內容，把所有應該看的書籍壓縮至最小的數量，如同電腦的壓縮檔一般，不該存在的部分就去除掉，是最有效率的讀書方式。我們可藉由簡單的觀念來證明一本教科書所花的時間比較少，自然念書的效果就可以大幅度提高：

如果每本書都有 100 頁

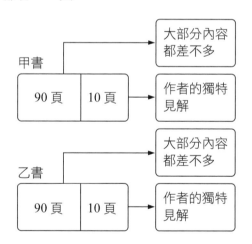

◇ 非採行教科書一本主義

一般的教科書內容大同小異，本例中甲、乙兩本書中有 90%（90 頁）的內容差不多，只有 10%（10 頁）的內容是作者獨特的見解，若每次複習時都看甲、乙兩本書，則總共要看 200 頁：

$$（90 + 10）+（90 + 10）= 200（頁）$$

◇ 採行教科書一本主義

　　若專研一本書，另外一本書只有第一次從頭看到尾，以後複習只需要理解具有獨特見解的 10 頁，則總共要看的頁數是 110 頁，兩種讀書方法就相差了 90 頁，對於必須閱讀大量法律書籍的學生而言，可以有效減輕肩頭上的壓力：

$$（90 ＋ 10）＋（10）＝ 110（頁）$$
$$200 － 110 ＝ 90（頁）$$

　　採行「教科書一本主義」的讀書方法，可以有效降低讀書量，而且相關書籍越多，所減少的時間越多。或許在初期還是得把不同作者的書籍詳細閱讀完畢，但是只要配合上課的進度，每次上完課，立即去圖書館進行比較分析，抓出每本書不同的內容，並將差異的內容以便條紙貼在自己專研的書上，並參考補習班專門針對考試出版的書籍，避免某些老師的特殊見解疏漏而未記載在書上。另外，補習班的參考書籍也有許多好的考題及參考解答，可以一併收入自己的書中。經過前述的努力後，以後前往圖書館複習課業時，只要帶著這一本「心血結晶」即可，不必再背著數公斤重的書複習功課，也可以大幅度降低時間耗費的成本。

　　既然採行「精讀主義」，難道其他的教科書就可以棄之如敝屣嗎？當然不是，還是有許多非教科書類型的學術論著非常值得參考，例如王澤鑑老師出版一系列的民法基礎理論與實例叢書，從實際案例中深入探討其中民法的理論基礎，幾乎是每一位學生都必須學習的好書。

　　以下列出各個領域值得推薦的好書：

法律領域	書　名	作　者	出版社
民　　法	民法總則	王澤鑑	台大法學叢書
民　　法	民法物權論	謝哲勝	元照
民　　法	繼承法講義	林秀雄	元照
刑　　法	刑法總則	王皇玉	新學林
刑　　法	刑法總則	林書楷	五南
刑　　法	刑法分則	許澤天	新學林
民事訴訟法	新民事證據法論	姜世明	新學林
刑事訴訟法	刑事訴訟法	林鈺雄	新學林
行　政　法	行政法基本十講	李建良	元照
基 礎 理 論	法學方法論	陳愛娥譯	五南
數位證據法	圖解數位證據	錢世傑	十力文化

　　這一類的書籍能提升學生的法學素養，也能強化學生邏輯思考的能力，有些適合作為教科書使用，有些則適合閒暇時間進行閱讀，當然最好能配合上課的進度以提高學習的成果。因為這一類書籍的內容非常繁多，若在準備國家考試前的一年才要開始翻閱這些書籍，則恐怕緩不濟急，吸收的效果也必定大打折扣。所以，平常就應該多翻、多問，以強化吸收的成果。

●●● 如何吸收最新的學說理論

　　教授，是一種必須不斷進行研究的工作，所以個人的學術發展不可能停滯不前，既然是學者，當然要不斷有新的論點產生，對於不同的問題也應有獨特且完整的見解，學術界不斷地藉由彼此成長與互動才能有所進步。但正因如此，學生就必須不斷蒐集各校重要教授的新論點，以追求國家考試的成功。

　　通常教授更新的學說見解會出現於期刊、學報中，這時候只要把學者的見解要點濃縮整合於自己精讀的書籍中，載明資料來源以便未來有需要

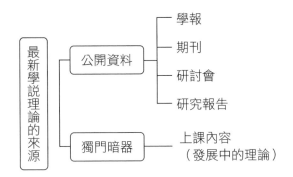

時再次研讀。目前有許多法學雜誌專門以國家考試為主,例如月旦法學、本土法學,當然也會邀請知名且與國家考試有關的教授撰寫相關文章,這些文章當然有很高的機會與國家考試產生關聯性,所以學生對於此類考試用雜誌應該要每期仔細詳閱。不過也不必訂閱,只要由讀書會成員輪流派人至圖書館寫書摘,吸取其中的精華即可。

　　至於還未出現在期刊、學報中的最新見解,通常就有可能是獨門暗器產生之所在,法律系人自當小心,以避免遭其所傷,尤其是有心準備研究所考試的學生,更應潛心專研因應之道。通常這些未出版的最新見解會在課堂上不經意分享給該校的學生,所以取得該校的「共同筆記」(簡稱共筆),就成為有效的反制之道。所謂共筆,就是每個同學負責一節課的筆記,內容必須記載得非常詳細,然後統一印給大家,這樣同學們就不必擔心自己筆記記得不清楚,或是根本可以不必記筆記,避免因一時恍神或翹課而與老師講述的進度脫鉤。由於共筆記錄的內容非常詳盡,包括老師上課說的笑話、對政治議題的時論、一個噴嚏、慣用的口頭禪、句尾的每個「啊」,都有詳細的記載,所以可以有效防範獨門暗器的發生。換言之,買共筆就是買保險,運氣好的時候,共筆還會呈現出老師的學說精華與隱約透露出最新的出題方向。

　　同一堂課可能有許多不同版本的共筆,法律系的人際關係非常殘忍,

通常共筆只能提供該組共同分工撰寫的同學閱讀，非該組的同學幾乎就不可能拿到，更不用說其他學校的共筆，這時候可能就必須靠關係或花錢購買來解決此一困境。但是並不是每個人都有關係，就算有關係，也可能拿不到，只因為你是競爭對手之一，基於物競天擇的原則，對方根本不想給你。也有些民間業者嗅到商機，到各地蒐購共筆，販賣給有需要的學生。因此，只要有錢，似乎就能解決共筆取得的問題。但是買來的共筆有可能內容過於老舊，這種共筆買回來也沒有什麼用。

　　那該怎麼辦才能取得最新的共筆呢？就是學「無間道」的方式派員旁聽，有效率者，會輪流派員前往旁聽某些對於出題有影響力的課程，但是這種課程通常都很熱門，大家都希望能前往旁聽，往往導致一位難求。尤其是研究所考試或是律師考試的「考試時間」，學生們往往猜測老師在此期間會有洩題的可能性存在，所以在考試前，對國家考試或研究所考試出題老師的課，都會積極地出席旁聽，可是一到考完試後，旁聽人潮會明顯的減少。例如臺大許多課名為「XX法實例演習」的課，都是考生們最愛旁聽的課程，這些課明明選修名單上的選修人數不超過30人，但一間可容納70人的教室居然還是坐不下。教授可能會對這些沒選修的同學道德勸說，說這種實例演習的課如果不選修、不跟有選修的同學一起交作業或是報告的話，單純旁聽是沒有太大幫助的。不過通常這種道德勸說都沒有用，因為教授沒說旁聽對國家考試或研究所考試沒有幫助，所以沒選修的同學還是會繼續出席旁聽，侵害選修同學的上課權益。但是一等到考試考完，旁聽的同學就動作齊一地全部消失，人數會驟然降低，教室因而多出許多空間。

　　總之，法律系上課的出席狀況，與國家考試脫離不了關係，甚至於避免學生出席率過低，老師乾脆直接宣布停課。國考科目的課程，往往都是熱門的課，尤其當臺上的老師正是出題者時，教室使用的情形更是擁擠。

而其他非國考科目的課程，選修的人數就非常少，有些選修課程傳授的其實是在法律實務中很重要的知識，卻因為國家考試不考，所以沒人選修。或許這正是法律系的特性，也是法律人的悲哀。

●●◌ 法律書的類型

若你也是「教科書一本主義」或所謂「精讀主義」的奉行者，則下一步就要選擇一本你該專攻的法律書籍，可是法律書籍千百種，如何在這麼多的書籍中選擇一本你適合的書，在此我們先介紹一下法律書有哪些類型。

1. **教科書**：此種書主要是為了上課教學使用，例如施啟揚老師的《民法總則》一書，簡單易懂，非常適合初學者閱讀。教科書的目的在於讓學生建立基本概念，並對於該法律有全面性的了解，而非僅針對特定法律問題進行陳述。因此，奉行「教科書一本主義」或所謂「精讀主義」的學生所專研的書籍通常都是教科書。但是此類在面對國家考試前並不是最恰當的參考書籍，還是必須要輔以其他書籍，才能從容面對考試的來臨。

2. **學術書籍**：法律系的老師必須爭取升等，從講師、助理教授、副教授及教授一路向上邁進，有許多學術性的法律專論書籍就是為了升等之用，所以內容艱澀難懂，且僅針對特定問題，而沒有全面性的介紹。有些教授在期刊雜誌上發表一定數量的文章後，會集結成冊出版，通常在引註中都可以發現許多參考資料。這些書籍對於學術研究有極大的幫助，且能藉此了解教授的理論基礎，可是對於國家考試的幫助性則未必有明顯的效益，有時候反而因為該學術論著推翻原本學術上的通說，與自己所學差距甚大，反而讓你越念越混亂。此類書應設定為強化基礎實力之用，切莫在考前才看，應該在課餘之際就隨時進行研讀，考前半年並不適宜仔細看這一類的書籍。

3. **考試用書**：專業考試用書通常是由補習班出版，委請各校博、碩士或補

習班名師編纂，純係以考上國家考試為目的，能夠在同一本書中了解單一問題各家爭議點所在，但是此類書籍缺少整體性且一貫性的理論架構，對於剛入門的法律系學生並不適宜。

雖然目前各大法律學系似乎都有補習班化的趨勢，多數法律系的學生都拚命想要考上國家考試，但是此類書籍最好作為參考用書，不能作為主要用書，否則只是讓自己更快變成考試機器，對於發展解決問題、強化法律邏輯思考的能力並無任何助益。甚至於這些充滿著甲說、乙說、丙說等考試用書，已經幫你分析整理有關的學說理論，將讓你怠於花時間尋找資料，而無法培養自己解決問題的能力。

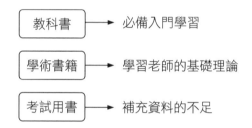

◇ 整合型建議

　　在介紹完法律書的簡單分類後，建議剛踏入法律系的學生可以先選讀一本自己看得懂也能夠接受的書籍，當作初階學習之用，當然一般的教科書即已足夠。至於學術性書籍可以當作增加自己實力的參考用書，專業考試用書則可以作為補足自己學習不足之用。

　　還有一點也相當重要，就是法律書的出版日期，因為出版日期可以知道有哪些內容還是舊法。如果是要研究法律的發展歷史，那買舊一點書是沒有問題，或者是找到出版日期那一段時間之後，相關法律修改了哪些條文，增補到這一本書的相關頁數，也可以解決大部分的問題。

　　但是，如果書籍太舊了，恐怕還是不要購買。例如結婚已經從「公開儀式婚」轉變成「登記婚」制度，如果買了一本 90 年的親屬法書籍，恐怕

會誤以為不必登記也算是結婚，說不定到了想要離婚的那天，因為只有公開儀式而未經登記程序，最後才發現兩人根本還沒結婚。

●●● 甲說、乙說，胡亂說

法律最麻煩的事情，大概就是單一條文或條文中的一小段文字，居然就有許多不同的學說。所以為了展現自己的實力，對於法律具有全面性的了解，就必須深入探究每個學說理論對於同一事件的不同看法。如同三一九槍擊事件，不同的陣營對於槍擊案發生原因有南轅北轍的看法，有認為是陳水扁總統自導自演，有認為是某人因不滿政治現狀，遂買槍暗殺總統、副總統。各種不同陣營的見解就必須提出完備的理由，而能與其他不同的看法分庭抗禮，所以，雖然負責偵辦的檢警單位已經停止進行實質上的偵查行為，但是還不敢正式宣告「結案」。如果這是一個法律問題，你會贊成藍軍的看法，還是贊成綠軍的看法，或者依據事實進行分析，最後提出自己的看法呢？相信法律人都不應該人云亦云，而都是有主見的人。

這種甲說、乙說的情況，當然也出現在國家考試中，目前國家考試的出題方法主要仍以申論題為主，而不是考選擇題或是非題。在出題老師的運作下，律師考試卻變成另一個學術的論壇，也讓許多學者的見解隨時都受到考生的矚目。最讓考生詬病的題目有兩種，第一種是具有爭議性的問題，另一種則是獨門暗器。

第一種題目必須將相關學說爭議、實務見解完整地寫出來，而且最後的「管見以為」還要提出一個符合邏輯性推論的解答，或者是符合命題委員要求的解答。通常考生都會希望答案剛好就是命題委員的答案，這樣最保險。因為提出自己的想法，可能閱卷老師根本不會接受，還可能認為你的見解實在太不成熟了，整個法律都沒有念通，亂寫一通；也或許閱卷老師根本沒時間好好地仔細看考卷，就如同國文考題「律師性格與國家領

導」，你到底想要憑著良心寫，還是對總統歌功頌德？相信少有考生會為了意氣之爭而寫出自己想說的話，尤其是具備藍色背景的考生，因為連這種題目都敢出現在國家考試的題目中，誰知道考卷會怎麼改？

命題委員可能只鑽研某一門法律，卻早已經忘記學生必須「鑽研」所有科目的法律，所以這麼多的法律條文，考生怎麼能夠每個地方的爭議點都瞭若指掌，顯然已經符合刑法「事實不能」之概念。所以，在考試的過程中，就常發現學生拚命在掰學說，如果不知道學說的名稱，至少也要掰出個肯定說、否定說，再補上一個折衷說。讓整個版面看起來四平八穩，且沒有功勞也有苦勞，寫得那麼辛苦，閱卷者總是會給些同情分數吧！說不定這些自創的學說見解寫得有模有樣，閱卷者的信心因此動搖而酌量給分。當然說不定亂掰也會掰對，反正考試很多都是考爭議的題目，通常爭議性的題目不就是雙方論點對立，如同「太極圖」一樣，一邊黑、一邊白，加上「中庸之道」，就結合出完整的解答。臺灣的考試制度，讓同學們不得不去死記那些甲說乙說，尤其還要去猜測出題者主張哪一說，進而使得同學們不管有沒有甲說乙說都胡寫一通，早已經遠離法律教育的目標，更遑論能教育出具備獨立思考能力的法律人。

其次，就是令人詬病的「獨門暗器」。這些學者的獨門暗器，不只是單純地與傳統見解不同，而可能是根本重新創造一套獨立的法律架構以及獨特的論證方式，甚至一整套自己發明的專業用語。這一類的考題，與列舉甲說乙說的考題截然不同，而只是要考你是否能完整描述出「獨門暗器」的長相！碰到這種題目，也許你根本不屑於這種獨門暗器的存在，而仍然把自己的看法呈現在答案上，這種有風骨的行為在法律界裡已經算是少見了。不過，基於現實上的考量，當你還沒有實力的時候，千萬要忍耐，等到有實力的時候再大聲說話，否則可能未來不會再有發言的機會。這種獨門暗器的題型將會導致考試成績呈現兩極化的發展，不是非常高就是非常

低的分數。非常高的分數通常是出題老師的學生，尤其是拜入其門下的子弟，當然也可能是非其學生，但天賦異稟，能夠融會貫通老師的獨特見解，或經過多次練習，終能躲避此類武器之攻擊。非常低的分數大部分都是非出題老師的學生，或者是出題老師門下不太用功的學生。

　　為什麼要把得分的差距拉大，簡單來說，就是藉此突顯其獨門暗器的重要性，如果沒有照其意思所寫，所得到的結果就是非常低分，高低分差距可能高達 25 分，也就是有人可以拿個 25 分，有人卻只能拿到 0 分，在差個 0.1 分就可能名落孫山的考試中，這樣子的差距當然就會讓考生相當重視，進而了解教授所主張學說的重要性。

　　獨門暗器的存在類似於美蘇兩國核武競爭的發展。美蘇兩國為了避免遭受對方核子武器的威脅，所以雙方進行一場多年的武器競賽，以達到武器平等的目的，惡性循環下，世界上許多國家也紛紛發展核子武器，致使全世界人類活在一夕滅亡的恐懼當中。法律考試的獨門暗器也是一樣，各個學校的教授為避免自己的學生遭其他學校老師的獨門暗器所傷，自己也以獨門暗器攻擊對方，結果在國家考試試場上，根本是比賽自己學校的命題委員有幾位，越多位出題委員則考試成績越高，如果連半位出題委員都沒有，那只好自求多福了。雖然許多老師都互相要求控制獨門暗器的發展，如同美蘇兩國進行核武裁減的協議，但是這種現象如同核子武器一樣仍然存在。

　　國家考試，尤其是律師考試，只是一種資格考，通過資格考的人必須有足夠的專業能力替民眾解決法律上的問題，一些細節上的學說爭議或刁鑽的獨門暗器，根本沒有存在的必要。或許這種軍備競賽的結果，最後得利者只是軍火商，就如同獨門暗器考題的最後得利者，也就是研發這些特別見解的學者，不論是提升自己學說的曝光率或促銷自己的教科書，似乎這已經是普遍的現象，也是人性追求利益的必然結果。

●●● 角落時間理論

　　國防部為了推動 6,108 億元軍購預算，提出「珍珠奶茶」的理論，只要每個臺灣人民每天少喝一杯珍珠奶茶，就能夠湊足軍購預算的費用。對於以這種奇怪的比喻──描述積少成多、每一分錢都很重要的論點，可憐的小老百姓只能一笑置之。不過此一論點對於法律人而言卻很實在與重要，因為法律人最缺乏的就是時間，要學的知識這麼多，必須把握每一個零碎的時間。法律科目並不是期中考、期末考結束後，就可以把書本丟在一邊，或當作墊桌腳或放便當的廢紙；為了考試、為了未來工作的需要，法律人必須熟讀相關書籍，每天必須排時間，按照計畫循序漸進。因此除了必須花時間學習新的課程外，原本學習過的課程也要安排時間來複習，否則法律這種專業的知識，是很難在短時間內就可以有所成果，更會有「書到用時方恨少」的體認。

　　所謂「角落時間理論」，就是指善用每天零碎的時間，因為每一次零碎的時間都非常短暫，所以務必集中注意力而增加學習的效果。例如上廁所的時候，少則 2 分鐘，多則 30 分鐘，蹲到雙腳痠麻，通常都沒有事情做，頂多在旁邊放幾本雜誌，或照照鏡子看看自己有多帥或多美。這一段上廁所的時間可稱之為角落時間，應該要充分利用，只要在馬桶邊擺個小書架，上面放個小法典，或一些只需要片段時間就可以記憶、複習的書，利用上廁所的時間加強自己對這些內容的印象，成效絕對讓你驚訝。但是因為時間比較短暫，並不適合需要長時間思考的邏輯性問題，比較適合短時間背誦的內容。

　　所謂積沙成塔，積少成多，角落時間累積起來也是相當可觀，以每天上廁所 10 分鐘為例，一年 365 天就有 3,650 分鐘，如果再結合其他角落時間，那就非常可觀了，對於常抱怨讀書時間不夠的法律人將有很大的幫助。

●●● 需要把整本六法全書背下來嗎？

在考試方式上，目前規定，並非每一種考試都會提供法條，所以考生們必須花費很大的精力在背誦法律條文上。若作答時沒有法條可看，縱使同學們知道有那個條文，卻未必很清楚記得精確的法條用語，所以只好刻意模糊焦點，以掩飾自己的法條沒背清楚。例如，如果只記得條號，卻不太記得完整的內容，考生在引述法條時，可能會只寫條號，加上法條大意，不敢加上上下括弧（有上下括弧通常就代表一字不漏）。如果連條號都不記得，考生就只好寫某某法規定，而不敢寫條號，怕寫錯條號反而扣更多分。除了條號以外，許多司法上的解釋也是一樣，考試更不可能提供所有相關的判例解釋，因此，判例的字號年號不確定，千萬不要硬寫，否則難逃老師的法眼，只會讓閱卷老師不齒這種考生的行為，最後換來扣分的結果而已。不過，若是在作答的時候，能將法條原文或判解字號內容一字不漏地背下來，當然有可能會比較高分，而且背誦條文能夠幫助自己快速找到相關條文的位置，若考試有提供條文，找到相關條文的速度就更快，當然也有助於考試的成績；此外，條文的背誦也有助於法律的學習與思考，當問題呈現時，能夠立即進入狀況，不必忙於翻閱條文。

所以，對於法律條文倒不必每一條都背，只要把重要的條文都能夠熟悉，有助於法律上之適用即可，況且只要每天都能夠飽讀法律書籍，自然而然也能夠熟悉法律條文，以前曾經有人把法律條文當作「佛經」來念，念久了居然還有相同的味道。不過重點不在於背不背法條，而在於正確觀念的建立。如果把法條當佛經來念，也實在太矯枉過正，或許過去法條如同「萬年國會」般，數十年都不會變動，所以如果不會記憶法的學生，以念經的方式來背誦倒也有其效益存在。但是，現在的法律時常在變動，以刑法、刑事訴訟法而論，近年來變動的幅度非常驚人，這種傻傻的背誦條

文就缺乏意義與效益了。況且，實際案件在運用的時候，只要準備一本六法全書，翻一翻條文，就可以找到所需要的條文，一樣可以達到解決問題的目的。所以，適度的背誦法律條文有其必要性，但實在不必要把所有條文都記下來。

●●● 擅用記憶術

背過英文單字嗎？坊間有許多英文單字的記憶方式，比較常見者包括字首、字根的記憶法，因為許多英文單字都可以藉由字首字根猜出其大意，例如 mal 具有惡劣的意思，所以 malediction（詛咒）、malefactor（壞人），可以減少背誦的時間。另外一種就是關聯式記憶法，透過文字或圖像的關聯性，將一個很複雜的單字故事化或圖像化，使得一個單字不再是單字，而是一個讓人印象深刻的一段話或圖案，讓人想忘都忘不了。

其次，或許你看過《雨人》這部片子，戲中的男主角腦袋瓜如同裝了一部小電腦，能把整本的電話簿號碼記下，這或許是天賦異稟，一般人實在很難做到。也曾經在電視上看過某位原住民朋友，能記下數百通親朋好友的電話資料，據了解其主要是先想到當事人的形象，再由形象去組合電話號碼。

舉了這麼多例子，除非你天賦異稟，否則都需要透過記憶方法減輕自己學習的負擔，以下提供常見的記憶方法以供參考（註：完整資訊可參考錢世傑《法律的記憶法》一書）。

◇ 關聯記憶法

在字裡行間尋找一些關聯性的蛛絲馬跡，將其連結在一起。例如：大連是商港，旅順是軍港，一般人會搞不清楚哪一個港口是軍港。其實很簡單，您是否發現有個「軍旅」這個關聯，原來「旅」順是「軍」港，一下子就記妥了，也不會把二個港給混在一起了。

◇ 歸納及演繹記憶法

在記憶某一法條時，為避免混淆，將與該法條相似的法條放在一起對比記憶。例如迴避的條文，刑事訴訟法與民事訴訟法的規定就可以一併分析，整合在一起就可以減少許多時間。歸納完後，還可進一步比較彼此間的差異，也算是演繹法的一種。

◇ 拆字記憶法

在旅順是軍港的例子中，也可把「軍」字拆出「車」字，原來是「開車要去旅行」，藉此把旅順與軍港連結在一起。據說，臺中有某位教中醫師考試的老師，他就常拿中藥名的「文字」，去拆解或關聯一些藥性及藥理作用，當然法律也一定有許多適用之處。

◇ 關鍵字及故事記憶法

有些比較性的題目，例如兩個專有名詞的比較，而且還要列舉之，如果相同相異點各有五點，光這兩個名詞的比較，就要背十點，如果再加上其他名詞之間的比較，那可就折磨人了。這時候可以將每一個相同或差異點，找出一個關鍵字，連結起來成為一個簡單難忘的故事，就不需要每個字都背，利用圖像或故事強化記憶效果。例如常聽到有人以化學式為例，化學元素中二價的有「鉛硫氧汞銅鈣鋅鎂鋇」，那麼我可排出一個「牽牛羊共同蓋新棉被」情節，這樣就比較好記了。

◇ 睡覺記憶法

筆者以前考試前，常常會在睡覺的前 10 分鐘把今天看過的內容回憶一下，如果想不起來的部分，顯然今天沒有記熟或尚未融會貫通。將整個思考完後，才安心進入夢鄉。不過，有人認為睡覺前不要東想西想，會影響睡眠品質，所以這種方式是否要採行，就見仁見智了。

●●● 豐富你的校園生活

　　進入法律系，首要的觀念就是別成為法律教本的奴隸。中國信託商業銀行的服務電話是 0800-024-365，代表業者致力於每一分鐘都能夠提供客戶高品質的服務。但是請你不要成為 24 小時 365 天的法律人，別讓自己的生活被課本所淹沒，如果你的大學生活每天只能與書本為伍，建議你立即轉系，否則你將失去自己。

　　如何享受豐富的校園生活，是一位大學生必須要學習的基本能力，雖然校園生活與踏入社會仍有一段差距，但是透過校園生活的學習，人與人的接觸仍有助於法律觀念的釐清，甚至於在外打工更可以體會社會的脈動。常常有人戲稱法律人與社會嚴重脫節，法官不知民間疾苦，如同古代晉惠帝執政時，流年不利，天災人禍不斷，聽朝臣報告民間許多百姓沒飯吃，活活餓死，惠帝大為不解，問道：「何不食肉糜？」如此不體察民間疾苦的問話，成了流傳千古的名言，法律人千萬不要重蹈覆轍。如同過去常聽到冷到不行的笑話，女法官審問妓女遭恩客虐待的情形？妓女答稱遭恩客逼迫「吹簫」，女法官不知「吹簫」為何物，居然要求該名恩客下次開庭時將「簫」帶至庭上供法官審視。如果看完這個例子後，你有詢問他人什麼是「吹簫」的衝動，建議你真的該好好走入社會，以免又被民眾稱之為不知民間疾苦的法律人。

　　筆者也有類似經驗，以期貨詐欺案為例，幾乎都已經是純詐騙案件了，有一次去法院聲請搜索票，法官居然認為「你們為什麼要辦這種案件，當事人賺錢就不吭聲，賠錢就亂告……」當時我實在不知道該說什麼，只能說高坐堂上的大人，實在難以了解時代的脈動。更糟糕的是檢察官或法官往往只以期貨交易法起訴，即使證據充分，卻仍不願以常業詐欺罪（現常業犯已經刪除）起訴，除了導致犯罪者輕判的結果，根本有恃無恐，換

個地方另起爐灶，更嚴重的問題是無法提起民事訴訟，因為期貨交易法的被侵害對象亦係國家而非本案被害人，所以被害人除了被騙錢外，還落個遭人恥笑願賭不服輸的惡名，更無法把被騙的錢要回來。但真的是被害人的錯嗎？其實該慚愧的是法律人，只因為法律人缺乏融入社會的經驗，何不食肉糜的現象普遍存在。

　　大學生活該注重什麼呢？當然不是買輛帥氣十足的重型機車，或者是每天在五分埔找尋最新流行的衣物，社團生活應該是不錯的選擇。只要是有一定規模的學校通常都有各類型的社團，繳納金額不高的費用，就可以享有極高品質的社團生活。筆者並沒有經歷過高中考大學的生涯，因為國中畢業後跑去念目前已經改制為臺北教育大學的省北師專，五專幾乎忘記讀書的重要性，社團生活是學習生活的重心，白天上完課，晚上因為住校，所以就寢前的生活幾乎就是社團活動。當時各類型的社團都參加過，包括服務性（木鐸社：一種教育服務性質的社團）、體育性（國術社、跆拳道社）、技藝性（科學研習社、吉他社）等各類型社團都參加過，以非常低的成本讓人生有許多不同的體驗。

後來進入輔仁大學夜間部，白天工作晚上念書的生活，一般人想這麼忙碌的生活應該不太可能再參加社團活動了吧！可是我還是參加了攝影社，花了一大堆的錢買攝影器材，因為社團生活是學習生活的一部分，沒有了社團生活，大學生活將失色不少。當然豐富的社團生活經驗，對於日後我

參加中原大學法研所的甄試也有不少的助益，至少個人資料洋洋灑灑、厚厚的一大本。還記得當時總共錄取 3 名，外校學生僅取 1 人，或許就是因為那一堆社團資料，讓我的個人資歷介紹遠「高」於其他參與甄試的同學。

　　大學社團活動經驗對於有意申請國外學校的學生也是非常重要的，以我大哥為例，臺大應用力學研究所畢業後，當然不免俗地也要申請國外知名大學研究所。雖然他在臺大機械系課業非常突出，社團表現也不遑多讓，尤其是登山社還取得嚮導的資格，但是在申請國外學校時仍深感不足，還特地在申請學校前，刻意前往醫院擔任志工，取得一紙服務的證明書，最後當然順利申請到國外長春藤、英國劍橋及牛津等名校。

　　或許你認為這些法律人念書都來不及了，大二升大三的暑假要趕緊去補習班進修，怎麼有時間再參加這些雜七雜八的社團？若你真抱持著考上律師、司法官是念法律系的唯一目的，其餘事物都不重要的心態，那你至少也要參加每個法律系都會成立的「法律服務社」。透過與前來諮詢民眾間互動的過程中，增加個人實案歷練，學習一個社團運作的過程，增進與人溝通的能力，增進自身對於社會服務的熱忱，相信才能培養出一位真正走入社會的法律人，而不會淪為社團活動的「絕緣體」。

　　另外，有些法律系學生並不是真的想選讀法律系，這些學生往往高中畢業後，因為家長認為法律系前途一片光明，就直接「指示」子女選讀法律科系，導致學生修習法律課程時非常痛苦，而又無法順利辦理轉系或申請輔系，重新報考大學在時間上又非常不划算，這時候社團生活或許就可以讓自己有更多的選擇。以筆者前面介紹的攝影社，發現許多同學都是對於自己本身科系的興趣並不大，但是參加攝影社後，很希望能以此為自己的志業，發展出一片天空。畢竟未來的工作內容若是自己的興趣，那工作過程才會帶勁，否則工作只是淪為混口飯吃的工具，人生豈不欠缺趣味。

　　還記得陽明大學的連加恩醫師，利用外交替代役的機會前往非洲布吉

納法索服務，本來只是想要去非洲義診，卻意外以創意發起「心靈環保」活動，以垃圾換舊衣方式，有效地改善當地民眾隨手亂丟垃圾的習慣，雖然期間發生許多阻撓，但仍引發許多迴響，在其生命中留下值得懷念的一頁。現在的連加恩結婚了，對於非洲難以割捨的愛，讓他帶著妻子再次飛到非洲的土地，為了孤兒院的設立，為了當地居民可以用盛產的肥皂油謀生，連加恩出錢出力，還飛到法國買機具。或許這個故事值得讓以利為導向的法律人有更深層的思考。

　　所以，適度地打工、參加各類型社團活動、公益活動或國際性志工服務，讓法律人的心更寬廣。

●●● 別當生活的傻子

　　在大學任教多年，發現很多學生都是生活的傻子，這個不會、那個也不會，從小住在家中，生活的點點滴滴都不必煩惱，欠缺解決問題的能力。不過很多情況也不能責難學生，例如發生車禍該怎麼處理？房東扣住押租金怎麼辦？同學欠錢該怎麼要回來？從國小到大學都沒有人教過，面對突如其來的各種事變，當然會顯得手足無措。

　　如果踏入法律系，也不代表有解決問題的能力，曾經有一位學妹唸完法研所，還考上了律師，結果律師還沒有實習完，碰上了車禍，挨了撞，在談判過程中上臉書分享鬱悶的心情，許多人回貼說：遇到律師，看來對方有苦頭吃了。殊不知，即使考上了律師，但才剛跨出校門，又沒有遇過車禍，該怎麼談判還真是百無頭緒，筆者打了個電話安慰一下，並給一些具體其處理車禍的建議。

　　這個和解的過程中，只有筆者在處理過程中打電話，其他人或許以為律師都很會處理車禍事故，所以沒有親自打電話慰問處理。事後學妹也在臉書表達感謝大家關心及筆者的協助，也深切地體會到訴訟過程中當事人

的煎熬，律師都很痛苦，更何況是一般民眾，所以立誓要當一位能夠善體人意的法律人。

其次，則是基本金融分析能力。許多人出了社會買股票，不看趨勢，不看產業基本面，只看有沒有明牌，結果投資多年下來還是一場空，甚至於不敢投資，只懂得活存、定存兩種金融概念。

然而，國際金融趨勢一日數變，且世界是平的，不再有距離上的隔閡，希臘債務的風吹草動，可以讓世界各國坐立難安，美國來個 QE2，資金氾濫讓各國雞犬不寧。筆者在大學任教商事法學科時，也不斷嘗試讓學生去理解公司法與股市投資的關聯性，讀者們自己也可以在學習法律之餘，多吸收一些金融知識，甚至於嘗試去理解法律架構對於金融市場的影響。如此一來，不但學了法律專業，還能夠建立自己分析金融情勢的基本能力。

●●● 組成讀書會

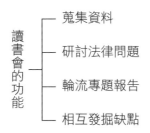

一根筷子可以很輕易地折斷，十根筷子則難以折斷。這是一個老掉牙的例子，當然是勸人要團結合作。法律人老是讓人有自私自利的感覺，因為每個人都是未來競爭的對手，若以律師考試報考人數 5,000 人計算，若錄取 300 人，就有 4,700 人名落孫山，競爭的程度可見一斑，所以法律人很容易都把自己的學習成果當作寶，不願意跟別人分享。可是這是一種錯誤的觀念，因為每個人學習的成果絕對很有限，例如有五門其他學校的課程有旁聽的必要，你有那麼多時間可以去旁聽嗎？當然是找可靠的同學分攤責任，A同學去臺大聽某教授的民法，B同學去輔大聽某教授的行政法，C同

學去政大聽某教授的刑事訴訟法等，然後把讀書的心得或筆記分享給其他同學，將可大幅度減輕學習上的壓力。

　　讀書會不只是一起讀書，也要一起分擔尋找資料所耗費的精力，而且讀書會也不能只是找資料，還必須將所蒐集到的龐大資料分門別類，由讀書會成員各自認養有興趣的部分，消化吸收後反芻給其他成員。例如以民事訴訟法為例，可以將重要學說理論分成 20 個重點，讀書會成員若有 5 個人，每個人負責 4 個重點，分頭整理資料，並在讀書會研討的時間中，將整理的資料向其他成員報告。

　　在報告的過程中，就可以訓練自己的口才，如何有條理地把複雜的法律問題，用最淺顯易懂的法律用語，分享給其他讀書會成員。而其他成員在報告過程中，也可以提出問題，如同立法院質詢一般，臺上發表的同學就像是行政官員接受臺下立法委員的質詢，一問一答間，可以有效地切磋法律邏輯思考的功夫，同時能增進法律論辯的能力。這樣才能彰顯讀書會的功能，如果只是一起讀書，誰睡覺就幫助其趕走瞌睡蟲，恐怕這種讀書會的意義不大。

●●● 培養論辯的能力

◇ 法律人論辯能力的重要性

　　我國刑事訴訟法逐漸採行改良式的當事人進行主義，雙方當事人必須將各自的主張與蒐集而來的證據呈現在法庭上，並經由雙方言詞辯論的攻防過程中，由法官來認定事實、適用法律；其次，即使不上法庭，法律人還是要面對許多和解、調解的程序，如果擔任律師，必須要代表當事人與對方談條件，而談條件除了本身擁有的籌碼外，找出對方的弱點，適時地給予必要的一擊，必定能替當事人爭取到最大的利益。

　　另外，就算不踏入法律界，這種論辯的能力也能讓自己在職場上更具

備競爭力，例如擔任企業的業務人員，隨時面對的是客戶的砍價，如果價格砍得過低，老闆一定覺得你談判能力不足，無法替公司帶來利潤，當然也無法為自己帶來利潤。所以辯論攻防的能力絕對是法律人必備的工具，而非僅以一支筆就以為可以行走江湖。

◇ 先天不足，後天失調

　　能考上法律系的學生，基本上念書的功力應該都不錯，也有許多學生從小就是班上的資優生，除了功課好外，更常代表學校參加各種比賽，如演講、辯論等，但是這種優秀的學生畢竟還是少數，大部分的法律系學生恐怕很少有機會對外公開演講或進行辯論，而這種論辯的能力卻是法律人的核心技術能力所在。

　　臺灣的教育環境還是比較保守，雖然已經放棄了聯考的制度，希望學生們不要在考試的壓力下，放棄其他科目的學習，藉由教育制度的改革，能培養學生思考、創新的能力。但是，臺灣的教育環境改變了嗎？恐怕答案是否定的，臺灣的家長、學生充滿著危機感，深怕輸在起跑點上，所以一定要比別人強，從國小、國中到高中，幾乎都在補習。且因應升學制度，補習的範圍不再是國英數理化等基礎科目，還包括繪畫、鋼琴、英文等才藝性的項目，學生的壓力不減反增，每個小孩子都多才多藝，幾乎都可以參加馬戲團表演。

　　在這種教育環境下，卻欠缺培養學生說話與分析的能力，曾經聽到廣播節目中，某個民間團體居然推出學說話的大陸遊學團，讓小朋友能赴北京與大陸知名的相聲劇團共同生活與學習，培養說話的能力，連這種團體都出現了，就可以想見臺灣學生說話的能力實在不足。好不容易在激烈競爭中，考上了法律系，可是臺灣的法治教育，卻著重於國家考試，只要一考上法律系，大部分法律系學生面對的就是考試、考試、考試，國家考試是以筆試為主，當然司法官考試也有聊備一格的口試，但實際上並無任何

意義。因此，學生為了通過國家考試，終日埋首書堆中，念完四年法律書後，說不定已經忘了如何說話。

◇ 如何增進自己論辯的能力

筆者的學習過程算是幸運了，國中畢業後就讀師專，畢業後準備當國小老師，所以必須不斷訓練自己說話的能力，寒暑假還會參加社團前往各個不同的小學實習。還記得第一次面對學生的時候，真的不知道該說什麼，還好事前把要講的話全部抄在手上的小紙條，愣住的時候可以偷瞄一下。一回生、二回熟，就這樣多年的訓練，加上四年的實際國小教師的生活，對著許多人說話已經不是一件難事。後來考上調查局，才發現這是一個很重視說話的單位，訓練一年的過程中，每天早上都有半小時的說話時間，由訓練單位在前一天晚上告知學員隔天早上要報告的題目，由學員事先準備。有時候也會臨時決定題目，考驗學員的反應，上臺若不知道該說什麼，很可能就被退訓了。就常發生許多學員前一天沒有準備，臨時被抽到上臺發表，一時舌頭打結，腦中一片混亂，似乎勾魂使者將其魂魄引走，現場狀況真是冷到不行。在這種壓力之下，確實說話的能力提升不少。

但是一般的學生可能就沒有這麼多的機會，如前所述，臺灣法治教育是非常封閉的環境，一般的法律課程幾乎都是老師講授，學生猛抄筆記，抄到睡著，老師可能也不會請你起來發表意見，如果真的遇到那種喜歡點學生發表的老師，大多數法律系學生通常都會躲在後面或左右兩側，以避免被老師叫到。因此如何在此一封閉的環境中，殺出一條血路，提升自己的論辯能力，以利職場上的競爭，是很重要的議題，以下提供一些方法：

1. **讀書會**：前面已經有介紹讀書會的功能，在此要特別強調，讀書會不是只有一起讀書、分工合作找資料，重點是每個讀書會成員必須將所蒐集到的龐大資料分門別類，由讀書會成員各自認領有興趣的部分，消化吸

收後反芻給其他成員。在讀書會研討的時間中，透過成員間不斷地相互辯證，真理越辯越明，如同立法院質詢一般，藉由現場詢問的壓力，可以有效地切磋法律邏輯思考的功夫，同時能增進法律論辯的能力。

2. **實務演練的課程**：許多學校有開設實務演練的課程，甚至於有些學校更斥資興建模擬的法庭，學生修此類課程時，就有機會模擬法官、檢察官、律師、當事人等不同的角色，實際體會法院激烈的論辯過程。另外，許多民間法律事務所，如理律文教基金會也有贊助舉辦法律系所學生模擬法庭辯論賽，青商會也有定期舉辦類似的辯論活動，都值得法律人踴躍參與。

2023 年理律盃
校際法律系所學生模擬法庭辯論賽

「2023 年理律盃校際法律系所學生模擬法庭辯論賽」由理律文教基金會、東吳大學法學院與中華民國國際法學會共同主辦。本項比賽係為推廣模擬法庭教學，提供法律系所學生熟悉實務議題與練習法庭辯論的機會。本年以勞動關係爭議相關議題為主題。報名截止日為 2023 年 5 月 20 日（星期六），歡迎組隊參賽。

資料取自：財團法人理律文教基金會

（http://www.leeandli.org.tw/）

3. **參與社團**：大學生活一定要參加社團，可是多數的法律系學生卻自願放棄這種權利，把所有寶貴的時間投入在補習班的生活中，非常可惜。大學社團的種類非常多，音樂類、康輔類、服務類、技藝類，各式各樣的社團生活讓你眼花撩亂。即使你沒有參加辯論社，其他如康輔性的社團，可以在帶活動的過程中培養自己的膽量，即使是國際標準舞社，當你與其他人共同分享跳舞的心得時，也正是培養自己溝通的能力。

如果真的沒時間，如果真的對一般性社團沒有興趣，還是可以參加法律人專屬的法律服務社，透過協助前來尋求法律諮詢民眾的機會，更可以提升自己法律思考的功力。即使一般法律服務社通常並不提供直接回答的服務，往往會先由學生整理民眾的法律問題，進行書面上的模擬回答，再由現場輔導的人員，如教授或執業的律師或其他司法人員進行指導協助，但至少可以在整理民眾問題的過程中，嘗試以法律的角度進行思考，也能夠達到加強法律論辯及思考的能力。

4. **以律師的角度思考：**有些人習慣看書要安安靜靜，才能將書中的知識灌入腦袋中。固然寧靜的學習環境對於學生而言非常重要，但是有時候法律人的念書方式必須加以調整。當你吸收了某個法律見解時，你可以嘗試在鏡子前面，把鏡子中的自己當作你想要說服的對象或當事人，把你剛剛所學到的理論很有條理地與鏡中的自己分享，如果講的過程很不順，就會很容易地發現剛剛念書的過程中，有哪些疏漏的地方必須進一步加強。尤其是你可以假裝自己是一位正在法庭進行攻防的律師，對方將會針對你的任何見解提出辯駁，當你對某個法律見解進行陳述時，對方可能會採取何種反擊的措施，對於此種反擊的措施，你有辦法再反擊回去嗎？另外，法律人除了學習不同的論點外，最重要的是要提出自己的看法，藉由模擬的方式，可以檢視自己的論點是否符合邏輯性，有無任何破綻而必須加以補足，除可適度地增進學習成果外，更可以讓自己有模擬論辯的機會。

■■進階閱讀

1. 連加恩，《愛呆西非連加恩》，圓神出版社。
2. 吳家麟，《法律邏輯學》，五南圖書出版公司。

第12章
邁向研究之路

本章重點：● 學術生涯的第一步——研究所　● 法律論文的寫作

〔 第1節—**學術生涯的第一步——研究所** 〕

●●● 別把研究所當作考試的跳板

　　法律系的學生為什麼想要考研究所？一部分是為了增長自己的見聞，一部分的學生則是為了準備考試。尤其是男生在大學畢業後必須面對兵役問題，所以大學快畢業時，就拚命準備研究所的考試，擔心當完兵後，所學全部都還給老師，再加上近年來修法速度非常快，當兵回來再重拾書本準備考試非常辛苦，還不如一鼓作氣地考上國家考試。可是並不是每個人一畢業就能考上國家考試，還是必須經由多年的修練，最後媳婦才能熬成婆，如魚躍龍門般地登上枝頭。所以，很多學生都把研究所當成考試的跳板。

　　每一學年的上學期，面臨律師、司法官考試的壓力，根本無心上課，許多研究所教授順應民情，通常都會停課數週，一直到10月中旬該考的試都結束後，才正式開學上課。而下學期因為正在努力準備考試，所以也不是那麼努力從事學術上的研究，一年拖一年地念，碩士論文永遠寫不出來，即使寫出來以後，品質也不會太高。有些學生一定要到最後年限的第四年才能順利畢業，若是國家考試還是沒考上，而碩士論文又寫不出來，那才真的是人財兩失。所以，若有幸考上研究所，就應該專心學術上的研究，即使真的要考國家考試，也可以挑選一些與國家考試科目相關議題進行研

究，一魚兩吃，何樂不為呢？

●●● 選擇適合你的研究所

◇ 不必考試即可入學的甄試生

　　會考試的學生未必適合從事研究工作，部分研究所為了吸納優秀的研究生，在傳統研究所考試制度下，另外開闢甄試生的入學管道，學生不必經過考試的程序，就可以透過甄選的方式進入研究所就讀。

　　但是不必考試，不代表就能夠輕鬆入學，以中原大學碩士班甲組一般生甄試招生為例，必須符合下列要件：

1. 在校成績符合一定條件： 目前該校要求完成報名前大學學業成績總平均達 70 分（含）以上，且排名須在全年級前 50%。由於法律系的成績非常嚴格，所以要達到 70 分以上，對大部分的學生仍有一點難度。還記得以前筆者畢業平均成績不過才 80 分多一點，但是已經排名在全班 20%以內，也就是說高達近 80%的學生平均成績無法達到 80 分。

2. 提出資料進行審查： 具備基本成績的條件後，就必須提供個人資料，以供校方審查。初、複審必須提研究計畫、歷年學業成績（含排名），以及已發表文章、語文檢定成績等學術活動資料。研究計畫必須具備基本的論文架構，包括研究主題、研究大綱、簡要說明（研究動機與目的、研究方法）及參考文獻。最後再由校方口試委員進行口試，若成績達到一定標準，就可以免試入學。

　　不過，法律系學生並不太喜歡利用甄試的方式入學，因為一般國家考試與研究所的考試科目類似，所以準備研究所入學的同時，也就是在準備國家考試。因此，研究所考試可以說是國家考試的「前哨站」，焉有放棄不參加的道理。

●●● 頂級天才走熱門，次級人才進冷門

這兩句話是什麼意思呢？

很簡單，頂級天才因為能力太好，想要發展什麼，都會是最頂尖的，同樣的努力，可以超過相同企業或機構的其他人。所以，你是否有感覺到，在企業或機構中，無論如何地努力，表現出來的成果永遠比不過那位公司的明日之星。

50%左右的大多是次級人才，不是最頂級，但也不認為自己的能力太差，這時候該怎麼出頭呢？可以考慮選擇冷門的領域，比較有出頭的機會；如果是找工作，可以先把目標設定在小企業，才有機會爬上關鍵的位置。

例如資訊類有許多證照，你要考什麼領域？如果考微軟的相關網管證照，也許是作為進入企業的最低門檻，但還要加考一些比較特殊的領域，選擇一些國內必然存在的市場，只是因為市場太小，大多數的人不願意花時間來考，你如果能稍微努力一些，很容易就達到這個領域的頂尖。

研究所考試也有類似的觀念，一樣的人才在頂尖大學會被淹沒，但就讀於稍微次級一些的學校就會被突顯出來。論文研究的主題也是一樣，例如筆者研究數位證據，過去研究過電腦鑑識，更早一點則是研究網路通訊監察。這些領域比較冷門，但是卻有一定的重要性。

當初之所以會設定這些研究的領域，一方面是個人對於資訊科技的興趣，其次則是自認為能力不足，唯有找一些比較冷門但有價值的領域發展，才比較有可能獲得重視。冷門，有一些原因是門檻高，法律人一般來說對於資訊能力比較弱，所以對於資訊科技方面的法律議題，寫出來的論文往往無法搔到癢處，而自己築起了一道門檻，不願意涉足此一領域。所以，筆者研究數位證據這一領域，門檻是其他法律人所搭建，筆者根本不必想辦法創造門檻。

　　這就是頂級天才走熱門，次級人才進冷門的看法，或許上述觀念不是絕對，冷門也有很多沒有價值的領域，但從本文角度所建立的思考方式，卻是值得選擇研究領域的你，檢視自身價值的新切入點。

●●● 甄試經驗分享

　　對於筆者這種不太會考試的學生，甄試的入學管道卻是絕佳的福利，當時申請甄試時，除了提出一份研究計畫，還嘗試寫一篇簡單的法律論文，另外還準備過去參與社團活動的資料。也許是有了這次甄試成功的經驗，研究所畢業後，為了跨領域學習，又報考臺北大學資訊管理研究所的甄試，因為寫了許多法律以及資管領域的文章，所以也順利甄試考上該所。後來報考中正大學法律研究所博士班，除了有一些專業科目的考試外，事前研讀了許多該校老師的著作，但是已經很久沒有參加考試，對於艱澀的博士班入學筆試，憑靠著只是多年來培養的法感（對法律問題的一種直覺）來應試。不過入學研究計畫、資料審查的準備，則與碩士班甄試入學差不多，只要平常的表現還不錯，有撰寫及發表法律論文，自然就會有加分的作用。

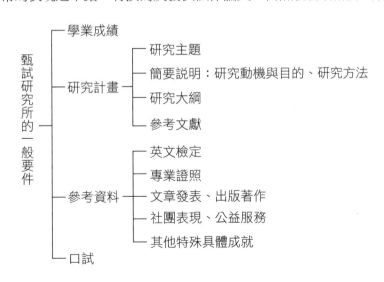

◇ 不必侷限於傳統法律研究所

　　本書另外一位作者楊智傑，臺大法律系畢業後即報考中央大學產業經濟所法律組，在某種程度而言，已經跨越出法律的領域。除此之外，許多法律系學生也會報考勞工、外交、政治、犯罪防治、大陸關係、國家發展等不同類型之研究所。在傳統法律研究所的道路上，找出一條屬於自己的道路。另外，還有許多法律研究所強調金融、科技領域，如清華大學科技法律研究所、交通大學科技法律研究所、中原大學財經法律研究所、政治大學法律科際整合研究所、科技管理研究所等，對於有意研究科技、財經領域的學生，都是不錯的選擇。

　　畢業後，在社會打滾了一陣子，想要返校進修，可以報考在職專班，只要有一定的社會經歷，在現在各校搶著開設在職專班的情況下，要考上並不難。不過，在職專班的收費標準比較高，一個學分可能要 5,000 元以上，相較於碩士一般生一個學分只要約 1,800 元，真的是只有在職生才付得起的碩士學程。目前在職專班過於氾濫，幾乎只要有錢就可以念個法律碩士，唯一的區別點只是在於就讀的學校是否有名氣，是否會因為到處林立的在職專班，而稀釋文憑的價值。

●●● 如何蒐集研究所的考古題

　　研究所考試，必須先了解報考的研究所，過去曾經出過哪一類的題目，大概可以得知可能出題的老師，進一步蒐集出題老師的見解，對於研究所的答題有相當大的幫助。

　　研究所的考古題，可以透過下列方式，找到相關資料：

1. **專門針對研究所考試的書籍**：通常是補習班所出的考試用書，書中不但可以找到研究所的考古題，還有試題的模擬回答。

2. **學校的圖書館中**：目前學校圖書館為了方便考生，通常都會製作考古題

專區。網路時代，只要連上網路，就可以連上學校的圖書館，找到這些考古題。國家圖書館也有蒐集各個學校的考古題連結，不過筆者實際測試後，有些學校的連結已經修改或刪除，但是國家圖書館卻沒有隨時更新。所以，有些學校的考古題專區，恐怕要自己上網尋找，或打電話直接問該校的系辦公室。

●●● 積極投入學術活動

進入研究所後，通常都會開始尋覓一位適合的指導教授，當然指導教授必須與自己所學領域相類似，才能順利對於本身研究的領域進行指導，否則若有意研究稅法，卻找了一位擅長親屬法的老師，恐怕老師也難以進行指導。有時候真的在同一間學校的專任老師中，找不到適合的指導教授，而必須從其他學校的老師中尋找，這時候就要特別注意，有些學校對於找外系老師指導非常忌諱，通常會要求該名老師至少有在校內兼課，或者以聯合指導的方式來解決無法找到適任老師的問題。

指導教授與個人未來發展有相當密切的關係，古語有云：「一日為師，終身為父。」此句話正可以形容與指導教授的關係，未來若持續在法律界發展，指導教授的提攜就成為相當重要的關鍵。除了指導教授外，還必須與其他老師建立良好的互動關係，尊師重道，才能夠從教授身上獲得更多有益的事情。中南部某校曾經發生教授要求學生支付酒店消費的事件，但在法律界這卻是不可能的事情，因為在法律圈子中，教授對於學生多出於照顧之情，很少會有仗勢欺人或落井下石的現象發生。

除了培養與教授之間的關係外，更要積極投入學術性活動，平日應嚴謹地從事學術研究工作，對於校內外舉辦的研討會活動更要積極參與。國內各類型的研討會參與者多是動員而來，參與來賓幾乎都與主辦單位有一定的關聯性，譬如是主辦系所的學生，很少大學部或研究所的學生會主動尋找研討會的資訊並參與之。但是其他領域的研討會參與情況會比較熱烈，

或許是因為法律碩士研究所並未要求學生要在研討會發表文章才能畢業，所以學生大都努力準備國家考試，論文隨便寫一寫，怎麼還會有興趣積極參與學術活動？

研討會的活動可以接收到許多新的觀念，有助於啟發自己研究的靈感。況且人脈的建立更是人生重要的事項，國內法律人在考試掛帥的前提下，人與人的互動幾乎已經達停滯不前的惡劣狀況，學生可以自行影印一些名片，上頭載明就讀學校與連絡方式，在參與研討會的過程中，可以主動遞上名片，也是學習人際互動、建立人脈的重要管道。

中正大學法律所博士

錢　　世　　傑

個人網站：http://blog.chinalaw.org

〔 第2節－**法律論文的寫作** 〕

●●● 基本概念與論文的形態

在邁向法學研究的領域，當然就一定會面對論文的寫作，論文是表現自己對於特定法律議題看法的最佳方式，也是提升自己在學術界地位的必要歷練。法律論文的寫作是磨練自己邏輯思考的活動，是研究活動中最重要的一環，透過論文的呈現，能夠與他人分享自己研究的成果，彼此觀摩學習，對於促進法學研究的發展有極大的助益。

　　論文寫作的形態有許多種，通常都是以書面的形式作成，基本上可以分成下列幾種：

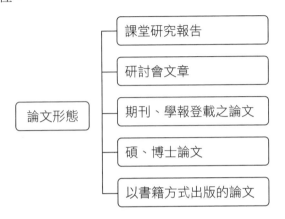

◇ 課堂研究報告

　　大學部學生最常面對的形態應該就是課堂上的研究報告，通常報告要求的格式比較簡單，只要把蒐集到的資料整理出來，再加上自己的評論，基本上就可以交卷了。但是很少學生會認真地完成老師交付的任務，有些同學只有在交報告的前一天，臨時上網抓一些資料，轉貼在報告檔案中，然後再以昂貴的印表機印出彩色美麗的封面，比較有錢的同學還會跑去影印店，加上一個美麗的封面，成為一篇「金玉其外，敗絮其中」的報告。當然老師通常都不是省油的燈，基本上能夠當上法律系的教授，對於學術研究都是一步一腳印地走來，怎麼可能會被美麗的外表所蒙蔽？一看就知道學生下了多少功夫。除非遇到那種靠電風扇來評分的教授，那麼報告用紙的磅數就要重一點，免得吹太遠老師找不到，只好把你當了，或者是內容太少，經電風扇一吹，在空中飛太久而不落地，也被老師認為不努力而被當。

◇ 研討會文章

　　除了課堂上未發表的研究報告外，最容易對外發表的論文形態通常就

是參加研討會的發表。通常研討會發表的文章都是研究者初期尚未成熟的構想，基本上也必須具備完整的文章架構，只是這一類文章的學術理論仍在發展中，往往作者會聲明要求其他學術界人士不要引述。

投稿研討會成功的機率相當大，例如交通大學科技法律研究所每年都會定期舉辦科技法律的研討會，因為規模相當大，所需的稿件數量非常驚人，但是投稿的數量未必能符合預期，所以難免會有些濫竽充數的文章參雜其中，影響研討會的品質。不過，研討會的文章本來就只是初步的概念與在場人士進行分享，並希望透過主持人、評論人或在場人士提供寶貴的意見，讓所寫文章的內容能夠持續發展。

目前國內研討會若沒有大筆經費的支持，成效都難以呈現，往往只有小貓兩三隻，所以只好動員學生來聽講。筆者就曾經投稿至資訊管理類的研討會，因為資管系所的研究生畢業都要投稿至研討會或期刊，所以每一場研討會的發表文章非常多，而且發表人還必須要繳註冊費，成為學校賺錢的另外一種管道，但是發表人數往往高於聽講者。曾經看過某一場次發表人共有 5 人，除了臺上的發表人外，聽講者只有 4 個人，換言之，根本就沒有人到場聽講，其餘 4 位還沒有輪到的發表人就權充聽講者，這種研討會的成效恐怕就沒有任何價值。

◇ 學術期刊、學報登載之論文

若能在法學期刊或學報中刊載的論文，基本上就代表具備一定的品質。所謂學報是指各大學所出版的學術論文集，例如臺大法學論叢、中正法學集刊等；法學期刊是指各種不同機構定期出版的刊物，例如月旦法學雜誌、本土法學雜誌、全國律師等。學報與法學期刊仍有一定的等級，通常都以是否「外審」作為評判的依據，所謂外審就是經過出版單位以外的其他學術人士，對於所投稿件進行評估，作為決定是否值得刊載之依據。若要求稿件都必須經由外審，則當然品質上就較能有一定的水準。反之，若沒有

經過外審的機制，有時候會因為人情關說的壓力，使得沒有達到一定水準的文章也被迫上架，當然影響該雜誌的公信力與水準。

　　判斷期刊、學報水準的指標，通常是以收錄於「臺灣社會科學引文索引」（Taiwan Social Sciences Citation Index, TSSCI）資料庫為標準，目前TSSCI收錄名單中，與法律有關者，包括下列名單：

期刊類	學報類
公平交易季刊 中研院法學期刊	東吳法律學報
	政大法學評論
	臺灣大學法學論叢
	臺北大學法學論叢
	東海大學法學研究
	中原財經法學
	輔仁法學

　　其他還有許多優良的法學雜誌、學報，雖然尚未能列入 TSSCI，內容水準仍然頗具可看性，包括下列名單：

期刊類	學報類
月旦法學雜誌	中正大學法學集刊
本土法學雜誌	成大法學
財產法暨經濟法	台灣科技法律與政策論叢
萬國法律	
法令月刊	

◇ 碩、博士論文

　　我國對於攻讀研究所的學生，都會要求在畢業時撰寫一篇論文，經由大綱審查、口試的審核後，才能取得畢業證書。各校對於碩、博士論文的

要求差異甚小，對於碩士主要是希望能夠培養蒐集資料、分析研究的能力，並且在所研究領域內提出一些基本的見解與評論。至於博士的部分，當然是要求能夠有獨立思考的研究能力，並且有一套完整符合邏輯的理論，才具備博士畢業的資格。

　　通常碩、博士論文都具備一定學術上的價值，甚至有出版社專門出版研究論文集，只要經由教授推薦，並經由出版社的審核通過後，就有機會以書籍的形式出版。不過，若要獲得出版社的青睞，撰寫論文的題目必須具備市場價值性或至少具備一定學術上的地位，否則應該沒有一家出版社會願意做賠本的生意。

◇ 以書籍方式出版的論文

　　在此討論的是以學術上的論文為主，並非介紹一般教科書、市場書的形態。許多教授在撰寫許多學術上的文章後，通常都會將這些文章集結成冊，另外以書籍的形態出版，例如林秀雄教授的《家族法論集》、江朝國教授的《保險法論文集》等，具有學術上的參考價值。這一類的書籍比較不適合初學者學習，因為不是屬於教科書性質，不具整套法律的體例架構，比較不適合初學者學習。不過，若需要了解特定老師的論理基礎，這一類書籍倒是可以提供許多線索，且有助於法學的研究工作。剛踏入法律界的學生若沒有一定資歷，出版社不可能替其出版。所以，至少要取得研究所、專業證照或實務工作的資歷，並且找到自己的專業領域，才有與出版社洽談的基礎。

●●● 進行研究的步驟

◇ 選定題目

　　曾經參加某場研討會，會中評論人林秀雄教授曾提出懇切的建議，認

為剛進行法學研究的學者，難免會引進國外的學說論述，固然對於國內法制發展能有參考上的價值，但還是希望未來能夠提出一套自己的見解，而不要永遠停留在介紹國外制度的層級上。林秀雄教授的意見確實點出許多學者的問題，拚命引進國外制度與學說，但是卻忘記建立自己法學上思考的邏輯與理論，往往成為其他學者的代言人而已。以前在輔仁大學就讀時，曾修過林秀雄教授的親屬繼承法，林老師對於每個法律問題總是能提出一套自己的法學見解，而且以深入淺出的方式教導，對於當時初學法律的我，實在是收穫良多。因此，撰寫論文的過程中，題目的選定就非常重要，到底只是進行比較法學的研究，還是強調自己完整創新的研究見解，就變成研究過程中重要的第一步。

◇ 擬定研究大綱

　　一份完整的論文架構應該具備七大要素，但並不代表每一篇論文都一定要具備這些內容，通常碩、博士論文都會具備這七大要素，其餘一般期刊、學報，則視需求而有不同的架構，以下分別針對研究大綱的各個項目介紹如下：

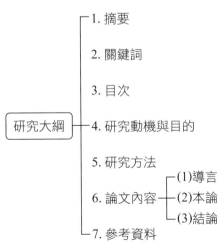

研究大綱
1. 摘要
2. 關鍵詞
3. 目次
4. 研究動機與目的
5. 研究方法
6. 論文內容 — (1)導言 (2)本論 (3)結論
7. 參考資料

1. **摘要**：一般研討會文章或碩、博士論文會要求撰寫摘要，讓讀者能在最短的時間了解研究者所要研究的範圍，以及對於問題基本的看法。

2. **關鍵詞**：公開發表的論文通常都會儲存在電腦系統中，關鍵詞的設定可以讓其他研究者在檢索資料時，迅速找到相關的文章，例如筆者的碩士論文與網路通訊監察有關，關鍵詞就是「網路」、「通訊監察」等字詞。

3. **研究動機與目的**：通常都是碩、博士論文才須具備的架構，主要是介紹引發撰寫論文的原因以及研究成果所能產生的影響，例如以電腦個人處理資料保護法為主題的文章，研究動機可能是因為該法僅限於金融業、電信業等八大行業及指定行業才能適用，所以有修法的必要。至於研究目的，可能是透過國外法制的引進，以建立一套完整的個人資料保護法制。

4. **研究方法**：一般而言，研討會、期刊、學報等研究論文通常都不會註明研究方法，因為在法律學術領域中，論文的研究方法是大家共同遵守，若在論文中暢談研究方法，實在是畫蛇添足。除非其研究方法有一定的特殊性，一定要在文中交代，否則方法論的內容與研究主題無關，並不需要特別交代。但是，對於碩、博士論文，因為本身屬於研究性質，必須要有完整的架構與論述，所以，研究方法成為基本的必要架構。

5. **論文內容**：

(1) 導言：導言又名緒論或前言，主要是說明研究主題以及介紹各章的架構內容，但是因為論文的目次中已經顯示論文的架構，所以有關架構的說明應著眼於建立此論文架構之理由。另外，若類似的論文題目已有多人撰寫，則必須先就過去已經出現過的論文進行分析，並針對本論文研究的重要性提出說明，以顯示本論文之創新性。否則若與過去所寫的論文同質性過高，則此篇論文頂多只有資料蒐集的價值，甚至

於根本就是抄襲他人研究的成果。例如筆者在研究所期間，曾經對外發表有關網路隱私權的文章，並希望以此文章為基礎，作為未來撰寫論文的架構。但是後來某校學生參考了該篇文章，搶先寫了一篇有關網路隱私權的碩士論文，導致筆者認為無法再提出更多新的見解，所以更改研究方向，進行與工作有關的網路通訊監察議題。但是，通訊監察過去已經有許多論文，筆者就必須強調網路通訊監察與傳統通訊監察的差異性，以此強化研究網路通訊監察的價值與必要性。

(2) 本論：本論是強調作者邏輯思考能力的過程，各章節所要表達的內容必須相當清楚，且符合一定邏輯的原則。本論的內容必須在題目的範圍內，不應該超越題目所涵攝之範疇，若因為實際研究的過程中，而有變動研究範圍之必要，則研究題目必須適度加以變動。

(3) 結論：結論通常都是整篇論文的重點歸納，也可以是縮小版的本論。結論與建議二者應該加以區分為宜，建議的部分，應該屬於本論探討的範疇，不應該放在結論的架構中。若將建議放在結論中，將導致結論的內容過於冗長，違背結論只是具備重點歸納的性質。

6. 參考資料：參考資料能顯示作者研究資料的範圍，以及研究資料的質與量，法律的研究屬於社會學的一種，一定要有資料作為基礎，無法憑空想像而產生研究的結果。許多學生把參考資料當作論文的裝飾品，寫完論文後，才去找一些相關文章放在參考資料中，成為先有研究結果，才有研究資料的怪異現象。這種參考資料充其量不過是論文的「裝飾品」，並不具備任何的實質意涵。基本上，一定要在論文中有引註的資料才能列入參考資料中。

7. 附錄：有些學生會將參考資料以附錄的形式放在文後，以方便讀者查閱，但是附錄應儘量避免浮濫，而讓人懷疑只是為了增加篇幅之用。坊間許

多法律書籍的內容非常少，頂多 5、6 萬字，但是附錄就高達 3、4 萬字，把判決書、條文內容全部放在文後，除非是提供一般非法律系的讀者閱讀，否則實在不必要把這些法律人隨手可得的資料放在論文或書籍中。

有位教授寫一本金融方面的書，本文約 150 頁，附錄約 350 頁，書價竟然高達 500 餘元，實在很難理解這本書的重點到底是本文還是附錄？也許是附錄真的得來不易吧！以書籍的版面來說，正常附錄的分量應該以不超過 1/5 為當，例如本文是 10 萬字，附錄就不應該超過 2 萬字，若是附錄是判決或條文，就應該只取與本書有關的重點。有些書籍為了增加頁數，但又不想讓附錄的內容過多，所以就分散於各章中，其實結果還不是一樣，只是在充版面而已。

◇ 蒐集資料

找資料對於法律論文之研究工作非常重要，畢竟法律屬於社會學之研究，引經據典在所難免，凡事皆要有所依據，空口說白話乃一大忌諱，所以了解如何蒐集資料，成為開始研究工作的必備功夫。

法律資料大致上可以分為立法資料、書籍、期刊、論文、研討會論文、實務見解，以下分別介紹如下：

1. **立法資料**：立法資料包括法律條文及立法背景資料，通常可以透過下列方式查詢資料：

    (1) 六法全書：法律條文通常可以參考各大出版社之六法全書，裡面都有完整的收錄，也可以參考法源資訊股份有限公司（https://www.law-bank.com.tw/）出版之光碟版及網路版的法律資料庫。

    (2) 全國法規資料庫：若單純想從網路上找尋法律條文，可以連線至法務部之「全國法規資料庫」（https://law.moj.gov.tw/），搜尋相關的法規資料、條約協定、兩岸協議。

以下提供簡單的查詢範例：

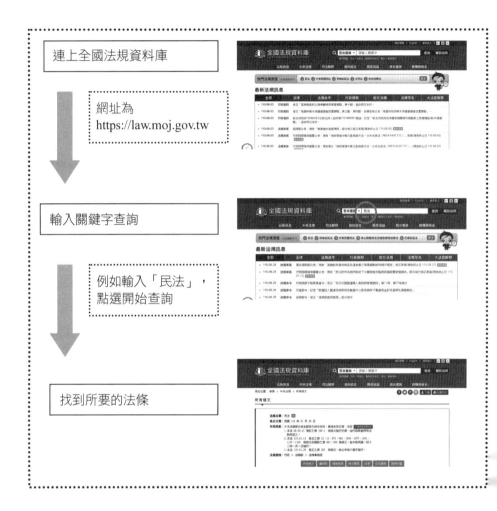

連上全國法規資料庫

網址為
https://law.moj.gov.tw

輸入關鍵字查詢

例如輸入「民法」，
點選開始查詢

找到所要的法條

(3) 立法院：立法資料部分，可以至立法院（https://lis.ly.gov.tw/lglawc/
lglawkm）查詢。近幾年來，立法院積極建置「法律專區」，只要連
上網路，就可以查到許多相關的法律資訊，對於研究立法過程有相當
大的助益。

　　法律的立法理由在書本及法典中，通常並不會完整呈現，可以連上立法院的網站，透過下列步驟查詢，同時也可以查到許多相關的資料：

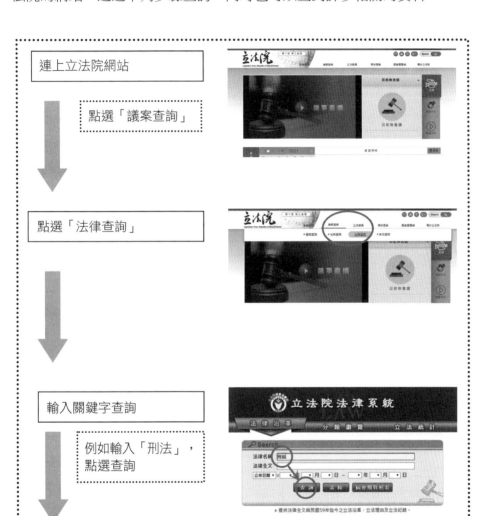

找到與刑法有關的法律

點選法條沿革

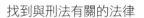

即可看到立法理由

同一畫面，也可查知
修正前條文

也可點選修正沿革

如刑法，即可顯示從
37 年以來的修正內容

也可點選屆會期對照

即可看到每一次修法
的過程

2. 書籍、期刊

(1) 圖書館：過去要查詢書籍、期刊，通常是前往學校圖書館查詢，但是有可能書籍遭人借走，期刊也因校方經費不足而未訂閱，所以必須前往國家圖書館（https://www.ncl.edu.tw）找資料。國家圖書館是國內資料最完整的地方，尤其是許多期刊的內容已經數位化，可以在館內電腦系統直接查閱或列印。另外，若是在國家圖書館找不到資料，也可以從系統中找出國內哪一間圖書館可能有類似資料。

以下就博碩士論文，提供簡單的查詢範例：

連上國家圖書館

網址為
https://www.ncl.edu.tw/
點選「臺灣博碩士論文
知識加值系統網」

輸入關鍵字查詢

例如輸入物權二字點
選查詢
可以設定條件，限制
查詢的範圍

即可查到相關論文

若有標註電子全
文，即可下載至電
腦中閱讀

以下就期刊文獻的部分，提供簡單的查詢範例：

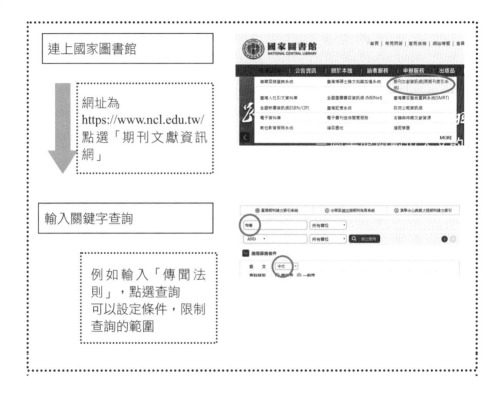

連上國家圖書館

網址為 https://www.ncl.edu.tw/ 點選「期刊文獻資訊網」

輸入關鍵字查詢

例如輸入「傳聞法則」，點選查詢
可以設定條件，限制查詢的範圍

(2) 出版商：書籍與期刊是由出版商發行，所以可以向出版商查詢書籍及期刊的資料。國內知名的法律專業出版社包括五南文化事業機構、三民出版社、元照出版社，可以從出版社的網站中找到完整的相關書籍資訊。

▲五南官網 https://www.wunan.com.tw/
▲三民網路書店 https://www.sanmin.com.tw/
▲元照出版 https://www.angle.com.tw/

(3) Amazon 網路書店：目前要找國外的書籍，除了先到國內的圖書館尋找外，如果資金充裕還可以自行上網購買，世界知名的 Amazon 網路書店書籍種類滿完整，而且臺灣也可以訂購，透過海空運等運送方式，在一定期間就可以收到購買的書籍。如果資金不夠充裕，也可以將建議書單提供給系所，由系所上的經費採買。另外，也可以擔任教授研究案的助理，除了每個月都可以領取一定的助理費，研究案也有經費可以採購書籍，藉此減低自己的負擔。

Amazon 網路書店書籍檢索頁面

3. 論文、研討會論文

各校都會完整蒐集自己學校畢業學生的碩、博士論文，目前畢業的學生都必須將論文送交至國家圖書館，所以幾乎國內畢業的碩、博士論文，都可以在國家圖書館找得到。

至於研討會資料，則必須向主辦單位購買或索取，例如交通大學科技法律研究所每年都會舉辦的科技法律研討會，舉辦完後還會將論文集結成冊進行銷售。

如果真的需要某個研討會的資料，建議還是直接參加研討會，大多數

的研討會活動都是免費的，只要參加都可以領取資料。不過還是有些研討會必須繳交一定的費用，若是經費不足無法參加，則可以向有參與的教授或學生借閱。

4. 實務見解

　　一般的六法全書中，重要法令的法條後面，都會列出相關的實務見解，但是通常都是與國家考試有關的法令，才會有相關的實務見解，與國家考試無關的法令，六法全書中就找不到了。目前司法院（https://lawsearch.judicial.gov.tw/default.aspx）的「法學檢索資料庫」可以找到「判解函釋」及各級法院的裁判書。

　　以下提供簡單的查詢範例：

連上司法院法學資料檢索

網址為
https://lawsearch.judicial.gov.tw/default.aspx

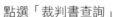

點選「裁判書查詢」

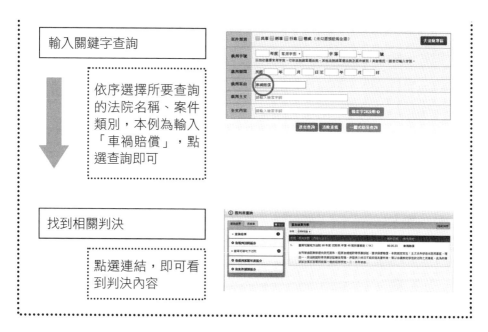

　　至於若要搜尋國外法律資料，則可以連線至國外知名的法律資料庫 LexisNexis 及 Westlaw，可以查到許多法律上的資料，當然包括法令，其餘如新聞報導、期刊論文更是值得花時間尋寶。由於此資料庫採取付費機制，費用非常昂貴，一般個人無法支付如此龐大的使用費用。目前幾乎大部分的學校都會購買此資料庫供學生使用，學生可以透過學校網路，經由圖書館的連結點連上該系統進行查詢。另外網路上還可以透過各種不同的管道，找到需要的資料，例如 FindLaw 網站（https://www.findlaw.com）可以找到案例與法令。

◇ 判讀資料

　　判讀資料花費的時間非常多，因為可能有許多資料都是外文，即使是英文，因為是法學英文，要能夠了解內容還是非常辛苦。剛開始可以先修「英美法導論」的課程，並購買一些介紹英美法律的書籍，對於閱讀法學

英文的文章非常有幫助。如果是德文或日文，一般的學生都是念了法律系才開始念一學年以上的德文或日文，但是短短的時間很難念通，對於閱讀法學德文或日文的文章並沒有太大的幫助。有些補習班似乎會為了研究所考試而開設德文或日文的短期課程，可以在短時間內強化閱讀的功力，倒是值得學生考慮。

　　跨過語文的門檻時，就必須進行文章的分析，了解其文章的邏輯結構，更能夠發掘文章中理論的特殊見解，並且將不同文章的見解分門別類整理，例如哪些學者採肯定說，哪些學者採否定說，理由是否相同？如果不同，差異點有哪些？這些都必須明確地整理，屆時才能有系統地加入論文中。

◇ 產生答案

　　在蒐集一定數量的資料並進行分析後，必須分析出每一種理論的優缺點，參考現行法令架構或實際狀況，提出自己的看法，而這一個看法應具有創新性，論文才能有所價值。例如過去刑法採取三階論，但後來又有學者支持二階論，即使採取的理論相同，但是支持的理由可能不一樣。也有學者推翻原本存在的理論，發展出四階論的見解。透過批判、創新的過程，才能使國內法律理論更成熟地發展。

◇ 撰寫論文

　　在閱讀、分析資料後，比較出各種不同學說的優缺點，心中對於所採取的法律見解業已有定見，就可以開始提筆撰寫論文。透過撰寫論文的過程，可以不斷反省自己的理論是否完整，若發現理論基礎仍有所不足，則必須再補充其他資料，強化自己的理論架構。若原本思考的方向有所錯誤，仍可隨時更動研究的領域與方向，即使是題目也可以適度地加以變動。

　　寫完論文後，若屬課堂上報告，可以與教授研究後進行修改，最後再上臺報告，並由教授或其他同學提供意見，作為修改的參考。若是有意投

稿之論文，在投稿前可以先投至研討會中，藉由參與研討會的學者或來賓提供寶貴的意見，作為修正的參考，然後再將文章請教授指導，將可大大提高論文的品質及投稿的成功率。

●●○ 切勿停留在翻譯型文章

早期法律界非常重視外國的法律制度，往往直接將外國法制引進，但卻忽略國情上的差異。知名法律學者蘇永欽教授即在其〈當前司法問題的癥結〉文中點出問題的關鍵，認為：「缺乏社會的、文化的思考，推動改革者首先想到的通常是怎樣移植更多外國的制度，斷定問題的癥結全在於當初移植得不徹底。」正說明國內許多學者仍停留在「翻譯型」的法學研究。

翻譯型的研究，說得比較好聽即稱之為「比較法研究」，確實有其存在的價值，例如許多新的國外見解，必須透過學者的引進，否則光靠國內法律制定和判決的研究，無法有太大的突破。例如現在國內對金融方面的研究，並不太重視理論的探討，而比較重視實務上之運作與法令之解釋，此時可能就必須大量引進國外的制度。

我國法制主要繼受德、日，所以許多法令之解釋必須參照這些國家的法學理論，甚至於許多學者積極引進德、日最新鮮的法學理論，這種過度強調新的理論，授課過程中無意間流露出德、日等先進法學國家都採如此見解，容易讓學生認為只要是新的就是好的，只要是德、日的法律見解就是好的，必須要趕緊引進我國，才是全民之福的錯誤印象。

常常在許多研討會或學術型文章中，發現翻譯型文章的蹤影，這一類論文格式通常會由作者先點出問題的重點，然後再利用近乎 70% 的版面描述國內外實務與學術上的論點，剩下的部分，扣除前言與結語，屬於自己的見解幾乎沒剩下幾句話。若是不同學者研究議題相同，可能就會有一大部分的論述都差不多，然後為了避免「撞衫」的尷尬，只好把論文架構前

後對調。另外還有一種現象，就是國外的月亮比較圓，國內學者的論文通常都不會被引用，明明研究的文獻是國內學者所寫，但在引註時卻不願意引用國內學者的文章，還是要引用原始國外學者的論述，才能顯現本篇文獻的價值。

不過法律界的論文研究若大部分仍停留在此一階段，整體研究能力將受到其他社會學領域之研究學者質疑。國內各知名大學教授大多是留學外國，以英文或其他語文撰寫論文的能力應該非常強，但是通常很少有投稿至外國有公信力的期刊，主要原因可能是欠缺創新的觀點，或者有值得讚賞的有力論點。

在科技領域的論文寫作格式，「文獻探討」主要是介紹研究領域中已有哪些文獻，然後才會告訴讀者，自己這篇論文是想要挑戰或是突破先前文獻中的哪一部分，而正是那些新的東西，才是作者自己的創新。通常這部分可能只占論文 10% 的篇幅，但是法學界的論文，卻有 70% 的篇幅都是屬於「文獻探討」的範疇。難道是因為法律學的特殊性嗎？才會有異於其他社會科學或資訊科學領域的不同作法嗎？或許這正是我們必須省思的方向，而這種論文品質一直無法普遍提升的現象，值得未來法律界的生力軍重視。

●●● 如何引註

◇ 引註的重要性

法律人進行研究工作無法憑空而生，著重引經據典的功夫，整理各國法制與不同學者的見解後，才能提出自己創新的見解，所以引註的重要性不言可喻，許多教授有時候會以註解的多寡來初步決定文章的可看度。當然引註的多寡未必與論文的品質有正相關，但卻是一項重要的參考依據。不過，許多學生為了增加文章的可看性，往往未經研讀資料的過程，就直

接將資料引註於論文中，這種倒果為因的作法實不足取。更嚴重者，甚至於直接抄襲其他文章作者的註解，這種研究功夫實不足取。

◇ 哪些內容必須引註

　　註解的功能主要是指出論文中學說見解或實務案例的來源出處，例如甲說是刑法學林山田教授在其《刑法總論》中第 200 頁所提出的見解，就必須將作者、書籍名稱、出版社、出版日期、頁數等資料顯示出來，以證明確實有此一說，否則讓人質疑如同考生想不出解答，就只好一派胡說。

　　此外，若是某個觀念或名詞必須進一步解釋，但是放在本文中可能會影響全文的流暢，例如介紹電子商務涉及的法律問題，文中提到「網路釣魚」一詞，則可以將解釋內容放入註解中。若有些法律上爭議問題，但與本文並沒有太密切的關聯性，則可以在註解中簡要敘述，並列出相關參考文獻資料。

◇ 引註的基本格式

　　紙本最常見的註解常都是「隨頁註」，但有些研討會或期刊、年報則會將所有註解放在全文的最後面，尤其是現在論文都會收錄在資料庫中，以網頁的形態加以呈現，所以註解已逐漸改為放在文件結尾處。

　　國外英文法律論文引註已經有一定統一的格式，可參考哈佛法律期刊（Havard Law Review）所出版的「The Bluebook: A Uniform System of Citation」，此類書籍是從事法學研究者必備的書籍，在此不就內容加以論述，請自行參考相關書籍。

　　但是國內尚未有固定的引註格式，所以在撰寫論文前，應該參考所要投稿單位的要求，依據其格式加以撰寫。此外，則可以參考下頁表所列之格式。

　　國內政府機構已經改為橫式公文，且相關數字都已經改為阿拉伯數字，

所以凡是頁數、卷數、年、月、日等數字，一律以阿拉伯數字表示。另外若論文中已經引註過，相同資料再次引用時，其格式應簡化為下列形式：作者名，同前註 X，第 X 頁。

最後，要特別注意網路資料的引註，因為網路資料引註的方式是參照網址，但是這些資料都是儲存在資料庫或儲存設備中，隨時可能因為設備的變動而修改位址，造成引註上出現不正確的結果，事後無法找到相關資料。所以，網路資料應該要儘量不要作為引註的內容，如有必要，也要在註解中載明尋找資料的日期。

種類	格式	範例
書籍	作者名，書名，出版社名稱，民國 X 年 X 月 X 日第 X 版，第 X-X 頁。	錢世傑，《詐騙追緝 X 檔案》，書泉出版社，民國 94 年 5 月初版，第 12-13 頁。
學位論文	作者名，論文題目，校所名稱及學位論文別，民國 X 年 X 月，第 X-X 頁。	詹文凱，〈隱私權之研究〉，臺灣大學博士論文，民國 87 年 7 月，第 5-6 頁。
期刊論文	作者名，篇名，期刊名，民國 X 年 X 月，第 X-X 頁。	張雅雯，〈美國公布最新加密產品出口管制政策〉，科技法律透析，民國 89 年 4 月，第 16-17 頁。
研討會論文	作者名，篇名，研討會論文名稱，研討會名稱，民國 X 年 X 月 X 日，第 X-X 頁。	錢世傑，〈TIA 於恐怖主義時代之應用與相關法制問題探究〉，交通大學 2004 年全國科技法律研討會，民國 93 年 11 月 15-16 日，第 499-516 頁。
報紙	作者名，報導名稱，報紙名，民國 X 年 X 月 X 日，第 X 版。	吳家詮，〈國內首宗高中生駭客網咖偷天幣〉，聯合晚報，民國 90 年 9 月 10 日，第 10 版。
論文集中之論文	作者名，篇名，收於氏著書名，民國 X 年第 X 版，第 X-X 頁。	陳惠馨，〈論我國民法親屬編在訴訟實務上之適用〉，收於氏著親屬法諸問題研究，民國 82 年，第 43 頁。

種類	格式	範例
立法院公報	立法院公報，第 X 卷，第 X 期，第 X 頁。	立法院公報，第 84 卷，第 46 期，第 179 頁。
判決	XX 法院 X 年度 X 字第 X 號<裁判類別>判決	臺灣臺北地方法院 87 年度易字第 428 號刑事判決。

●●● 哪裡可以發表自己的文章

　　法律人可以發表文章的空間並不多，不外乎各校學報、期刊、研討會，撰寫碩、博士論文及出版書籍。學生若能夠有文章發表在特定的期刊、學報中，代表自己的研究內容獲得特定人士的肯定，對於自己未來法律研究的路將是很重要的鼓勵，所以對於研究之路有興趣的法律系學生都應該設定目標，在念法律的生涯中，除了碩、博士論文外，應該要發表一定數量的文章。

　　法律系學生該如何替自己規劃文章的發表呢？首先可以從課堂報告開始，因為課堂報告並不需要經過審核工作，只要自己努力蒐集相關資料，就可以在課堂上進行報告，而老師也會對於你所提出的報告提供專業上的意見，其他同學也會有一定的回饋或問題。經由課堂報告的過程中，可以發現自己研究能力上的問題，也可以學會蒐集、分析資料的能力。

　　通常具有一定品質的課堂報告，教授會鼓勵學生投稿，但是非碩士學生可能在資格上會先被「歧視」，所以常常是以與教授聯合投稿的方式，正所謂「不看僧面看佛面」，比較容易獲得青睞。一開始投稿可以投至相關議題的研討會，例如以科技法律為主題的文章，可以投稿至交通大學科技法律研究所的研討會，因為投稿至研討會的成功機率較高，對於初次投稿的學生可以提升自己的信心。如果真的擔心以自己名義投稿，會遭到審核者的忽視，也可以經過教授同意，與教授聯名投稿，通常錄取的機會更

大。藉由研討會發表的過程中,將可獲得評論人、現場人士的意見與批評,
這些意見與批評都有助於論文的改進。

　　研討會有些是以邀稿形式舉辦,通常都是邀請專家學者發表文章或意
見分享的形態。若是以投稿的方式,通常會訂定論文題目及摘要的審核時
間,以及完稿的時間,也就是說必須先將論文題目及摘要送請主辦單位審
核,主辦單位認為此題目具有研究的價值,則會請作者進行研究,然後在
一定期間內完成稿件即可。通常只要具備一定水準的內容,主辦單位都會
接受稿件,讓作者有發表的機會。

　　至於要如何找到相關的研討會,通常學校的布告欄都會張貼最近舉辦
的研討會,當然各校及學會、社團的網站也都有研討會活動的公布,也可
以詢問相關領域的老師,或與相關政府機構聯繫。若要找尋比較完整的資
料,可以連上「財團法人國家實驗研究院科技政策研究與資訊中心」的「學
術研討活動訊息」網站(https：//www.stpi.org.tw/STPI/index.htm),有完
整的資料內容可供查詢。

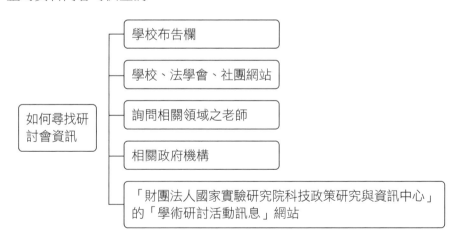

　　若能順利在研討會發表論文,則通常具備一定的自信心,就可以開始
向期刊與學報投稿。只要到圖書館查詢,就可以找到各類型的期刊、學報

種類，翻閱內頁，通常都有註明投稿的方式與投稿內容的格式。目前大多數的期刊都有外審機制，也就是該雜誌或學報會將投稿的文章委請相關學者審查，以判斷其是否具備一定學術與刊載的價值。目前從事法學研究的學者日趨增加，許多助理教授、副教授階級的老師在升等的壓力下，往往必須努力投稿，所以有審稿機制的法學雜誌通常不必擔憂稿件的來源，競爭力就非常大，投稿的內容必須有一定的程度，才有機會獲得審核者的青睞。

■■進階閱讀

蔡美華譯，《芝加哥大學寫作手冊》，五南圖書出版公司。

第**13**章
國家考試──學習成果的一種檢驗方式

本章重點：•你適合參加國家考試嗎？ •重要的國家考試類型 •昏天暗地的補習生涯 •解題的步驟

〔 **第1節−你適合參加國家考試嗎？** 〕

●●● **你的實力足夠參加國家考試嗎？**

目前大學錄取率屢創新高，至少都已經超過 70% 以上，況且近幾年來各校紛紛升格或成立，使得供需市場無法獲得平衡，每個考生只要願意念，都可以找得到學校。從考試能力來說，以法律系排名第一的臺灣大學，算是對於考試最具備可期待性，但也不是每個人都可以順利通過國家考試的檢驗，通常也只有不超過 15% 的比例可以在短時間內考上，其餘 85% 的學生可能需要兩年以上的時間，甚至於更久才能如願以償。至於目前有許多學校法律系招收的學生大約是排名在 50% 左右，甚至於更後面，要參加激烈競爭的國家考試，事實上是很辛苦的，考上的比例還是很低。可是這些學生仍然在家庭、同儕的壓力下，拚命上補習班參加考試，瀰漫著一股考試才對得起父母的心態。

反觀目前的法學教育，各校還是以考上國家考試的人數作為績效評比的重要依據，所以幾乎大部分的經費、資源都擺在與國家考試有關的事項，但是考上國家考試的人數占每個學校學生人數的 20% 以下，這種教育及考試制度確實必須檢討改進。況且國家財政負擔越來越重，人事也遇缺不補，以公務人員法制類科的考試為例，需求的名額越來越少，即使考上了也沒有專心工作，仍然持續在準備國家考試，所以行政機關很不喜歡這一類必

須不斷考試的公務人員，把現在的工作當作未來成功跳板的過客心態實不足取。惡性循環的結果，行政機關寧願去其他單位挖角，而不願開設更多的名額，甚至於改用臨時聘用人員的方式，考上的機率就更低了。

　　時間就是金錢，如果自認為法律功力還不錯，當然可以參與國家考試，但是如果對於自己的能力有所疑慮，則可以考慮直接進入企業界服務，千萬別把自己的未來限定在法律領域中，以國內知名的律師謝震武為例，似乎快忘記自己是法律人，專心於演藝事業的發展。知名作家與主持人吳淡如也是臺大法律系畢業，但是卻走出一條與法律不相干的路。所以認清自己的實力，找出一條未來適合自己的道路，千萬別迷思於國家考試的道路中，茫茫然不知所措。

●●● 你該設定多少時間準備國家考試

　　常常有人問我，到底要不要放棄現在的工作，專心準備國家考試？可是又覺得準備國家考試卻不事生產，感覺很像米蟲，在沒考上之前，還要被家人養。更慘的是如果是男性，女朋友已經考上多年，自己還一直沉淪於國家考試的無底深淵，女方更已經邁入適婚年齡，考試的壓力加上對方家長的質疑，很容易得了憂鬱症，這些慘狀不是考試委員所能體會，也無法知道考生多麼厭惡那些猛放獨門暗器的教授。所以其實考生的心態都不太正常，對於厭惡的老師，居然還要猛 K 這種老師的理論，猛抱老師的大腿。不過，吃得苦中苦，方為人上人，想想臥薪嚐膽的故事，就當作成功前必經的磨練。

　　如果你要參加考試，你該設定幾年呢？一般的建議通常是二至三年，但我覺得以破釜沉舟的角度來看，應該以二年為當，如果不設定期限，每年都差個零點幾分考上，就會抱持著明年會更好的心態繼續參加考試。還記得以前在輔仁大學圖書館時，都會看到一些外形特殊的法律人，已經可

以稱之為阿伯的百年考生，年復一年地考試，十幾年如一日，卻無法體認自己根本不是考試的料，結果就算去找工作，面試人員也會質疑你已經畢業那麼多年了，怎麼都沒有工作的經驗，是不是身心上有問題？很多這種萬年考生要找工作時，都只好騙說以前都在家幫忙或擺地攤維生。

　　所以如果設定考試目標，就專心考試，如果真的沒考上，就再也不要去想國家考試的事宜，除非哪一天律師證照跟保險業務員考試一樣簡單，那再回頭去考一張證照也不遲。離開考試，可能才是一片更寬廣的天空，況且公務人員領的是死薪水，即使司法官有終身保障制度，但是國家財政每況愈下，會不會遭逢何種變故都很難說，臺灣律師只能在本地執業，離開臺灣彈丸之地，就什麼都不是了。如果抱持此種心態，會發現人世間還有許多值得追求的事物，值得年輕的你繼續向前邁進。

〔 第2節–重要的國家考試類型 〕

●●● 律師

◇ 錄取門檻過低

　　律師考試的錄取人數，原本一直很低，通常是個位數，頂多10餘個，但是自民國78年起，錄取率開始大幅提高，錄取人數平均約200～300人。甚至有兩年律師錄取人數突然高達500人，一次是在民國82年，錄取563人（傳聞是因為連戰的兒子當年應考，所以考試院順應上情增加錄取人數），一次則是在民國88年，錄取564人，法界稱之為「564事件」，但不確定為何名額會突然暴增，或許也是與某位高官的子女要參加考試有關。所以考生都希望多幾位高官的兒女來參加考試，只要自己的程度比高官的子女好，就很有機會搭順風車考上。民國90年間，總統公子陳致中參加軍法官考試，本來僅錄取2名，後來以「配合各總部增編法律事務軍官」為

由，增額錄取 10 個名額，第六名的陳致中當然也很順利地考上。後來，某年度的律師考試，傳聞陳致中也要參加，錄取人數會大幅度放寬，消息一傳開，令眾考生為之雀躍，使得該年度的律師考試全程到考人數創歷史新高。後來，陳致中居然沒參加考試，導致許多想搭便車的考生希望頓時破滅，真是無法體恤民間疾苦。

◇ **100 年二階段考試之變革**

　　為變革司法官、律師考試制度，考試院於 100 年改採二階段考試。

　　第一試：綜合法學（一）（憲法、行政法、刑法、刑事訴訟法、國際公法、國際私法、法律倫理）。綜合法學（二）（民法、民事訴訟法、公司法、保險法、票據法、海商法、證券交易法、法學英文）。

　　第二試：憲法與行政法、民法與民事訴訟法、刑法與刑事訴訟法、商事法（公司法、保險法、票據法、證券交易法）、國文（司法官：作文、公文與測驗；律師：作文與測驗）。

　　相較於過去的考試，從科目繁多的角度來看，只能送給考生一個「慘」字。但是從錄取名額來看就比較好一點了，尤其是律師的錄取名額已大幅度增加。以目前律師考試制度而言，第一試及第二試筆試均擇優錄取全程到考人數 33%，如果考生有 1 萬人，最後錄取的人數大約是 1,000 人，相較於過去將大幅度地增加。

◇ **106 年考科調整**

　　106 年開始，律師考試的科目有調整，改成第一試：綜合法學（一）（憲法、行政法、刑法、刑事訴訟法、國際公法、國際私法、法律倫理）。綜合法學（二）（民法、民事訴訟法、公司法、保險法、票據法、強制執行法、證券交易法、法學英文）。

　　第二試：憲法與行政法、民法與民事訴訟法、刑法與刑事訴訟法、公

司法、保險法與證券交易法、國文（作文）、智慧財產法或勞動社會法或財稅法或海商法與海洋法（四科任選一科）。

◇ 政治性考題

　　律師的考試之普通科目包括憲法及國文，國文考題包括作文，有時候題目並不難，主要是考學生「政治傾向」是否正確，例如民國94年度律師考題的閱讀測驗第一篇即是當年陳水扁總統在臺聯黨慶的演講稿。陳總統在該次演講中，痛陳中共當局部署戰術導彈的數量激增，更通過侵略性的「反分裂國家法」，並指中國藉連宋訪中的機會，企圖與在野黨聯手操作，刻意將臺灣矮化、邊緣化及地方政府化。

　　其中測驗題第一題題目的內容為：

下列敘述何者為非？
（A）陳總統肯定臺商對兩岸經濟發展的貢獻；
（B）「積極開放、有效管理」的重點在於開放的速度；
（C）惟有做好管理準備，才能加快開放的速度；
（D）投資者必須對風險做好管理與準備，政府並不是特別針對中國的投資。

　　答案可能是（B）。對不起，本題沒辦法解題，因為筆者的政治判斷能力不足。

　　測驗題第三題題目的內容為：

下列敘述何者為非？
（A）根據陳總統「一個原則」的說法，兩岸談判必須先確立中國不會以武力解決紛爭；
（B）兩岸談判不會以政黨對政黨，或是政府對政黨的方式進行；

（C）「反分裂國家法」促成連、宋兩位在野黨主席訪問中國；

（D）兩岸關係全面倒退的主因是中國的武力威脅。

　　答案應該是（C）吧！有關連主席訪問中國大陸，只知道有一句流行語是「連爺爺，你回來了，你終於回來了！」

　　最離譜的是第四題，問什麼呢？就是陳水扁演講的場合是哪裡？

　　這顯然出題委員是臺聯黨的成員，充分運用「置入性行銷」的概念，讓5、6,000名的考生了解臺聯黨目前是臺灣的一個重要政黨，陳水扁總統還曾經與會演講。

　　只能說真是困難的政治性考題！沒辦法，當了法律人就很有可能當政治人物，當了政治人物就很有可能當總統、副總統、行政院長、民進黨或國民黨黨主席，或出題委員。

　　以上就是臺灣律師考試的國文考題。

◇ 通才，還是專才

　　其他考試科目，憲法以前考選擇題，現在已經變成申論題，相對而言較難準備，其餘還有8個專業科目，可是實際上卻不止8個科目，因為商事法基本上包括公司法、票據法、證券交易法及保險法，所以實際上應該有11個專業科目。這種多科目的考試制度，屬於強迫通才的考試制度，對於學生造成很大的負擔，實際上對於學生考完試後的幫助也不會太大，因為律師業已邁入專業分工的時代。例如有些同學將來只打算從事民事糾紛的服務，對於理論複雜的刑法，完全興趣缺缺，但是在目前的制度下，考生卻不得不念刑法和刑事訴訟法。反之，有的人可能對刑法有興趣，而對民法多如牛毛的條文應付不來，但是現行考試制度也要求要念這些法條，浪費青春與生命，而考生將來也用不到這些知識。

　　如果真的要考這麼多科，題目設計上應該簡單化，而不應該每科都考這

麼難。出考題的老師往往私下會向學生表示，這一題so easy，只有考基本概念，只要把法理弄通，幾個法條湊在一起，根本不用亂提一些甲說、乙說。

可是真的是如此嗎？如果真的這麼容易，只要上課專心就可以把觀念弄通，為何許多題目居然會讓 95% 以上的考生不知道該寫什麼答案？

難道是這些考生都很混嗎？難道是這些考生每天只念 1 小時的書嗎？

恐怕這根本就是獨門暗器，真正有聽過這些考題的學生恐怕只有特定的研究生，或者是天賦異稟的考生，才有可能答對，否則那一題恐怕又只能拿到個位數的分數。當然獨門暗器的產生應歸咎於出題者未能過濾不當的題目，通常每個科目的召集人應該善盡職責，召集會議討論，剔除過於艱澀或屬於顯可疑為獨門暗器的考題，才能符合憲法實質上平等原則之要求。

即使考題的內容已經是多年來重要的法學爭議，考生在提出不同的甲說、乙說的見解後，最後到底是要提出自己的見解？還是猜測到底是誰出題？當考生把老師的見解當作自己的見解，在最後寫出「管見以為……」時，恐怕早已經搞得精神錯亂；到底現在是自己發表的意見，或者只是一位毫無主見的考生在大放厥詞呢？

每一門學科，每一個法條，其中的某一段文字，都可能涉及各式各樣，如滿天繁星的學說見解，為了整理這些不同的學說，乾脆直接求助於補習班。所以艱困的國家考試戰場，除了有效保衛既有律師的市場，不會因為錄取率太高而搞亂了市場行情，另一方面也讓雜誌、出版界及教授能有切入的重點，讓學生能定期拜讀相關業者、教授的文章，不知道這是否構成圖利罪？如果我是典試委員，請記得圖利罪的條文一定會考，而且考題就是「你認為律師國家考試題目過難，考試委員是否涉嫌觸犯圖利罪？」

◇ 錄取人數與市場供需

律師人數錄取過多，是否與律師的服務品質有密切的關聯性呢？

以美國的律師考試來觀察，平均錄取率超過 70%，有些州甚至超過

90%，許多臺灣的學生會前往美國攻讀碩、博士，順便花點時間準備律師考試，通常念完書回國，也就取得律師執照。基本上，只要法學院學生認真讀一段時間的書，幾乎都可以考上。如此高的錄取率，是否造成律師品質低落呢？

相關研究結果顯示，不同錄取率的州，律師品質並沒有什麼差別，考試分數與律師職業能力沒有顯著正相關。反而是我國律師錄取率較低，代表律師就業市場的進入障礙較高，律師間的競爭相對而言較低，一般民眾反而需要擔憂我國律師的水準。高錄取率的美國，考上律師不代表飛黃騰達，只代表必須以更強的競爭力，更具水準的服務，才能確保爭取到更多的客戶。不具備競爭力的律師，將隨著市場機制而遭淘汰。

然而，臺灣的考試門檻依舊很高，縱然改採二階段考試，錄取名額大幅度增加，但錄取率仍然在 10% 左右，究其原因，應是既得利益者從中作梗，哪些是既得利益者呢？合理猜測，基本上包括現正執業的律師，以及掌管出題大權的典試委員。前者避免過多的人數湧入擔任律師，影響目前已經逐漸飽和的市場，後者若題目過於簡單，那教科書、雜誌等市場將頓時化為烏有，或大幅度降低需求量，不再有人重視其獨門暗器之學說。

◇ 律師的計酬方式

律師的薪水究竟有多少？

這個與市場機制有絕對的關聯性，例如過去律師每年才錄取 10 名左右的年代，一考上律師就代表飛黃騰達，客戶雙手捧著鈔票到你腳跟前，雙手數鈔票都來不及，還是買台點鈔機數錢比較快。但是這種年代已經逐漸消失，目前每年錄取至少約 900 多人，實習律師薪水能有 3 萬元就不錯了，有時候還可能發生找不到事務所實習的窘狀。

但是只要有專才，在律師行業相信仍能有一番作為。筆者研究所同學劉士昇在校即從事稅務方面的研究，畢業後更與泛紫聯盟合作，擔任稅改

運動推動的律師團成員，第一階段以 50 對夫婦為對象，訴求為「爭取夫妻合併申報者標準扣除額為 88,000 元」、「爭取最低生活費免稅額為 108,000 元」，及「爭取子女教育學費特別扣除額每名為 50,000 元且不限大學」，並由律師團代為進行復查、訴願、行政訴訟及釋憲聲請，獲得社會大眾廣泛的迴響，在稅務法律領域中闖出一片天。

　　所以，坊間的補習班往往將律師業包裝成只要一考上，馬上成為人中之龍鳳，實際上並非如此，律師這個行業競爭性還是非常激烈。雖然目前各個地方的律師公會都有約束會員的收費標準，以避免價格上的惡性競爭，但是削價競爭的情況非常嚴重，如談話費每小時以 3,000 元計算，實際上許多律師談話根本已經免費，甚至為了開發客源，還必須至各地提供免費諮詢服務，以搶食有限的市場。過去掛在企業牆上的法律顧問證書，從每年酌收數萬元費用，到現在免費贈送還搶破頭，只為了透過法律顧問證書建立「通路」，因為在競爭激烈的環境中，只要搶得「通路」才有機會取得市場。

◇ 律師的訓練與磨練

　　律師考試通過後，基本上必須參加由法務部司法官訓練所主辦的律師職前訓練半年（基礎訓練一個月、實務訓練五個月），完成受訓後即可在法院登錄、加入公會二道程序後展開執業生涯。近幾年因為律師錄取人數大幅增長，通常都會先受僱於事務所，大型事務所分工細密，案件內容較為繁雜多元，有機會學習到特殊或最新的案件。國際性的律師事務所，所能接觸到的層面更廣，例如理律、國際通商及常在等法律事務所都是國內知名的大型法律事務所，然而在僧多粥少的情況下，想要進入這些事務所磨練也相當競爭，待遇也遠不如預期。

　　另外，也可以進入大型科技公司擔任法務人員，例如鴻海、台積電、華碩等企業因為常面臨專利侵權等訴訟，對於法律團隊相當重視，若能進

入從事法務工作，也可以學習到不少跨國性企業的經驗，對於培養獨當一面的能力，可以算是不錯的磨練機會。甚至於有許多法律人，在進入企業後，反而跨領域從事與法律較不相干的工作，例如管理、財務等方面，以目前律師業專業分工的走向，有機會學習第二專長將是提升個人競爭力的不二法門。

●●● 司法官

◇ 全體國民引頸期盼的正義化身

　　司法官分成法官與檢察官。在法院方面，我國並沒有採取陪審團的制度，而是由中立客觀的法官針對雙方當事人提供的事證，作出最符合法令要求的判決，以追求形式上與實質上的正義。法官的角色如同「天平」一般，衡量雙方所提出證據的價值並進行評價。

　　檢察官是代表國家追訴犯罪，打擊不法的執法者。臺灣從極權制度逐漸轉化為民主國家的過程中，檢察官原本享有的搜索權、羈押權已經被剝奪，回歸到中立第三者的法官身上，不過目前仍保有監聽權，在注重雙方攻防武器平衡的法庭上，似乎在制度改革的完整性方面仍有所遺憾，檢察官應該善盡蒐證的程序，以扮演好代表國家追訴犯罪的角色。

◇ 缺乏淘汰機制的司法官考試

　　司法官考試包含「法官」與「檢察官」這兩種截然不同的職務。司法官筆試的內容和律師考試並沒有太大的差距，基本上也是通才的要求，考試科目相當多，考題內容並不簡單。和一般公務員一樣，司法官考試也要經過口試這一關，主要是因為司法官必須要問案，如果口齒不清或精神上有問題，可能不太適合擔任司法官。可是口試能夠篩選出適任的法官嗎？答案顯然是否定的。

　　過去比較擔心口試會有政黨傾向，現在當然不會了，應該沒有口試官

會因為你偏向「藍」或偏向「綠」，而讓你無法通過口試。況且短暫的口試時間，通常不會超過 5 分鐘，如何能夠判斷一個人的品格，幾乎不可能就此斷定其適不適任司法官。所以歷年來都會有一些不肖的司法官知法犯法，收賄、怠忽職守或在法庭上仗勢欺人，引發民眾的抱怨與不信任感。能考上司法官者通常都是聰明絕頂，社會上菁英中的菁英，但是司法界即使經歷多年的努力，仍淪為最不被信任的職業之一，顯然司法官這個行業已經病了，而且病得不輕。

　　難道司法官在訓練與正式擔任職務的過程中，都沒有一套有效的篩選考核機制嗎？

　　在司法官考試及格錄取後，還要接受為期兩年的專業訓練，訓練期間非常長，這也代表民眾對於司法官的要求非常高。但是這麼長的訓練過程，卻欠缺篩選的機制，似乎沒有聽過在受訓期間因表現不好而被剔除，這種沒有篩選機制的訓練方式實在非常讓人難以想像，訓練單位對於寒窗多年才考上的考生，不忍心大刀一砍，將不適任的考生退訓。但是這種慈悲之心，卻苦了尋常百姓，也讓司法官的形象被少數人給破壞殆盡。

　　司法官受訓業務，共分成四種訓練階段：1. 主要是由司訓所聘請實務界與學術界的專業人員，教授各種理論與實務的課程，並透過此一期間的訓練，熟悉裁判文書的製作；2. 由受訓人員選擇至各地方法院、地檢署及行政機關實習，並由資深的司法官來指導；3.至司法警察機關、地政機關、稅務機關等單位實習；4. 返回司訓所接受結訓測驗。

　　結訓測驗是為了篩選不適任的司法官嗎？當然不是，結訓測驗與平時測驗、口試成績的計算，主要可能是會影響分發的結果，畢竟法官的職缺僧多粥少，成績自然成為決定的因素。

　　司法官的保障在公務員體系中最為完善，甚至於憲法明文給予保障，依據憲法第 81 條規定，是只有對實任法官的身分保障，而依據大法官會議

釋字第 13 號解釋，檢察官也比照辦理。剛分發到任的法官，稱之為「候補法官」，經過五年後，經過書類審查合格，稱之為「試署法官」，再過一年，經過第二次書類審查合格後，才正式成為憲法所明文保障的實任法官。

◇ 低錄取率的門檻

在民國 85 年及民國 89 年間，司法官考試曾經一年考兩次，民國 88 年也擴大錄取名額至 185 人，來補足不夠的員額。但是近年來，相關司法官的需求已經減緩，因此錄取率逐年恢復正常，目前平均錄取率約在 2% 以下，錄取人數已經降至 80 人以下，競爭力非常激烈。

為了解決法律相關專業考試錄取率過低的問題，正研議「高等考試法官檢察官律師考試條例」，未來法官、檢察官、律師三試將合一，但筆試將由一試變成二試，第一階段須先考測驗題，錄取一半的考生，再進入第二輪考申論題，最後篩選第二階段的 20% 考生錄取，錄取名額不得超過 600 人。以法官、檢察官為第一志願者，按其第二試成績排序，依據需要名額參加口試，口試成績未滿 60 分者不錄取，但口試成績不計入總成績，以律師為第一志願者，不需要參加口試。

如此的考試改革方式，可以解決部分同學因為程度過高，一次錄取司法官及律師考試的雙榜，占據其他辛苦奮鬥同學的名額。但是在比例上似乎仍然沒有提高，因為第一、二階段加起來的名額不過才 10%，而且這些名額是包含司法官的名額，似乎在名額數量上仍然與過去相差不遠，看來法律系的學生還是要繼續在激烈競爭的環境下擠破頭了。

◇ 高額待遇以避免腐化

司法官的待遇相當不錯，除了基本薪資外，還有高額的司法加給，一般而言，候補法官幾乎都可以領取高達 9 萬多元的薪資，相較於一般高考及格的公務員僅領 4～5 萬元，顯然非常受到禮遇。在住宿方面，司法官也

有宿舍可以住，甚至於補助一定的費用在外租屋，在福利方面真的高出一般公務員甚多。這些高額的待遇都是為了避免司法官遭到外界的引誘，而影響其裁判的公正性。

　　但是，與律師相比較，目前司法官的待遇仍然與工作量不成正比，以每年不到 200 萬的薪水，卻必須負責高達約 1,000 件的結案量，若以律師每件案子收費 5 萬元來計算，$1,000 \times 5 = 5,000$（萬元），顯然有極大的落差，似乎待遇與工作量不成正比。不過，以目前國家財政狀況不佳，恐怕短時間要將司法官的待遇提升是有困難的，或許只好努力偵辦貪污瀆職的政府官員，省下來的錢就可以加薪。

◇ 從李子春案談檢察官的工作

　　檢察官只是政治掌權者的傀儡嗎？

　　我國民主發展的歷程中，總是看到政治操弄的痕跡。96 年間，法務部空前調動 26 位檢察長，包括高檢署檢察長謝文定，被認為是他在國務機要費中不配合上意，受到秋後算帳。檢察體系為抗議政治力介入，連署掀起不合作運動，台中、雲林、高雄地檢署 3 位檢察長率先發難，拒絕接任新職，引發高層震驚。過去也有許多檢察體系與政治抗衡的例子，不過大都限於個人，例如檢察官李子春偵辦「游盈隆頭目津貼案」時，先傳喚總統到案說明，一位口口聲聲表示尊重司法的總統，表面上當然要配合辦案。

　　總統親臨花蓮，接受檢察官的訊問。本來是一齣尊重司法的漂亮戲碼。但是，事後有馬屁精不滿總統遭到傳喚，把李子春的背景全部掀了出來，連迄今還是候補檢察官、多年考績乙等的事蹟都拿出來講。總統也在輔選過程中，責難李子春檢察官令其罰站，但是李子春表示有多次請總統坐。

　　本案例最後，李子春未經檢察長審核，就直接將該案以雙掛號送交法院審理，引起高層不滿，檢察總長吳英昭以「未依法定程序」逕行宣告起

訴無效。後來法院持相反的見解，認為未經內部檢察長審核，並不影響檢察官起訴的效力。檢察總長又改口說要請蒞庭（公訴）檢察官撤回起訴，聽到這麼誇張的事情，重量級的刑事法學者就放話說「敢撤回試試看……」。當然，不滿的政府官員就將李子春送請公務員懲戒委員會進行懲處，最後以職等降等處理。

李子春事件有許多可以討論的議題，首先，李子春是什麼人物？為何到現在還是候補檢察官呢？是能力太差？還是有其他原因？

據聞，李子春其實並非在花蓮才出名的，他是司法官 20 期結業，在民國 80 年間，就因偵辦前法務部長蕭天讚關說案而聲名大噪，當時與桃園地檢署其他 3 名檢察官合稱「四大寇」，但也因而遭放逐至花蓮迄今。至於為何還是候補檢察官呢？是因為法學素養不夠，導致書類送審不過嗎？據悉李子春如同拒絕聯考的小子，在公務體系中是拒絕升等的檢察官，因為依據檢察官的制度，即使通過檢察官考試，前五年還是候補檢察官，然後送審書類，變成試署，同年第二次送審，就變成實任檢察官。但是李子春檢察官認為已經考試通過了，為何還要用內部程序操控檢察官，如果不送審書類，難道就不是檢察官？難道就不能辦案了嗎？

其次，傳喚總統適當嗎？李子春頂多犯了未經查證是否確實具備證人之身分而亂傳喚，但是這種小毛病幾乎每個檢察官都會犯，就曾有檢察官沒有任何依據就依據當事人的主張，把他造 200 多人都傳喚到案，李子春也不過傳喚現任總統，若有查證犯罪事實之必要，何來不得為之道理。有許多黨政高層聞之，跳出來說傳喚總統，怎麼可以？筆者在這裡要問一下，為什麼不行？

最後，李子春檢察官的起訴到底有沒有效呢？檢察總長跳上火線說起訴無效，但是法官採不同的見解，認為李子春是檢察官，對於法院而言當然起訴有效，只是沒有踐行內部程序。當然有論者認為此舉違反「檢察一

體」之原則，但是真的有違反嗎？

　　檢察一體是規範檢察作業體系的行政約束程序，依據法院組織法第 63 條、第 64 條規定，檢察長固然有指定檢察官辦案、強制更換承辦檢察官以及決定起訴與否的權力，但這都是行政指揮與監督的「行政管理權力」，並不能影響檢察官偵查獨立之權力。換言之，即使檢察長有較高的指揮權，但並不表示獨立檢察官就毫無起訴權，就算是檢察長有權「撤換」李子春，但檢察長也無權以「程序問題」干擾檢察官依法起訴的「實質效力」。

　　既然起訴有效，那可不可以由蒞庭（公訴）檢察官撤回起訴呢？觀之刑事訴訟法第 269 條：「檢察官於第一審辯論終結前，發現應不起訴或以不起訴為適當之情形者，得撤回起訴。」第 270 條：「撤回起訴與不起訴處分有同一之效力……。」或許有人會擴張檢察一體之原則，公訴檢察官應該能撤回起訴檢察官之起訴。我國未採獨立檢察官制度，雖然此舉確實會影響行之多年檢察一體的體制，但是非常時期就得採取非常的手段，難得有一位檢察官不屈服於現行的行政體制，作出我們不敢做的事情，難道不值得肯定與支持嗎？曾經看過報導指出，義大利政府為了剷除黑手黨，一群不畏暗殺威脅的檢察官，前仆後繼地全力追查黑手黨之不法行為，即使有許多人遭到黑手黨反撲而被暗殺身亡，仍為了正義公理的信念而努力瓦解黑手黨組織。

　　反觀我國，即使有檢察官願意發掘真相，但若過度強調檢察一體之概念，更容易讓政治力玩弄檢察官，公理正義更難以伸張。況且，「偵查獨立」與「檢察一體」是兩碼子事情，「檢察一體」之原則不得影響到「偵查獨立」的存在，故檢察體系的上級長官不得隨意將案件抽回轉發其他檢察官，也不能依據檢察一體，而任令公訴檢察官撤回起訴。此外，公訴檢察官制度應該只是人力調配要求下所產生的新品種檢察官，不要讓檢察官忙於偵查案件之際，還要煩惱法院審理過程的壓力，故只能算是起訴檢察

官的代理人，真正的當事人還是起訴檢察官，所以公訴檢察官怎可未經起訴檢察官之授權，即隨意撤回起訴？仍應獲得起訴檢察官之同意。

　　反正法理上，李子春檢察官似乎占了上風，某些人只好改以行政手段來處理此一問題，最初傳言要請他走路，後來只敢將他送請公務員懲戒委員會進行懲處，最後以降一級（薦任七等）改敘，降等的主要理由如下：

1. 傳喚總統陳水扁到庭作證，於傳喚之初，未以任何方式，使其直屬之主任檢察官或檢察長知悉。

2. 李子春於案件偵結後，未依檢察長指示補充起訴書立論基礎送核，自行撰擬起訴書向法院起訴，違反地方法院及其分院檢察署處務規程第 25 條第 1 項：檢察官執行職務應就重要事項隨時以言詞或書面向主任檢察官或檢察長提出報告並聽取指示之意旨。

　　最後，公務員懲戒委員會認為核其所為，除違反上開法令及刑事訴訟法第 52 條關於製作起訴書之規定外，並違反公務員服務法第 1 條公務員應依法律命令所定執行職務，及第 5 條、第 7 條所定公務員應謹慎、執行職務應力求切實之旨。其所提各項申辯及證物，均不足資為免責之論據，應依法酌情議處。據上論結，被付懲戒人李子春有公務員懲戒法第 2 條各款情事，應受懲戒，爰依同法第 24 條前段、第 9 條第 1 項第 3 款及第 13 條議決如主文。

　　此事之是非，或許歷史自有論斷，以下僅摘錄總統府公報刊載李子春檢察官的申辯內容作為本段文字之結尾，或許初踏入法律界之法律人能有另外的省思：

> 伊傳喚陳總統即前民主進步黨主席作證一事，依刑事訴訟法第 251 條、第 252 條、第 264 條、第 271 條各規定意旨，係屬檢察官固有職權之合法行使，無庸取得檢察長或主任檢察官之同意；前述法務部訂頒之

處務規程第25條第1項「重要事項報告」，解釋及適用上，不能侵及檢察官之法定固有職權，該規定恐係法務部及相關機關應加檢討修正之處。至法務部於移送書中主張申辯人破壞檢察一體制度，或有違首長指揮監督及業務運作秩序一節，按檢察一體制度之缺失，在於上命下從，一旦貫徹到底，則政治、行政及其他外力，從此長驅直入，干預檢察事務，而公平、正義亦隨之蕩然。為遏止權力者不法勾結、擴權，固可修改檢察一體制度，以符此一制度之原意，然最重要者，莫過於檢察官於遇有首長誤用檢察一體制度所賦予之權力時，要有勇氣對抗云云。

●●● 法官法通過後之期許

法官法，在歷經多年的討論，民國 100 年終於制定公布完成。

法官法到底給了一般民眾什麼期待呢？

基本上，一般民眾是希望法官廉潔自持，作出的判決不要是恐龍判決。所以法官法的重點，應該在事前的養成與事後的淘汰機制，尤其是事前的養成最為重要。有關淘汰機制部分，目前法官法為人所詬病者，大概還是著眼於法官「保障」的部分比較多，說好聽叫做「養廉」，說難聽就變成「自肥」。至於法官法所建立的評鑑監督機制，這也是一般大眾比較關注的焦點，恐怕還有好長一段路要走。

預防重於治療，這一句老生常談的話，卻也點出只重事後的評鑑監督，還不如放更多的心力在法官的養成工作。

法官養成方面，目前主要還是來自於考試，或許是很公平的機制，民國 100 年改採二階段考試的重大改變，但無論怎麼改變，不變的仍是只要你夠聰明、會考試，就有機會擔任司法官。

或許各位讀者還感覺不出問題的嚴重性，這樣子思考好了，回想起當

年考試競爭的那個日子，旁邊有 30 個很會念書、考試的同學，這些同學中，也許有 18 位品德還不錯，也許有 9 位品德差了些，有 3 位則糟糕透頂，只會念書、毫無人品，而這些人因為很會考試，考上司法官的機率也就非常地高，結果有三成考上了司法官。所以，大概就有 5 位品德還不錯，有 3 位品德差了些，有 1 位可能就是現在被羈押的那一位。畢竟第三階段的口試很難過濾，受訓期間更不願意當壞人淘汰不適任者，這就是我國悲哀的司法官培育制度。

　　當然這樣子的制度也可以透過法官法的制定與落實，來建立一套過濾的機制。例如要在社會上歷練多年的工作經驗，並經過公正人士審核方能擔任。否則剛畢業就要當法官，說真格的，這種接近神的工作實在難以勝任。目前法官法規定可以由有經驗的律師、教授來轉任，只是空有制度，除了律師之外，教授轉任的門檻相當高，如何讓德高望重的教授願意轉任辛苦的司法官工作，恐怕還得提供更多的誘因，適度地放寬門檻。畢竟不需要擔心制度門檻的放寬，只要在審查委員方面把關嚴謹，一樣可以避免不適任者擔任法官。

　　總之，法官法的制定只是落實司法改革的一小步，未來還有許多需要調整的地方。「事前過濾（較為重要），事後淘汰」，這八字真訣看似簡單，但還有許多要繼續努力之處。否則，恐怕得設立 10 個廉政公署，讓不同司法機關都來偵辦貪瀆案件或用各種機制防範貪瀆發生的「雞尾酒療法」，才有可能將司法污池中的老鼠屎稍微清乾淨一點吧！

●●● 行政執行官

◇ 公權力的最後執行者

　　民國 89 年第二次司法特考中增加了「行政執行官」，民國 90 年 1 月 1 日全國 12 個行政執行處正式成立。行政執行官是負責行政上強制執行工

作，依行政執行法第 4 條第 1 項之規定，行政執行官係從事「公法上金錢給付義務」之強制執行。

　　所謂公法上金錢給付義務，包括下列四項：

1. 稅款、滯納金、滯報費、利息、滯報金、怠報金及短估金；
2. 罰鍰及怠金；
3. 代履行費用；
4. 其他公法上應給付金錢之義務。

　　所以若停車未繳費而遭罰款時，最後政府部門取得執行名義後，就由行政執行官對當事人的財產加以執行。所以行政執行官是伸張公權力的最後執行者，若未能貫徹執行公法上金錢給付義務，則相關規範將形同虛設。

　　相較於普通法院民事執行處的法官，兩者的地位與享有的權限差不多，只不過行政執行處的行政執行官為拘提管收時，須先經法院裁定准許，故行政執行官於行政執行處的地位相等於普通法院民事執行處的法官。行政執行官隸屬於法務部，並非隸屬於司法院之行政法院底下。

　　行政執行官的待遇係比照司法官，但並無享有終身職，公務員職等從薦任八職等開始，比高考、檢察事務官、地方法院公設辯護人為高。行政執行官工作內容較為單純，僅限於執行項目的工作，但是因為工作量相當高，每月的案件數量幾乎都上萬件，所以工作量非常繁重。

◇ **考試與訓練**

　　行政執行官的歷年報考人數相較於司法官考試並不多，但因為錄取人數比較少，所以錄取率一樣很低，通常都在 2% 左右。尤其是口試會進行初步的篩選，若筆試成績不高，而口試表現又不佳，就有可能落榜。

　　行政執行官考試錄取後，必須接受一年的訓練，報到後依錄取名次公開選填志願，選擇至全國 12 個行政執行處接受九個月實務上的訓練。在訓

練期間，錄取人還必須集中接受三個月法律專業課程的訓練，訓練成績及格，才能取得考試及格證書，正式取得行政執行官的資格。

●●● 檢察事務官

◇ 檢察官的左右手

為了降低檢察官的工作量，以及解決檢察官對於網路犯罪、金融犯罪等特殊犯罪行為的認知度有所不足的實際狀況，民國 89 年第二次司法特考新增「財經實務」、「偵查實務」、「電子資訊」、「營繕工程」四組檢察事務官的考試項目。

檢察事務官主要是協助檢察官行使職權，比較簡單易懂的說法是檢察官的左右手，與目前法院招考的助理法官相類似。實際工作項目如下：

- 實施搜索、扣押、勘驗、或執行拘提；
- 詢問告訴人、告發人、被告、證人、或鑑定人；
- 襄助檢察官實施偵查、起訴、協助自訴、擔當自訴及指揮刑事裁判的執行；
- 其他觀察勒戒、追討戒毒費用等法定職務的執行。

檢察事務官的薪資，專業加給約為檢察官之 80%，薪水相較於一般公務員為高。

◇ 考試與訓練

檢察事務官的歷年報考人數相較於司法官考試並不多，但因為錄取人數比較少，所以錄取率一樣很低，通常都在 3% 左右。但是因為分成「財經實務」、「偵查實務」、「電子資訊」、「營繕工程」四組，每一組的報考人數與錄取人數不盡相同，可以選擇對自己最有利的組別報考。

　　相較於一般公務員，檢察事務官的工作極富挑戰性，考上後總共需受訓九個月，訓練內容共分三個階段：第一階段在司法官訓練所接受專業科目的訓練；第二階段則至各地檢署實習；第三階段則再度返回司法官訓練所受訓，受訓完畢後，將分發至單位任職。

　　檢察事務官共分成四組，「財經實務」、「電子資訊」、「營繕工程」所考科目大多非法律系學生在學期間學習的科目，例如「財經實務」組應考科目主要以會計領域為主，如「證券交易法與商業會計法」、「中級會計學」、「稅務法規」、「審計學」、「銀行實務」等科目，都是金融科系專長的項目，僅有「刑法及刑事訴訟法」是法律人曾經接觸過的科目，因此除非對這三類組的考試科目另外花時間準備，否則在先天上即輸其他組別的考生一籌。對於同時要準備司法官、律師的考生而言，無法達到一魚多吃的功效，並不適合法律系背景的考生準備。因此只有「偵查實務」組考試科目對於法律系背景的考生最為有利，除了英文及國文外，幾乎全是法律專業科目。

●●● 公證人

◇ 保全證據、降低訟源的公證制度

　　所謂公證，是指公證人就請求人請求公證之法律行為或有關私權之適時賦予公證力，證明該項法律行為之作成或該項事實之存在；所謂認證，則是指公證人就請求認證之文書，證明其文書之作成或形式上為真正。例如結婚、離婚、遺囑、收養、夫妻財產、房屋租賃、借款、委託授權、買賣及和解等的「公證」；切結書、翻譯「認證」及存證信函等，皆可利用公證、認證制度，來達到保全證據及保障私權。

　　此外，公證業務也具有減少訴訟的功能，例如借貸之法律關係，常常因為借貸人不返還借款，而必須再多花很長的時間與訴訟費用，以完成訴

訟程序，但是如果借貸關係事先經過公證程序，碰到類似情況，即可立即進入強制執行程序，省去訴訟的麻煩。

◇ 民間公證人

　　公證法於民國 90 年 4 月 23 日起正式施行，改採民間與法院公證並行的雙軌制。民間公證的服務程序相較於法院公證的程序更具有效率，且全國法院一年的公證、認證案件相當多，高達數十萬件，需求量非常大，若能通過公證人的考試，未來的發展將有可觀的前景。只是一般民眾的心態仍認為法院公證的公信力較高，考上民間公證人，不代表就能享有客源不斷的大好前程。

　　民間公證人主要是從事何種業務呢？依據公證法第 1 條規定，民間公證人得辦理公證事務。第 2 條規定，公證人因當事人或其他關係人之請求，就法律行為及其他關於私權之事實，有作成公證書或對於私文書予以認證之權限。公證人對於下列文書，亦得因當事人或其他關係人之請求予以認證：

1. 涉及私權事實之公文書原本或正本，經表明係持往境外使用者。
2. 公、私文書之繕本或影本。

　　為避免不必要的遺產爭奪，所以公證法引進公證遺囑集中保管、閱覽及申請的制度，由全國公證人公會聯合會保存。此外，還有涉外公證事務，規定公證文書經當事人請求，得以外國文字作成。

　　民間公證人的收費有一定標準，基本上是以標的之金額或價額來收取，例如 20 萬元以下者，收取 1,000 元；逾 20 萬元至 50 萬元者，2,000 元。某些特定事項，則不論金額收取 1,000 元之費用，例如契約之解除或終止、遺囑全部或一部之撤回。若作成公證書必須經由實際體驗者，則依據實際體驗的金額，每個小時可以收取一定的費用。所以民間公證人的收費具有一

定的標準，而且金額不高，若是無法有一定的客源，則身為民間公證人的生活會非常辛苦。

如何才能成為民間公證人？基本上只要民間公證人考試及格，或曾任法官、檢察官、公設辯護人、法院公證人，及律師高考及格並執行律師業務三年以上者，均得遴任為民間公證人。實際上民間公證人的需求不高，全國只需要 300 名以下的名額，想要投入此一領域者應審慎考慮。

◇ 法院公證人

我國目前採取法院及民間公證人雙軌並行的制度，所以目前地方法院及其分院都設有公證處。法院公證人最初的待遇並不高，僅略高於一般公務人員，且不能轉任其他部門，但是工作壓力較小、工作時間正常，屬於一種輕鬆愉快的工作。雖然在公務機關體系發展有限，但法院公證人卻可以作為民間公證人的「跳板」，且在法院公證人的資歷，將有助於民間公證人的業務執行。

公證人必須經過高考公證人考試，但是歷年來錄取人數都非常少，常常只有個位數的錄取名額，所以一般法律系考生的報考意願不大，通常報考人數僅約 100 餘人，但因為名額過少，所以錄取率一般都在 2% 之間。

●●● 書記官

◇ 晉升「官」等的公務員

書記官的考試錄取名額較高，所以受到法律人相當大的重視，雖然只是屬於四等司法特考，但許多人卻將之視為一個報考司法官、律師考試的重要跳板。書記官實際執行業務非常忙碌，主要協助司法官，分掌記錄、文書、研究考核、總務、資料及訴訟輔導等事務，工作雖然單純，但項目繁雜，對於有意再考試的考生，恐怕工作之餘並沒有太多的時間可以準備

考試。但若與一般公務員相比較，書記官的職位已經算是非常好的工作，畢竟還是稱之為「官」。

◇ 缺考率超高的公務人員考試

　　法律系畢業生大都會報考書記官考試，但是並不代表一定會參加考試，幾乎每一年的書記官考試報考名額都非常高，但是真正到考人數往往只有報名人數的 2/3，大幅度提高錄取率。

　　況且許多人考上書記官並沒有很認同這項工作，往往在工作的空檔拿書猛 K，若有其他更好的工作，如考上律師或司法官，馬上就跳槽，所以導致人才流動非常快速，每年也一直維持一定比例的需求量。基本上書記官考試的錄取率算是相當高，基本上大都有 4% 的錄取率，甚至於曾經在民國 89 年連續考兩次，當年度的第二次考試，還錄取 502 人，錄取率飆高到 14.28%。當然以目前政府預算吃緊的情況，未來可能不會再有此一景象。

●●● 政風人員

◇ 端正機關風氣的關鍵角色

　　政風司與檢察司、調查局，同屬法務部下設之一級單位，相互平行，主要業務職掌在於端正公務人員風紀，避免貪污瀆職之情況發生，平時除查察相關違法失職之行為外，平日更需要對內部人員進行政風宣導教育。最近為人所熟知的「政風狗仔隊」，更讓高階公務人員及重要司法人員聞之喪膽，擔憂私下不檢點的私生活會因此而曝光，影響個人名譽及公務員生涯的發展。

　　政風人員因為本身工作的特性，所以在機關內部未必會受到歡迎與接納，早期稱之為「人二」，如同軍隊中的政治作戰部。近幾年來，已經有

許多改進與變化，著眼於貪瀆案件之偵辦，以導正機關的風氣，成為邁向廉潔政府的重要關鍵。

◇ 考試科目與未來發展

政風人員考試除了一般的行政法、刑法及刑事訴訟法之法律科目外，還要考行政學、社會學、公務員法，考試的性質與書記官考試類似，偏重於記憶方面的題目。由於政風人員考試的科目基本上仍以法律為主，法律科系報考的人數相當多，在行政學、社會學、公務員法這三科考試的成績大部分都不會有太突出的表現，只能與其他法律人在法律科目上硬碰硬了。

從另一個角度思考，法律科目基本上表現應該都差不多，若能加強行政學、社會學、公務員法這三科的研讀，自然考上的機會就很大了。但是政風人員與律師、司法官的考試時間其實都很接近，若過於偏重行政學、社會學、公務員法，必然會壓縮律師、司法官的準備時間。不過許多人都以先考上政風人員為目標，因為政風人員的工作較為輕鬆，待遇也不錯，獲得生活上的穩定基礎後，再以工作的閒暇時間準備律師、司法官的考試，所以政風人員常常被戲稱是律師、司法官的最佳跳板。

由於考上政風人員的人，真正有心長期投身政風工作者少之又少，大多只是把政風人員當作人生階段的過渡目標，所以在工作態度上往往遭人詬病。但從另外一個角度觀察，卻可以發現因為政風人員的流動率過高，所以新進人員升遷的機會大增，只要熬個五年，就有機會擔任「輔導員」，訓練新進的成員。有了輔導員的資歷後，就很有機會派駐其他單位的政風室主任，即使許多地方的政風室只有主任 1 人，但是通常都是機關的一級首長，感覺上也不錯。

〔 第 3 節 – 昏天暗地的補習生涯 〕

●●● 不要輸在起跑點上

　　許多廣告都以「不要讓孩子輸在起跑點上」，吸引家長購買產品。補習班的文宣攻勢也是一樣，以前大三才有學生前往補習班補習，到現在許多大二學生也趁寒暑假紛紛趕上補習列車，甚至於大一就投入補習的先修班，導致許多學生選課時都會選擇比較好混的科目，希望學校的非正規教育不要影響到補習班的正規教育。有些老師上課不點名，考試前又幫忙畫重點，分數不會給得太低，這種選修的課程絕對是學生的最愛。尤其是大四的時候，學分都修得差不多，又即將面臨國家考試的壓力，當然就以「分數高、點名少、沒壓力」的課最受歡迎。

　　這種補習熱潮與補習班的努力有相當大的關係，補習班幾乎在各個學校都有駐點人員，或與各班的幹部配合，隨時接受學生的報名。況且越早報名費用越低，全科比單科的價碼更便宜，而為了搶占比較前面的好位子，幾乎必須早早報名以免向隅。這種積極努力學習的心態，與學校上課情況相反。

　　學校上課時，如果不是名師，那就散坐於教室後方與兩側座位，有些更惡劣的學生，座位離門口很近，趁老師一不注意的時候就溜走了。可是補習班老師的口才大都不錯，所以搶位子的現象很普遍。基於不要輸在起跑點上的心態，所以法律系學生補習早已經是正常現象，不補習的學生才是異類。

●●● 學校教育無法趕上的補習班

　　補習班教育永遠無法取代學校教育，但是學校教育的品質卻也永遠無

法趕上競爭激烈的補習班。許多法律系老師的教學太過於學術化，一學期頂多 18 次的上課時間，扣除掉國定假日、颱風、地震，老師臨時有事，一個學期通常只能上到 15 次。但是老師為了說明一個爭議點，就可以甲說、乙說、大家一起說，扯個沒完，最後學期末可能連一半的內容都還沒教完。可是國家考試又不可能只會考前半段的內容，每個章節條文都有可能成為考題，比起自己沒效率的無師自通，不如去補習班讓補習班老師幫你整理。另外，一門法律科目往往通篇充斥著學說爭議，由於自己只有上一個老師的課，只知道這個老師的學說，其他老師的學說，就要自己花金錢、時間去買書、看書來整理，這樣很費工夫，不如把這樣的工作交給補習班來做，經由補習班清晰易懂、條理分明的分析，這樣你就能用最少的時間，了解最多的學說爭議。基於這些理由，以及國家考試錄取率有提高的趨勢，使得人人沒把握，個個有希望，當然就促成補習風潮。

　　最早出現的補習班是保成，顧名思義當然就是保證一定成，筆者當初退伍後準備插班法律系，就曾經有前往補習插班大學的經驗，感覺上還不錯，講師幽默的上課風格，加上完整的教學內容，確實可以在短時間內初步且全面地了解法律課程的內容。不過，補習班由於提供過於完整的資訊，雖然有助於國家考試，但會造成學生喪失獨立研究的能力，不過誰在乎呢？

　　再進一步來看，補習班的教材確實用心，曾有位補習班名師所著的刑法參考書，就因為整理清楚，文字幽默，還常舉金庸武俠小說的情節當例子，深獲同學的喜愛，暢銷一時。甚至，臺大曾有老師就直接指名，某補習班寫的參考書確實不錯，推薦同學為睡前枕邊讀物的例子。除了參考書外，補習班也常免費散發一些印刷文宣，內容可能是最新實務見解、體系整理或考題解答等等，而且越來越厚，也或多或少地在同學學習時作為輔助工具書，對於體系的建構也非常有幫助。可是有些補習班的內容還是會出錯，曾有某位教授改考卷時，發現許多學生都寫錯答案，而且還錯得很

一致，原來是因為補習班老師誤解其見解的真正內涵，連帶地也波及了來聽他課的學生，一起都寫錯答案。

●●● 壓縮學校研究能力之發展

這種提早接受補習教育的文化，導致難以培養學生基本的研究能力，許多學校為了鼓勵研究工作，特舉辦法學論文比賽，包括臺灣大學法學基金會、中原大學等學校皆曾積極舉辦學生法學論文比賽，而且獎金非常豐富。可是即使獎金非常豐富，但是參與者非常少，常常三催四請、威脅利誘才有幾篇文章投稿，導致得獎名次的數目超過參賽者的怪異現象。甚至於曾經發生過參賽者只有兩名，雖內容都有一定的水準，結果最後只有一名得獎，私底下了解另一位學生落榜的原因，居然是不能讓外界有「參加就當然得獎」的印象，所以只好忍痛割愛。這種補習至上的文化，確實嚴重影響學生研究能力的提升。

不過，若是某校法律系的招生廣告打出律師錄取率高過三大補習班，相信必會讓學生趨之若鶩。據稱某個學校已經被某補習班買下來，該校也有財經法律學系，說不定還可以將學校與補習教育相結合，只要高中成績達到一定分數，畢業後選擇該校法律系就讀，就可以免費至補習班補習，說不定可以創造出比臺大、政大、臺北大、中正等知名學校更好的錄取率。相信這種現象一出現，也會讓法律學界重新反省這種補習文化的影響力，以及國家考試至上的怪異現象。

●●● 習慣被安排

討論這麼多，還是要回答這一個許多人常問我的問題：「國家考試要不要補習呢？」

如果你是習慣被安排的人，無法自我找到最好的讀書方法，也不知道

該怎麼有效率地以最低成本找到最好的資料，那建議參加高成本的補習班，以換取基本需求的考試資料。

為什麼說補習班的資料只是基本需求的考試資料，舉個例子，法學緒論這門考試科目，涉的內容相當廣泛，除了基本法學、憲法、民法、刑法、行政法之外，還有許多零散的科目，但補習班提供的課程才頂多 18 堂課，這樣子的堂數大概只能勉強教完兩個主科，所以補習班的訓練方式無法滿足法學緒論這類型科目的需求。因為還是有許多進階的資料要靠自己蒐集、分析，光靠補習班，完全不靠自己，要考上恐怕得帶點運氣。

學習不被安排，是人生很重要的一門學問。

●●● 不要完全依靠補習班

即使補習班能提供整套服務，很多事情還是要靠自己努力，並不代表每天準時到補習班報到，就能順利考上研究所或國家考試。說不定過於注重補習班的課程，時常翹課被抓，最後被退學，喪失了參加考試的資格，恐怕會悔不當初。

人生是需要審慎規劃，個人的大學時間不會比別人多一天，也不會比別人少一天，當你明確決定自己要走的路時，就要有計畫性地走下去。為了避免「明天再開始」的說詞，導致自己永遠沒有開始，曾經有學者建議採行反推法，讓每一位學生能夠了解自己其實剩下的準備時間不多，必須立即努力才能達成目標。例如設定畢業就要考上國家考試的目標，也就是說畢業的時候就要熟悉每一個考試科目，可以簡單將個人目標及所需能力之要求列表如下：

目標設定	基本要求	其他事項
畢業時考上國家考試	取得考試資格（順利畢業） 熟悉 14 個考試科目	參加社團 結交男女朋友 籌措資金

　　取得考試資格通常就是大學能夠順利畢業，一般學生大約要修 140 餘個學分（以 140 個學分計算，有些學校接近 150 個學分，更有些學校必須念五年，學分高達 170 餘個），前三年大都會修比較多學分，讓第四年有充分的時間準備考試，或者是防止因為前三年被當而有擋修的現象，所以第四年修的學分都比較少，若以第一至三學年各修 40 個學分，第四學年只要修 20 個學分（如方案一）。也可以參考方案二，第二、三學年多修一些學分，第四學年就可以少修很多學分，以全力準備國家考試。

修習學分數		學年	
		方案一	方案二
第一學年	上學期	20	20
	下學期	20	20
第二學年	上學期	20	22
	下學期	20	22
第三學年	上學期	20	22
	下學期	20	22
第四學年	上學期	10	6
	下學期	10	6
合計		140	140

　　要熟悉 10 幾個考試科目比較困難，四年級時至少要能夠複習所有科目二次，上下學期各複習一次，也就是說第四年就要把所有科目的每個章節都念過一遍以上，但是並不可能，因為沒有一位老師能將授課科目從第一

章講解到最後一章，這時候就必須要超前進度，透過自修或參加補習班的方式，讓自己的進度提前。若是以全科的補習課程來說，通常一個完整的課程大概需要花一年的時間，所以就必須在三年級上學期一開始就要準備投入補習班的生活。這時候選擇班級就很重要，必須與自己在校的課程相配合，有時候早上在學校上課，晚上還要到補習班進修，體力的消耗非常大，所以如果星期一三五學校的課比較多，補習班的課就必須選擇星期二四或星期六日的課程。如果真的擔心三、四年級的時間會不夠，可以在一二年級多選一些學分，這樣三四年級就比較有空衝刺國家考試。

　　以上只是舉例，並不是建議每一位同學都要至補習班補習，還是可以透過組讀書會的方式，效果也未必會比補習班差。另外，因為三四年級的時間都花在念書，所以要玩社團、交男女朋友就要在前兩年好好安排。若是家境比較貧困，補習費必須自己籌措，就必須安排前二年的時間努力打拼，多賺一些錢，讓後兩年能安安心心地念書。

　　透過下列簡單的圖表，可以發現大學四年的時間真的不太夠：

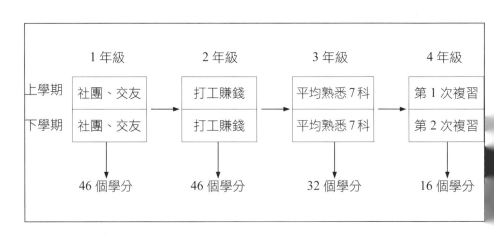

〔 第4節－**解題的步驟** 〕

●●○　解題能力的提升

　　若是剛上大學時，對於考試還沒有興趣，至少要先看一些有助於念書的書籍，例如有些考試專家出了一些還不錯的書，或許書的內容並非針對法律考試，但是在觀念上還是有許多可以參考。例如呂宗昕所出版的《學校沒有教的考試秘訣》、《K 書高手》、《解題高手》，都有助於強化自己的學習能力。另外每一個科目都能夠先花些時間，利用記憶法讓自己熟記一些法條或學說，對於未來建構完整法律體系時，更有事半功倍的效果。

　　目前也有許多雜誌或書籍，專門針對解題方式加以介紹，例如某雜誌就以法學教室為號召，強調由知名教授或顯可疑為出題委員之人士，在雜誌中舉出一些實際案例，再教大家如何有體系的回答問題，對於參加國家考試都有很大的幫助。

●●●　解題格式

　　題目比較常見者包括學說爭議題、觀念比較題。以學說爭議題來說，較為常見的解題步驟不外乎：

1. **點題**：點出問題的重點。
2. **學說爭議**：大部分的問題會有一些爭議點存在，要將各家主要學說爭議寫出來，當然最好能猜出是哪一位老師出題，依據其對於學說爭議的分法，否則只好使用甲說、乙說，或肯定說、否定說這種有點兒「偷雞」的分法。但是很多教授不喜歡這種分法，認為你不知道學說，只會胡亂說，或者是根本沒有學說，考生只是為了學說而自創學說。
3. **實務見解**：把目前實務的看法寫出來，代表你精通學說與實務，尤其是

若能將實務見解的判決字號、第幾號大法官會議解釋都能正確說出，代表你有下一些工夫，即使結論與老師見解迥異，多少還是會賺取一些同情的分數。

4. **結論**：通常會以「管見以為」、「吾人以為」等八股字眼來證明自己也是有思考能力，並將問題的結論表示出來。可是如果對於考試問題不熟，要在很短的時間想出一套邏輯推論，實在真的是強人所難，只好寫下「吾人以為命題委員的題目真的是太難了，我明年會再來一雪前恥」。

如果是觀念比較型的題目，解題的方式就稍微簡單些，但是有些觀念或名詞是某位出題委員的獨門暗器，就必須要特別小心謹慎，解題步驟參考如下：

1. **觀念釐清**：將不同的觀念先定義下來，讓改考卷的老師至少知道你認識這些觀念。

2. **性質分析**：必須將不同觀念的性質、特色，以條列式清楚比較出來，讓人能一目了然。

3. **概念比較**：通常這一類題目都會要求進行觀念比較，否則出這種題目實在太容易答題了，根本就是比大家的記憶力。不過在獨門暗器依舊存在的年代，比較完後，可能還是要對出題委員犀利的獨門暗器奉上無比的推崇，即所謂的「馬屁答案」，或許會感動天，多加了 2 分，順利考上國家考試。

●●● 解題的基本功夫

◇ 時間分配、速度、字跡工整

法律類科的考試都是以答題為主，基本上是不會出現計算題，所以考一科可能就要寫上 2,000 字，時間通常會不夠，一開始就必須先把所有題目

看完，然後把問題重點寫在考題上，以免寫到後來頭昏了，暫時性失憶發作，那可就慘了！考試時間的分配就很重要，通常一題大約 25 分鐘，要寫大約 500 字，也就是每 3 秒一個字，實際上是非常趕。所以平時就要多練字，不但寫字速度要快，還要整齊，儘量不要字型如同群龍亂舞，造成閱卷者的困難，但是字不一定要好看，有時候難看但整齊清爽的字體，反而會比較高分，當然答題內容還是關鍵所在，但是有時候改的考卷太多的時候，往往就會「恍神」，造成答題內容與分數無法產生正相關。

●●○ 作文怎麼準備

　　法律人可以將法律描述得很繞舌，尤其是在歷經多年的磨練後，即使在聊天的過程中，都會把法律名詞置入於言談內容中，充分展現法律生活化的功力。但是要學文人寫文章恐怕就有困難了，尤其是本土化的結果，國文科目逐漸式微，學生作文能力每況愈下，火星文滿天飛，要在短短的四年內，壓榨出有限的時間培養作文能力，看起來似乎不太可能。筆者提供一些小偏方供參考，考生不必幻想自己在看到作文題目時，會有神來一筆，文思泉湧，寫出一篇驚世駭俗的文章。應該要實際一點，誠實面對自己的作文能力，找出一個解決之道，讓作文成績能維持一定的水準即可。首先，由於考卷太多，閱卷者通常會專心看第一段及最後一段，尤其是第一段的第一句話，讓閱卷者建立第一印象的重要關鍵，如果寫出來的語句不八股又有水準，那大概就有一半的分數了。

　　但是要怎麼讓第一句話突顯你作文的功力呢？簡單來說，大部分的作文題目，第一句話幾乎都可以用一些中性的文辭表示，換言之，有些不錯的語句適用於 90% 的作文題目。還記得以前考試時，作文的第一句話都是「人生有如滄海之一粟……」，感覺上既有氣質，又不會太八股，相信很少人會用這一句話，當然可以讓閱卷者有不錯的印象。中間怎麼辦呢，不

是作文要「起承轉合」嗎？第二段通常都是描述一下負面的現象，例如某年律師作文考題「律師性格與國家領導」，這時候就必須寫出律師當國家領導人造成的問題；第三段就是寫出個人的意見，分點敘述，通常都要分成四點，二點太少，三點不夠分量，五點手會痠，四點最恰當；最後就是「合」的部分，當然也是與第一段一樣，找到一些通用的寫法，只要記得前面兩句，其餘靠自己，別差太遠就好了。

　　上述的方式僅供參考，畢竟這種偏方太取巧，有時候是沒時間準備不得不然的方式，若有時間，建議還是從小準備作文能力開始，也有助於其他法科答題能更為順暢。但是相信只要法律有一定功力後，基本上作文都應該不會太差才對！

■■進階閱讀

1. 呂宗昕，《K書高手》，商周出版。
2. 高點法律網，http://lawyer.get.com.tw/

第14章
走一趟國外，呼吸異國的風味

本章重點： • 先進行自我評估 • 邁向哪一個國家？

〔 第1節–**先進行自我評估** 〕

●●●● **你適合出國留學嗎**？

　　許多學生從法律系畢業後，暫時沒有考上國家考試，出社會謀職又從基層做起，對於未來似乎茫茫然而不知所措，擔心自己永遠都是基層工作者，而沒有出頭的一天，心中吶喊著希望能出國留學，回來在職場上更能有所突破。我以前在信義區服務的時候，曾經認識許多在中國信託商業銀行風險管理科任職的朋友，清一色都是法律系。一般認為在銀行任職可是非常穩當的工作，尤其是中國信託商業銀行更是國內頗負盛名的金融機構，可是在那裡工作的許多朋友卻仍然對未來充滿著更高的期待，現況的安逸無法阻擋年輕人闖蕩的衝勁，許多人毅然決定出國留學，希望能在國外學習的過程中，重新省思找到自己新的路。這種在職場工作一段時間，擁有一些存款，且勇於面對新的挑戰及生活的人，就很適合出國留學；而且在職場打滾過一段時間者，了解自己所需，在海外求學期間就會充分利用時間享受學習的快樂，而非為了留學而留學。

　　許多法律人厭倦國內的考試機制，不願意與眾多競爭者擠狹窄的考試大門，乾脆前往美國留學，在就學過程中順便考取當地的律師執照。一般而言，美國各州的律師考取率至少都有 70% 以上，只要在當地留學一年，

再至當地的補習班鍛鍊一下，待個一年半考上的機會非常高。筆者有許多同學前往美國念 LL.M，並在一年半的時間內考上律師，回到臺灣企業任職，能確立此一目的者也適合出國留學。即使沒有取得國外的律師資格，頂著國外法學碩士的資格，回國也有許多工作可供選擇，例如資策會科技法律中心，就有很大比例的研究人員是國外碩士畢業回臺，利用其能迅速吸取國外的法律新知，協助國內研究單位解決難解的高科技法律問題。

　　若希望往學術發展者，則取得國外的學位就成為基本的敲門磚。目前主要國立大學法律學系的老師大多喝過洋墨水，也許是外來的和尚會念經，所以幾乎都是德國、日本、美國等國家的博士，本土的博士人數較少，留學法國、中國大陸等冷門地區的博士人數，也屈指可數。在此一講究「本土化」的時代，似乎「本土博士＜洋博士」成為學位價值計算的定理。可是臺灣還是講究人情的地方，許多本土博士還是可以力挽狂瀾，突破重重的包圍，只要有人在背後力挺，仍然大有機會在國立大學任職。「有關係沒關係，沒關係有關係」，跟對大師就會有機會。

　　土洋博士不應有太大的差異，實務經驗、研究能力才是考量的重點所在，通常取得博士學位者都有一定的研究能力，因此實務經驗就很重要，有很多欠缺實務經驗的博士就比較吃虧，若是土博士恐怕競爭性會更差。談了這麼多，倒也不是刻意形成土洋博士大戰，只是把現在學術界的現實狀況加以分析，而且這種現象不只是法律系如此，幾乎任何一種科系都有同樣的現象，有意往學術界邁進的朋友，此一因素就必須考量。

●●● 你有留學的資金嗎？

　　臺灣早年出國留學人數眾多，法律人當然也不例外，感覺上似乎喝過洋墨水的人，就高人一等。況且以前要考律師、司法官的難度很高，因此出國留學換個文憑，希望回國後能夠走上學術一途，成為許多人心中想要

一圓的夢想。在 6、70 年代，經由許多臺灣人吃苦耐勞的努力，使得每個人的生活環境更形寬裕，家長對於下一代的栽培也肯投入大筆的資金，出國留學已經不是一件困難的事情。近幾年來，因為大環境的改變，貧富差距日益懸殊，下一代手頭上不再那麼寬裕，若不像陳前總統公子背後有家人的支持，單憑一己之力確實比較不容易。可是不要因此斷絕出國吸收新知的慾望，想想早期出國留學，必須一邊在餐館打工、勤洗碗盤的日子，現在顯然容易許多。

　　現在簡單分析一下到底留學需要多少資金呢？通常可以分成碩士及博士兩種來計算。以碩士來說，通常只要一年就可將學業完成，學費、生活費、機票錢等加起來，目前的行情價大約是 150 萬元，省一點也許可以少個 20、30 萬元。由於念法律可以申請的獎學金比較少，大學成績沒有達到頂尖，幾乎不可能有獎學金可以申請，況且每年公費留考的名額又如鳳毛麟角，所以最好能盡早規劃這一筆經費，以免申請到學校卻沒錢去念。

　　當然還有許多方案，例如各校都與國外有一些合作的學校，在學費上有一定的減免，甚至於大學時就有交換學生的制度，或外國在臺辦事處每年提供一定名額的獎學金，或念博士時可以申請國科會的補助，對於缺乏資金的學生都有一定的幫助。

　　若是念博士，通常就必須花費大約四年不等的時間，當然如果留學德國，學雜費可以全免，但若以美國為例，可能就必須準備相當龐大的資金，以每年 120 萬元，修業四年來計算，$120 \times 4 = 480$ 萬元，這可不是一筆小數目。當然也許念完碩士就可以申請到獎學金，筆者的同事在念完美國的安全管理碩士後，個人表現深受教授的青睞，不但想要把女兒嫁給他，還保證幫他申請到全額的獎學金。可是並非每個人都能有這種際遇，最好還是有最差的打算，把錢準備好，儘早規劃，才能一圓留學夢。

●●● 留學應考量哪些因素？

在此一激烈競爭的時代，凡事都應訂定具體目標，不應讓短暫的人生浪費殆盡。留學花費的時間、精力及金錢非常龐大，所以在留學前，必須建立正確的觀念及明確的目標，留學生涯應考量哪些事項呢？以下提供幾點，作為你下決定前的參考。

◇ 國際化的競爭力

國際間的藩籬逐漸模糊，尤其網路更加速拉近國與國之間的距離，未來的競爭對手不再是你周遭土生土長、同文同種的臺灣人，而是來自於世界各地的好手，世界觀的培養成為必然的趨勢，而出國留學是達成此一目的的重要管道之一。假設只是為了提升語文的能力，也許寒暑假參加遊學課程，或至英語補習班進修，都可以有效達到此一目的，如ICRT的某位名DJ David，並沒有出國留學的經驗，但是經由自己的苦修，還是能說出流暢的英語。出國留學應該是學習國外完整的學術研究能力，感受國際間優秀人才的競爭力，打開自己的國際觀，如此一來，留學所花費的成本才能有其價值。

◇ 學術市場的飽和度

臺灣近年來大學院校大幅成長，專科學校、職校體系紛紛升格為大學、科技大學、技術學院，再加上許多學校紛紛成立法律系所，使得短期內教師的需求量大增，再加上商學系、通識學程等相關法律課程的需求，使得許多法律研究生畢業後從事此一領域的工作。例如筆者有許多同學目前已在各校當專、兼任講師，更有甚者南北搭飛機到處兼課，每月收入也高達10餘萬元。可是未來十年是否還有此一榮景呢？

　　教育界未來的發展或許可以從「流浪教師」的慘狀一窺究竟。目前流浪教師可以分成兩種，一種是無法從 0.1% 的教師錄取率中脫穎而出，每年都拉著登機箱到處參加考試（登機箱中擺滿展示用的教具），考了好幾年還是無法考上正式的老師，空有教師資格卻無教師職可擔任。下一代小孩子生得少，教師缺額無法增加，加上財政困難，到了退休年齡的教師無法辦理退休，都導致此種流浪教師人數不斷攀高。另一種流浪教師是好不容易考上正式教師，卻因為每年新生兒以減少 1 萬人的速度，使得國小開始縮班，剛考上的老師因為資格較淺，學校教師員額過多的結果，當然只好把新考上的老師當皮球踢來踢去，從市區踢到郊區，成為第二種流浪教師。

　　之所以談到流浪教師，就是要強調未來臺灣將成為「少子化」、「老年化」的社會，以現在動輒超過 80% 的大學錄取率，未來若各大學仍持續增系擴班地發展，恐怕超過 100% 的錄取率將不是夢，而且近在咫尺立即就能實現。此一高錄取率的現象，正代表許多學校必須面臨整併的議題，甚至於倒閉的情況將如雨後春筍般發生，屆時學術市場的飽和度將達到極限，教師的競爭力將更形增加，而員額的需求也會逐步地走下坡，這是一個必須重視的因素。

　　因此，大學生不足的顯在性風暴，讓大學教授的生存面臨了嚴峻的挑戰，或許只有大幅度開放在職專班、進修學院的班級數與名額，同時開放大陸地區人民來我國留學，才有機會解決老師沒學生可教的窘境。

　　總之，如果你出國留學是為了返國一圓學術教育的夢想，找一間具有排名競爭力的國外學校，以及選擇未來具有發展潛力的領域進行研究，就成為相當重要的課題。最後心理上還是要有準備，早期留學回國機會或許還有很多，現在留學回國想走教職的競爭力將越來越大，所以有意走上學術研究之路，必須先考量未來十年的教育市場需求後再作決定。

〔 第2節–邁向哪一個國家？ 〕

●●● 有哪些國家適合法律人留學

　　法律人留學的國家可以分成英美法系與大陸法系，英美法系大多是以英美國家為主，大陸法系則是以德日國家為主。另外，中國大陸近年來成為留學生的新寵，許多法律系學生畢業後，紛紛前往大陸攻讀碩、博士，由於中國大陸性質特殊，因此特別單獨加以討論。

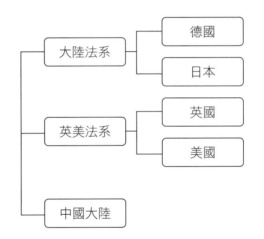

　　早期法律人大都前往德日留學，所以許多國內知名教授都具有德日國家的博士背景。近年來因為經濟掛帥，美國成為掌控國際經濟、政治的大國，且網際網路更以美國為主，成為高科技領導的指標，所以大批學生轉向美國留學，成為受到法律系學生喜愛的留學國家。中國大陸方面，在六四天安門事件後，中國大陸逐漸採取變革式共產主義，經濟力量逐漸影響大陸政治，台商逐漸轉移陣地至大陸。另外大陸北京大學、清華大學等知名學校在世界排名遠高於臺灣，促使許多法律人紛紛向大陸朝聖，成為另一波「出國」留學的熱潮。

　　只是陳水扁前總統擔心開放大陸學歷，會讓臺灣一百多所大學面臨招生不足的現象，以此理由明確表示任內絕對不會承認中國大陸學歷。這種承認中國大陸學歷就會讓學生出走，而學生出走過多就會導致臺灣大學紛紛倒閉的怪異邏輯推論，讓臺灣永遠成為孤島。所以批評聲浪如海水般湧來，認為乾脆採取鎖國政策，除了臺灣的學校外，其他英、美、德、日等國家的學歷都不要承認，這樣臺灣的學校才可以繼續增加，學生的錄取率更可以突破 100%，還可以考上一所大學，加送你國內姐妹校的學歷。

　　臺灣的學歷價值感覺上跟信用卡發卡情況類似，早期國內信用卡只有學生卡、普卡及金卡，現在不需要什麼條件，只要是個人，大概就可以辦金卡，普卡沒有人要辦，後來又推出白金卡，剛開始還要達到一定薪水或擁有一定資產才可以辦，以突顯持卡人的尊貴，但是在競爭壓力下，為了增加辦卡人數，也不太需要什麼資格就可以申辦白金卡，導致「金卡普卡化，白金卡金卡化」，現在則可以說是「白金卡普卡化」。

　　臺灣以前要考上大學可是祖宗有德，但是隨著各種專科學校、職業學校紛紛改制升級成為大學、技術學院，大學錄取率可以說是只要有錢就可以念書。而研究所大幅度增加，管他三七二十一，盡全力申請設立，有時候只有一個副教授，然後請其他系所支援教授名額，讓研究所的師資看起來不錯，實際上根本是一個空殼。

　　設立了研究所後，馬上增加研究生名額，除了原有的一般生的名額外，又開設在職專班、EMBA 班、每個班別還分組，使得滿街都是研究生，研究生大學生化，想要進入職場競爭，沒有研究生的學歷，幾乎就已經先輸在起跑點上。也難怪國內的博士即使千辛萬苦畢業後，還是很難受到重視，或許可以參考毒樹果實理論，就算這顆果實出污泥而不染，但是別人還是認為你出自於這棵毒樹，怎麼可能會是好的果實呢？

●●● 大陸法系的朝聖地──德國

◇ 留學免學費

　　德國只有極少數的私立菁英大學。但那並不提供外國人就讀，大部分的學校是公立的，而且免收學費，所以德國人念書，可以不支分文，且適用於外國人。入學相當簡單：法律人申請入學德國大學法學院，與其他各科學生同，均需透過各該大學的外籍學生中心進行申請，錄取率可達百分之百。各邦政府對於學生的待遇極為優厚，各種民間設施及活動均有學生特價措施，所以在德國念書，並不需要太大的花費。

　　德國大部分的大學並不認為臺灣的法律系學生可以直攻碩士或博士學位，但是教育權限掌握於各邦的教育部門，而各邦的規定並不一致，在相當尊重學術自由的德國，各邦對於入學資格的制定與審核，通常由大學自行訂定規則。因此，只要具備相當的天賦，再加上相當的努力，通常可以在六年左右取得博士學位。

◇ 重視推理論證的德國法律教育制度

　　從德國留學歸國之學者，往往讓人有思路清晰的感覺。此種教育制度正是促成德國法學不斷進步的最重要原因之一。德國大學的法律課程極為生動活潑，基本課程由教授講授課程內容，通常會製發講義，讓學生明瞭授課進度及推薦書籍資料，但並不指定教科書，學生必須事先預習，否則將無法跟上進度。上課討論是課堂活力的來源，學生對於自己的見解必須詳述論證理由，以養成學生推理、思考的能力，也培養出尋找法律根據的習慣。

　　討論課程是法律系學生的重點學習，有些討論課程還必須經過面談才能參加。題目早在學期末即提供給學生，並在寒暑假進行準備，擬定報告內容，學期一開始就必須繳交討論大綱，並公開於閱覽室供其他人先行了

解。課程進行的過程中，不得照本宣科地將報告內容念出來，並由其他學生、教授提出問題進行質疑。高年級學生，討論的內容更為深入，有時候會限制先修課程，例如須取得修過民法總則的證明單，才可以選修債篇。當取得一定足夠的課程證明單後，就有資格參加國家考試，通過後成為「國家高等候補文官」，具備準公務員的資格，分別在各種實務機關實習，實習期滿還要經過第二次國家考試，考試及格即具備高等公務員、檢察官、法官及律師的資格。

◇ 以取得博士學歷為目的

　　對於臺灣學生而言，並非著眼於國家考試，而是以取得博士學位為目標。只要獲得承認臺灣的大學學籍，滿足該校的要求，即可找指導教授研商論文內容，經指導教授認可後提出，呈報系上安排評分並排定口試日期。由指導教授及另一位系上指定的教授給予評鑑書面的分數，再將論文及評鑑內容送交系上的其他教授審查，若全部通過，口試才真正上場，並由口試委員會進行口頭的交叉詢問，整個過程非常嚴謹。但是口試並非針對論文的內容，主要是為了檢驗博士候選人的法學程度，因此口試委員將分別就公法、民法及刑法等不同領域提出問題，由博士候選人盡情發揮。所以，在德國攻讀博士並非只要專研特定的領域，而是要普遍充實不同學科的能力，才能在口試中有最佳的表現。比較特別的情況，德國的博士證書上載有學業總成績，可以直接顯示在德國求學的成果。

●●● 經濟掛帥的留學天堂——美國

◇ 留學美國的優勢

　　前往美國的留學人數相當多，除非實力堅強或念的東西比較冷門而符合學校需求，再加上所念的學校屬於美國名校，否則想要取得博士學位後，

擔任國內教職工作，恐怕必須經過非常激烈的競爭。目前無論是有關國際貿易法、WTO議題，或者是熱門的資訊法或生物科技法，都已經有一定人數回國，因此若選擇美國為留學國家，則必須慎選未來具發展潛力之議題進行研究。不過，留學美國先天上具有下列優勢，仍然成為法律人熱門的留學選擇。

1. **語言上的便利**：因為我們已經念了十年英文，卻沒有念德文或日文，所以使用這個語言多少方便些，考托福較為容易，在美期間生活及求學較少語言上的障礙，回國之後應用英文的機會更是比較多，一切方便，這是留學者很重要的考慮因素。

2. **就業前途**：由於留美人士幾乎掌握整個中華民國的政治、經濟動脈，留美的學人自然較具發展的潛力。就法律人而言，赴美念商法，無論留在美國或返台執業律師，較具「錢」景，在經濟掛帥的國內市場，這是最令人羨慕的。

3. **取得律師執照較為容易**：許多律師事務所都非常喜歡僱用從國外留學回國的碩、博士生，尤其美國留學的學生，如果時間、能力許可，通常會取得當地的律師執照，則返國找工作將大大提升選擇的機會。尤其是高科技產業非常重視法律事務。況且我國貿易對象除了大陸外，就是以美國為主要市場，所以聘僱留學美國人士，就成為企業最佳的選擇。

◇ **美國的法學院提供學位的種類**

1. **J.D.（Juris Doctor）**：J.D.是美國正統的法律訓練，對於美國法律能夠建立全盤性的了解，進入前要考LSAT，美國的法學院由於美國人自己申請的學生就非常多，再加上擔心外國學生無法應付語言的差異，所以直接申請而得到J.D.的入學許可的機會不多，大多數學生都是先從LL.M.開始念起，以後再進入 J.D.或是 S.J.D.的 Program。

　　申請 J.D.必須通過 LSAT 考試，並不好考，甚至比 GRE 還難。J.D.通常需要以三年的時間，修習最少 80 個學分的課程，無須撰寫論文，J.D.學程的目的在於培養執業律師之專業人才，上課內容多以個別的實務案例供學生研究，上課過程中充滿論戰的氣氛。J.D.的課業壓力非常重，一個學期可能要考好幾科，而每一科總計可能有 6、700 頁的書要看，而每一學期可能要修 30 個學分，而且教授並不會對 J.D.的學生手下留情。另外，花費也是一大考量，時間長、學分多，若沒有一定的資力，可能就必須好好考慮一下了。不過，若畢業的法學院是 American Bar Association 所承認，就可以在美國各州參加律師考試，通過後即可執業。

2. **LL.M.**：LL.M.一般修業年限為一年，以修課為主，部分學校以研究論文為畢業要件，修業年限則由一至二年不等，大約要修 20 個學分。有些學校稱之為 M.C.L.（Master of Comparative Law），但我國教育部都承認是法學碩士，並沒有太大的差別。對於國際學生而言，教授並不會有太高的要求，基本上也不會當掉學生，因為這些都是搖錢樹，當然要以禮相待。而且外國學生收得多也不會影響學校的排名，即使師生比例嚴重失衡，反正不列入師生比的排名計算，當然是收越多賺越多。最快，九個月就可以取得學位，相較於國內法律碩士往往需要三到四年才能取得，感覺上用錢就可以買個學位，而且還是喝過洋墨水的碩士。有些州讓 LL.M.的學生可以報考當地的律師，例如紐約州，對於有意取得美國律師執照的學生是值得考慮。

申請的基本條件如下：

> 1. TOEFL 成績（請以 600 分為目標）。
>
> 2. 推薦信（二或三封）。
>
> 3. 自傳（Personal Statement）。
>
> 4. 讀書計畫（Study Plan）。
>
> 5. 履歷表（Resume）。
>
> 6. 大學法律系畢業成績單（LL.B.學位）。
>
> 7. 財力證明。

3. S.J.D.（Doctor of Juridical Sciences）：S.J.D.修業年限約在三年（或以上），為國內承認之法學博士學位，故若有心攻讀S.J.D.，於申請 LL.M.時即應選擇有 S.J.D.的學校。進入 S.J.D.或 J.S.D.的門檻較高，通常必須具備研究能力，所以若在國內已經取得碩士學位，對於研究已經具備基本的概念，當然有助於申請進入相關學校，而目前有S.J.D.的學校不多，大致上設有S.J.D.學位的學校幾乎全部列名前 30 名；選擇有限，更增添其難度。

相關申請要件如下：

> 1. LL.M.的申請資料。
>
> 2. 經出版之法學著作。
>
> 3. Proposal——詳細說明寫作動機、研究方法、主題及研究方向。
>
> 4. 一些排名較前的學校要求申請者必須為其國內學術上或實務上知名人士。
>
> 5. 大部分 S.J.D.之申請者會被要求須來自其本校之 LL.M.畢業生。

　　決定攻讀美國的法學院之前，首先要有的心理準備是，美國的法學院大多仍採行蘇格拉底式教學法（Socratic Method），課程要先閱讀很多不同的案例，課程中老師會問很多問題。所謂的 Legal Writing 不但需要寫，而且還需要能寫得清晰，寫得明白，要能夠輕鬆的表達，因此，你的英文能力，會成為你在法學院學習成功與否的關鍵（可參考《美國法學院的 1001天——廖元豪的留美札記》）。

◇ 法律小常識——什麼是蘇格拉底式教學法？

　　蘇格拉底是古希臘的知名哲學家及教育家，善用辯證的教學方法，透過不斷向學生提問，發現學生回答中的矛盾，引導學生作出最後的結論。

　　讓我們來舉一個蘇格拉底辯證「道德」本質的例子。有一天蘇格拉底與一位學生討論道德問題。蘇格拉底問這位學生說：「人人都說要做有道德的人，你能不能告訴我什麼是道德呢？」

　　「做人要忠誠老實，不能欺騙人，這是大家都公認的道德行為。」學生回答說。

　　蘇格拉底接著問：「你說道德是不能欺騙人，那麼兩軍交戰時，我方將領為了戰勝敵人，想盡一切辦法欺騙和迷惑敵人，這種欺騙是不是道德的呢？」

　　學生很快地反應說：「對敵人進行欺騙當然是符合道德的，但欺騙自己人就是不道德的了。」

　　蘇格拉底接著追問：「在我軍和敵人作戰時，我軍被包圍了，處境困難，士氣低落。我軍將領為了鼓舞士氣，組織突圍，就欺騙士兵說，我們的援軍馬上就到，大家努力突圍出去。結果士氣大振，突圍成功。此時，將軍欺騙自己的士兵是不道德的嗎？」

　　學生回答說：「那是在戰爭的情況下，戰爭情況是一種特殊的情況。我們在日常生活中不能欺騙。」

　　蘇格拉底接著問道：「日常生活中，我們常常會遇到這種情況，兒子生病了，父親拿來藥兒子又不願意吃。於是，父親就欺騙兒子說，這不是藥，是一種好吃的東西，兒子吃了藥，病就會好。你能說這種欺騙是不道德的嗎？」

　　那位青年只能回說：「這種欺騙是符合道德的。」

　　蘇格拉底又問道：「不騙人是道德的，騙人也是道德的，那麼什麼才是道德呢？」

　　這一連串的追問，那位青年終於回答說：「你把我弄糊塗了，以前我還知道什麼是道德，我現在不知道什麼是道德了。那麼您能不能告訴我什麼才是道德呢？」

　　蘇格拉底笑著回答道：「實際上，道德就是道德本身。道德在不同的情境中，有著不同的含義，並沒有一成不變的道德概念。」

　　這就是蘇格拉底的教學方法。透過不斷的辯證，一問一答的過程中，突顯對方的矛盾，迫使對方不得不承認錯誤，從而否定自己原來已經肯定的東西，以求得更深一層的觀念，這種方法及稱之為「辯證法」。

　　後來哈佛大學延續蘇格拉底式教學法，發展出案例教學法，著重於獨立思考、懷疑批判的能力，讓學生能對各種法律問題進行更深入的思考，培養分析與解決問題的能力。

●●● 新興留學市場——中國大陸

◇ 以中國為中心的衛星經濟體

　　中國目前在世界經濟與國際政治中扮演關鍵角色，所以商法以及國際

法成為中國大陸的法學強項。臺灣商法學者於中國經濟崛起的近幾年，深刻地感受到來自對岸競爭的壓力，甚至已經有提出臺灣法律（法學）「邊陲化」的論點。

世界各國都要爭相搶先至大陸投資做生意，大家就必須先了解中國的商事法律的規定以便照規矩來，因為隨著中國經濟強大的磁吸效應，臺灣將不免與韓國、東南亞一般，經濟發展仰賴日深，而成為中國的「衛星經濟體」，到時候我們的公司、證交法等的適用對象將日益減少。換言之，大家都將公司移轉至大陸投資，國內資金的量會面臨瓶頸，傳統靠著高度法律技術操作賺取經貿手續費的法律人，固守在臺灣所能獲利的機會，在質與量上勢必會大幅降低與縮水，至於想要藉由打官司賺到那微薄的利潤的市場，更是大幅度減少，在僧多粥少的情況下，轉移至大陸發展成為必然的趨勢。

與大陸往來的公司法務人員，大都會被派駐大陸，或者是必須研讀大陸法規。法律人要能生存下去，就必須配合公司所走的道路，有心搶食大陸法律大餅者，就應該找機會前往大陸歷練，即使只是過水，也能提升自己的競爭力。政府要不要承認學歷根本不是問題，重點在於老闆是否賞識你的能力。如果能藉由去大陸念書的機會認識更多商界菁英，那更是自我發展的良機，憑著中文的優勢，再充實一下英文，以後以兩岸商法都能了解的背景，將使自己成為炙手可熱的挖角對象。

◇ 法律人國際化的最佳選擇

中國大陸貿易成長幅度驚人，成為讓人無法小覷之對象，目前中國大陸的實力讓許多國家非常關注其發展，況且中國大陸屬於聯合國常任理事國，國際影響力非常大，相對於臺灣多年來遭到大陸打壓，國際關係往來對象只剩下太平洋、中南美洲或非洲等名不見經傳的國家，當然國際化的

程度相較而言比較弱勢。所以,可以透過中國法制的學習,走入國際化的領域,如果沒錢至美國留學,中國大陸確實是不錯的選擇。

如果有人要提到臺灣法律研究所商法組的發展,基本上這些類組幾乎成為學生用來作國家考試的跳板,缺乏普遍、深入的研究,當然也直接造成臺灣與大陸法制上的差距。先天不良的臺灣法律,加上後天國家考試畸形制度的影響,與近年來崛起的大陸法學研究,已經不可同日而語了。

依據臺灣目前的國際處境,根本沒什麼國際法可以操作,凡事皆以美國指令當作政策執行的依據,例如美國擺明了臺灣要買武器孝敬美國的武器商,居然高層只能照單全收,因為擔心美國不願意保護臺灣,所以必須年繳高額「保護費」,其實檢調單位應將美國列為治平對象送到綠島去,讓這個美國大哥別再欺負善良的臺灣老百姓。基於這些因素,國際公法在臺灣法學發展的光譜上一直是冷門中的冷門,若有興趣朝國際化發展,中國大陸的法學研究,應該可以實現你操作政治強國國際政治手腕的夢想。

◇ 普遍重視的法學基礎理論

印象中的法理學,在臺灣普遍不受重視,或許是因為國家考試不考法理學,沒有市場利基,所以研究法理學的學者相對而言成為少數中的少數,導致臺灣法學實力一直無法受到重視。就好比我國科技業總是無法取得關鍵技術,因為學校只重視實務性的科系,學生畢業後馬上就可以找到工作的科系,最受到學生家長的歡迎,物理系、數學系幾乎無人願意就讀,也當然無法吸引一流的人才。基礎法理學與物理、數學等基礎科學一樣,都是一切實務理論發展的基礎,臺灣研究環境的速食文化,已經讓本土法學研究難以與大陸相提並論。大陸對於基礎法律研究非常用心,或許是人多的關係,所以相對而言,研究基礎法學的學者滿坑滿谷,也可能基礎法學的人數在整體中國大陸法學研究的人數也是少數,但是怎麼計算還是遠遠

超過臺灣，或許藉由跨海取經，可以大幅度提升我國基礎法學之研究成果。

■■進階閱讀

1. 中華民國留學資訊站，http://www.saec.edu.tw/
2. 廖元豪，《美國法學院的 1001 天──廖元豪的留美札記》，五
   南圖書出版公司。

第15章
當一位回饋社會的法律人

本章重點：• 別當一個被詛咒的法律人 • 公益活動的投入 • 法治教育向下扎根

〔 第1節–別當一位被詛咒的法律人 〕

你看過這一則有關律師的笑話嗎？

有一個工程師死後到天國報到。天國守門人看了看他的檔案，說：「你走錯地方了，所有的工程師都應該到地獄報到。」雖然覺得不太對勁，他還是乖乖地到地獄去報到了。在地獄住了幾天之後，他覺得地獄的溫度太熱，住起來相當不舒服，於是動手設計了一套空調系統，使得地獄不再水深火熱。過了一陣子，他又覺得地獄的運輸系統不方便，所以又設計了一套捷運系統。然後他又覺得地獄生活太無聊，於是又設計了電視和 Internet。於是地獄的生活水準自此變得相當舒服了。

為了要向上帝誇耀地獄的進步，撒旦用最先進的影像電話打電話到天國，上帝接起電話，看到撒旦之後說：「你的氣色看起來好極了，到底怎麼回事？」

撒旦說：「我們這裡最近收了一個工程師，他把我們這裡改進得比天國還舒服呢！」

上帝說：「不對呀？工程師都應該上天堂的，你們一定在手續上動了手腳。我勸你最好趕快把他送過來，不然我要找律師告你！」

撒旦聽了，忽然大笑不已。上帝很納悶，問撒旦：「你在笑什麼？」

撒旦好不容易才停止大笑，說：「你以為律師都在哪裡？」

有關律師與地獄的關聯性的部分，還有更諷刺的一則笑話：

> 話說進入天堂的人都住在一棟棟的別墅裡。大部分別墅都樸實而已，不甚奢華，唯獨其中有一棟富麗堂皇，簡直可比皇宮。新來乍到的人不詳其情，遙指著像皇宮的別墅問天使：「那一定是上帝住的囉！」天使回稱：「不是，上帝跟我們住的一樣。那棟是給律師住的，我們這邊難得有律師來，當然要好好款待！」

另外國外有關律師的笑話也多令人莞爾一笑，舉一個「Lawyers on a flight」的笑話：

> An airliner was having engine trouble, and the pilot instructed the cabin crew to have the passengers take their seats and get prepared for an emergency landing.（某架飛機引擎發生故障，飛行員指示空服員安排旅客回座，準備緊急著陸。）
>
> A few minutes later, the pilot asked the flight attendants if everyone was buckled in and ready.（幾分鐘後，飛行員詢問空服員是否旅客皆已繫上安全帶準備好了。）
>
> "All set back here, Captain," came the reply, "except the lawyers are still going around passing out business cards."（「機長，所有人都回座了，」空服員回答：「除了律師仍走來走去發給乘客名片。」）
>
> 參照 http：//www.ahajokes.com/lawyer-jokes.html

看完上述幾則有關律師的笑話，發現領取高薪的律師，似乎在民眾的觀感中並不是那麼受到尊重。平心而論，律師扮演的角色就是替當事人捍衛自己的權益，而對造當事人若因此而敗訴，自然對於律師的觀感不會有

太高的評價。尤其是律師在法庭上咄咄逼人的樣子難免令人生厭，所以社會上才會流傳這麼多有關律師的笑話，甚至於有許多笑話建構出「律師＝地獄」的關聯性。我們或許可以用簡單的法律概念來相對應之（如下圖），符合法律的構成要件者，就會產生一定的法律效果，而一般民眾已經認為只要當了律師，過世後的命運就等同於下地獄。

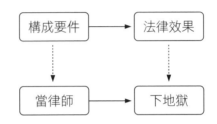

以上的比喻雖然令人莞爾，但是卻非常值得法律人深省，相信每個人都希望在辛勞的過程中能賺取高額的代價，同時又能獲得他人的讚揚與肯定。可是律師這種工作性質卻往往難以獲得兩全其美的結果。

◇ 除了律師之外，在臺灣還有哪些司法現象為人所詬病呢？

過去最嚴重的問題，應該就是享有終身職保障的法官，高高在上、頤指氣使。身分地位微不足道的小老百姓，生殺大權操之在法官大人身上，如同螻蟻般，只要被踩一下，必定肚破腸流。

正因為司法有許多需要改革的地方，民間有志之士遂成立「財團法人司法改革基金會」（簡稱司改會，網址為 https://www.jrf.org.tw/），其中有部分工作就是透過律師與法官的互相評鑑，達到提升律師與法官品質的目的。尤其是司改會對於法官評鑑調查後，還會公布平均分數未達 60 分的法官名單，引起遭公布法官極大的反彈，還有法官對該基金會成員提出誹謗告訴，甚至於有法官認為「法官不能被評鑑」的怪異想法。

以過去法官審理案件的品質讓民眾產生不良的觀感，透過民間機構監

督的力量，近年來已經大幅度提升法官的地位及改變民眾既有的不良印象，感謝這些民間機構敦促改進的力量都來不及，怎麼可以不思反省而只知責難他人？且上自總統、行政首長、各級公務人員、公司行號、私人組織等都可成為公評之對象，更遑論法官。只是評鑑的過程應該要公平公開，並建立一套具備公信力的機制，否則將成為律師與法官互相打擊的利器，讓原本有意透過評鑑機制提高司法品質的美意大打折扣，則非全民之福了。

〔 第2節－公益活動的投入 〕

　　法律讓一般民眾有畏懼與排斥的感覺，所以我國民眾對於法律基本常識的認知水準並不高，遇到法律問題時，往往有如熱鍋上的螞蟻。常發現網路上詢問法律問題時，常常出現「急」、「請立即回覆」的字樣，顯示法律問題的專業性，一般民眾遇到法律問題時，通常都會不知所措，而且不知道該找誰幫忙。因此，筆者遇到這些慌亂的網友，還是立即打開電腦回覆網友的問題，指引解決問題的方向。

　　還記得有一次某位網友家中突然遭遇鉅變，母親至某知名宗教醫院開刀治療脊椎的毛病，結果卻不幸辭世。整個醫療過程中，感受到醫院行政上的輕忽，事後院方推諉卸責的態度亦令人難過與委屈。因緣際會的過程，筆者從旁協助這名網友了解該如何爭取權益，讓院方能提出一個合理的交代，負起應有的責任。在協助的過程中，該名網友及其家人都不了解法律，也完全不知道如何保障自己的權益，所以當事情順利處理完畢後，其非常感謝筆者，還表示若能有一個像我一樣的親人那該有多好。當時心中有很深的感觸，覺得擁有法律的專業也可以做善事，解決別人生活中的困苦，或許也是福報的一種。

　　除了我這種「個體戶」的服務外，還有許多法律人成立各種團體提供各種不同的法律服務，為需要法律服務之民眾提供各種選擇的管道，以下

介紹法律扶助基金會及消費者文教基金會：

●●● 法律扶助基金會（**https://www.laf.org.tw/**）

為了幫窮人主張權利，建立公平社會，民國 87 年起由民間司法改革基金會、臺北律師公會以及臺灣人權促進會發起法律扶助法之立法運動，並在司法院之大力支持之下，「法律扶助法」終於在民國 93 年 1 月 7 日由總統公布，開啟公平社會之新紀元。

法律扶助基金會是依據法律扶助法而成立，資金來源則是由政府機構（司法院）與社會各界人士進行贊助捐款。至於該基金會的工作內容，則是提供社會上較為弱勢之民眾法律上的扶助。所謂法律扶助，乃指對於需要專業性法律幫助而又無力負擔訴訟費用及律師報酬之人民，只要經過審查符合相關資格者，即予以制度性之援助，以維護其憲法所保障之訴訟權及平等權等基本人權。

透過法律扶助工作之歷程，企盼能讓需要申請法律扶助之人獲得真正的法律正義。目前主要服務的內容包括替受扶助人尋找律師出庭打官司、代寫法律狀紙、協助調解法律糾紛。

例如受扶助人有假扣押或假處分之必要，訴訟標的如果是 300 萬元，通常必須拿出 100 萬的錢進行假扣押。100 萬金額相當龐大，當事人往往因為拿不出這筆錢，所以就放棄假扣押。這個時候，可以向法律扶助基金會聲請協助後，法律基金會審查資格，認為如顯有勝訴之望，得由基金會之分會出具保證書，以代替假扣押之擔保金（法律扶助法第 65 條）。

●●● 消費者文教基金會（**https://www.consumers.org.tw**）

消費者文教基金會（簡稱消基會）是一個非政治性、非營利性的純民間公益財團法人，獲教育部核准後，向臺北地方法院辦理登記，於民國 69

年 11 月 1 日在臺北市成立。

　　消基會的發展也是非常坎坷，話說民國 68 年夏天，中部地區民眾因食用廠商製造販賣之米糠油，而發生嚴重的「多氯聯苯受害事件」，受害者多達 2,000 人，且大多屬經濟上的弱者，然加害廠商，非但未予以賠償，反而以脫產方式逃避責任；同年底又發生「假酒事件」，有教授因飲用假酒而失明。當時一群青商會友、學者專家及社會熱心人士，感於消費者的弱勢，有加以保護的必要，遂由青商會捐助 10 萬元，三商行翁肇喜先生認捐 100 萬元，借用當時李伸一律師的辦公室，以一人、一桌、一支電話開始推展消費者保護的工作，並推選柴松林教授擔任第一屆董事長。

　　其主要任務包括提供最終消費者諮詢服務、受理申訴，及產品比較測試、推廣消費教育等事項，涵蓋範圍包括食、衣、住、行、育、樂、醫療、保險等日常生活消費事項。目前定期會針對消費生活進行各項突擊，並透過媒體傳播方式，讓消費者警覺到自身應注意的消費議題，進而提升全民的消費意識。此外，消基會還有許多義務律師，會中的律師利用閒暇時間提供消費者免費的諮詢服務，藉此獲取民眾的信任感。消基會經由不斷的努力，也在我國人民心中建構不可撼動之地位，惟因近來民眾捐助公益團體之意願逐年下滑，財務經營上也略見捉襟見肘之窘況，值得一般消費者關心注意。

〔 第3節–法治教育向下扎根 〕

●●● 專業的法律人才並未走入校園

　　學校教授法律教育的老師具備法律背景者少之又少，可能只有少數老師具備公民教育的專業背景，造成原本應在校內實施的法治教育，卻演變

成為道德教育，但是道德與法律的觀念不盡相同，替學生灌輸道德觀念，對於法治社會的有效形成仍有所落差。

　　目前各縣市級政府雖有積極推動法治教育之政策，但在實施上仍以鼓勵的方式居多，實質上並無以法律為名之專業課程。以臺北市為例，每年會舉辦法治研習營，於各校中挑選優秀學子進行短期的法治教育，其實就是聘請學者專家以學生常用的法律為主題進行演說。另外，還有一些以週會活動為名，也是邀請專家學者進行演說的模式，來達成青少年法治教育推廣的目標。

　　但是公家機關所能提供的講師費非常低，一般行情是每小時 1,600 元，相對演講的成本包括花時間、精力準備演講內容、交通費用、現場演講耗費之精力，顯然這樣的價碼不會吸引具有豐富法律知識及演講功力的專家，所以目前各校為尋覓適合的法律教育人才，無不絞盡腦汁、拉關係，才能聘請到優秀的專家到校分享法律知識。身為法律人，在工作閒暇之餘，實應貢獻一己之力在校園法治教育的工作上，讓法治教育能真正扎根。

●●● 扮演「橋梁」的使命感

　　許多法律上的弱勢者通常不知道該如何保護自己，更遑論該如何尋找相關資訊，對於這些弱勢族群，法律人更應該主動走入社區，貢獻一己之力量，如同醫師一樣地下鄉協助解決相關民眾切身的問題。還記得看過一本由蘭嶼護士張淑蘭所寫的《選擇生命被看見》一書，書中提到該名護士在蘭嶼推廣居家照護的工作，可是這種工作對於蘭嶼的民情風俗卻屬於一種禁忌，因為蘭嶼達悟族人將一切不可知的事物都歸給「惡靈」，包括生病、老死的最基本的生命現象，所以照顧老人可是會惹上惡靈，而年長的達悟族人深愛自己的下一代，所以不願意接受他人來照顧其生命，以免讓他人染上惡靈。就在這種禁忌下，張淑蘭仍然持續走入每個需要幫助的家

庭，以個人的努力及真誠的對待，終於軟化達悟族人的心，也使她成為達悟族人心中的天使。但法律人有多少人走入社區、走入群眾呢？

　　一般對於護士多以「白衣天使」尊稱，但是法律人恐怕就變成「魔鬼代言人」了。法律人應扮演民眾與艱澀法律世界間的「橋樑」，這是法律人應有的使命感，或許一位律師重視勝訴率、客戶的數量，一位法官重視訴訟判決的品質、一位教授著眼於學術上的成就，這些都是一般人的正常反應與需求，但是公益的追求也是相當重要的，有付出才有收穫，這雖然是老生常談，但卻是非常的必要。當惡魔正侵害蜷縮於角落的弱勢族群，難道只看到將大把鈔票捧至你面前的客戶嗎？難道沒有聽到遭欺負弱者心中無奈的呼喚嗎？

　　若你能接受且願意扮演好這一個角色，那該如何做呢？過去筆者曾參加過青商會，青商會不是商人的聚會，其真正的意涵是青年人聚在一起商議事情，而服務社會當然是其主要目標與存在的價值，當時就以青商會之名義參與社區的發展工作，舉辦各類型的法律講座，將法律知識逐步推廣至各個角落。另外，透過青商會也結識許多公益團體，公益團體往往會定期舉辦各類型的研討會，當然以法律為主題的演講活動是非常受到歡迎，畢竟現在社會中任何事情都會牽涉法律，而這些都是法律人嘗試走入社區的管道。當然還有許多途徑可以達到與民眾分享法律專業知識的途徑，只要你有心，一定可以服務更多需要幫助的人。

■■進階閱讀

1. 財團法人司法改革基金會，https://www.jrf.org.tw/
2. 法律扶助基金會，https://www.laf.org.tw/
3. 張淑蘭，《選擇生命被看見》，天下雜誌。

圖書館出版品預行編目資料

律人的第一本書／楊智傑, 錢世傑著. -- 七版.
- 臺北市：五南圖書出版股份有限公司,
2024.06
面；　公分
N: 978-626-393-377-4（平裝）

ST: 中華民國法律

18　　　　　　　　　　113007155

1Q97

法律人的第一本書

作　　　者 － 楊智傑(317.3)　錢世傑(450.1)

發 行 人 － 楊榮川

總 經 理 － 楊士清

總 編 輯 － 楊秀麗

副總編輯 － 劉靜芬

責任編輯 － 林佳瑩

封面設計 － 封怡彤

出 版 者 － 五南圖書出版股份有限公司

地　　　址：106 台北市大安區和平東路二段 339 號 4 樓

電　　　話：(02)2705-5066　傳　　真：(02)2706-6100

網　　　址：https://www.wunan.com.tw

電子郵件：wunan@wunan.com.tw

劃撥帳號：01068953

戶　　　名：五南圖書出版股份有限公司

法律顧問　林勝安律師

出版日期　2006 年 6 月初版一刷（共四刷）
　　　　　2007 年 9 月二版一刷（共三刷）
　　　　　2009 年 6 月三版一刷（共五刷）
　　　　　2011 年 11 月四版一刷（共二刷）
　　　　　2015 年 5 月五版一刷（共六刷）
　　　　　2021 年 7 月六版一刷
　　　　　2024 年 6 月七版一刷

定　　　價　新臺幣 400 元

經典永恆・名著常在

五十週年的獻禮 —— 經典名著文庫

五南,五十年了,半個世紀,人生旅程的一大半,走過來了。
思索著,邁向百年的未來歷程,能為知識界、文化學術界作些什麼?
在速食文化的生態下,有什麼值得讓人雋永品味的?

歷代經典・當今名著,經過時間的洗禮,千錘百鍊,流傳至今,光芒耀人;
不僅使我們能領悟前人的智慧,同時也增深加廣我們思考的深度與視野。
我們決心投入巨資,有計畫的系統梳選,成立「經典名著文庫」,
希望收入古今中外思想性的、充滿睿智與獨見的經典、名著。
這是一項理想性的、永續性的巨大出版工程。
不在意讀者的眾寡,只考慮它的學術價值,力求完整展現先哲思想的軌跡;
為知識界開啟一片智慧之窗,營造一座百花綻放的世界文明公園,
任君遨遊、取菁吸蜜、嘉惠學子!